레위기 / 민수기 / 신명기

Jeanne Guyon

레위기 민수기 신명기

잔느 귀용 지음 | 김승호 옮김

순전한 나드

Contents

LEVITICUS

레위기

1장

8. 아론의 자손 제사장들은 그 뜬 각과 머리와 기름을 제단 위의 불 위에 있는 나무에 벌여 놓을 것이며
9. 그 내장과 정강이를 물로 씻을 것이요 제사장은 그 전부를 제단 위에서 불살라 번제를 드릴지니 이는 화제라 여호와께 향기로운 냄새니라

율법의 모든 제사들은 사도들이 친히 선포한 것처럼(엡 5:2, 벧전 2:5), 내적인 제사를 상징합니다. 그러나 여러 종류의 제사가 있고, 율법에 하나님께 드려진 것 중의 일부는 제사장들과 레위인들을 위해 따로 떼어놓았다고 묘사된 것처럼, 피조물은 제사마다 중요한 부분을 항상 자기를 위해 남겨 놓습니다. 적극적이고 수동적(순종적)인 모든 단계와 시작하는 초자연적 단계의 제물들도 마찬가지입니다.

순전한 희생의 단계는 하나뿐이며, 번제로 나타납니다. 번제는 남김없이 모든 것을 불태우는데, 심지어 자기 생명 유지에 가장 필요해 보이는 부분도 태워버립니다. 바로 이 순전한 희생이 초자연적 단계의 절정을 이룹니다.

9장

22. 아론이 백성을 향하여 손을 들어 축복함으로 속죄제와 번제와 화목제를 마치고 내려오니라

사람이 자기 자신을 위해 행할 수 있는 것은 희생물을 드리는 것뿐입니다. 그리고 다른 사람들을 위해서는 그것들을 제물로 바쳐 가지런히 벌여 놓은 다음, 제사장으로서 사랑의 불을 붙입니다. 이렇게 하여 그는 자기 힘으로 할 수 있는 것을 다했습니다. 그러므로 이제 하나님이 역사하시도록 다시 자기 자리로 '내려와야' 합니다.

24. 불이 여호와 앞에서 나와 제단 위의 번제물과 기름을 사른지라 온 백성이 이를 보고 소리 지르며 엎드렸더라

하지만 영혼이 정결의 단계에 이르면, 하나님은 그분의 얼굴에서, 즉 완전한 사랑이신 그분 자신에게서 맹렬한 '불을 보내십니다.' 이 불은 '번제물을 완전히 사르는데,' 그 사람 안에 남아 있는 자기 자신의 것을 모두 태우고 소멸시켜 재로 만들어 버립니다. 이것이 오직 하나님만이 그분의 불로 이루실 수 있는 온전한 소멸의 극치입니다. 그분 앞에서 나오는 이 불은 가장 정결하고 가장 사심 없는 사랑입니다.

10장

1. 아론의 아들 나답과 아비후가 각기 향로를 가져다가 여호와께서 명령하
   시지 아니하신 다른 불을 담아 여호와 앞에 분향하였더니

하나님은 자신의 영광과 순수한 사랑을 빼앗기지 않으려는 열심 때문에 '다른 불'을, 즉 그분의 제단, 그분 안에서 지피지 않은 '다른 불'을 용납하실 수 없습니다. 중간은 없습니다. 우리는 그분의 사랑으로 불타오르든지, 그분의 진노의 불에 소멸되어야 합니다.

2. 불이 여호와 앞에서 나와 그들을 삼키매 그들이 여호와 앞에서 죽은
   지라

하나님께 성별되어, 그분께 자신을 바친 영혼, 즉 정결한 제사로 그분을 섬기도록 부름 받은 영혼은 자기애나 이기심 같은 다른 사랑을 조금도 용납할 수 없습니다. 용납하는 순간 '불이 여호와 앞에서 나와 죽게' 됩니다. 그분에게서 사랑의 불뿐 아니라 공의의 불도 나오기 때문입니다. 그러므로 이 죽음은 영혼이 자기 단계에서 벗어나면서 초래된 것입니다. 이러한 불신앙이 바로 그 단계의 정결에 치명타를 가했기 때문입니다. 이런 일이 심지어 사는 내내 '여호와 앞에서' 계속됩니다. 영혼이 스스로 살기를 원하는 만큼, 그분 안에 거하지 않게 됩니다. 그러므로 자기애를 버리지 않으

려 하는 만큼, 거룩한 삶의 온전함을 버리게 됩니다.

6. 모세가 아론과 그의 아들 엘르아살과 이다말에게 이르되 너희는 머리를 풀거나 옷을 찢지 말라 그리하여 너희가 죽음을 면하고 여호와의 진노가 온 회중에게 미침을 면하게 하라 오직 너희 형제 이스라엘 온 족속은 여호와께서 치신 불로 말미암아 슬퍼할 것이니라

모세는 여호와께 가장 성별된 제사장들과 레위인들은, 하나님이 이들의 생명을 거두신 것에 대해 슬퍼하지 않기를 바랍니다. 그는 성별된 영혼들이 인간적인 관점으로 보지 않고, 하나님의 공의의 편에 서기를 원합니다.

만일 그럴듯한 핑계를 대며 이런 불신앙을 저지르면, 그로 인해 그들의 단계에서 벗어나면서 동일한 벌을 받게 될 것입니다. 자아를 하나님께 내어 드린 후에는 무슨 일이 있어도 되찾으려 하지 않는 확고한 신실함이 필요합니다.

평범한 영혼들은 연민의 감정으로 누군가의 죽음에 마음이 아플 수 있습니다. 그리고 그런 상태로 상당한 시간을 보내는데, 사랑이나 인간적이지만 도리에 맞는 감정의 자극을 받아 그럴 수 있습니다. 하지만 앞서 말한 사람들은 모든 일에 오직 하나님의 편에 서야 합니다.

7. 여호와의 관유가 너희에게 있은즉 너희는 회막문에 나가지 말라 그리하면 죽음을 면하리라 그들이 모세의 말대로 하니라

모세는 이렇게 덧붙입니다. "만약 너희가 (본래의 너희로 돌아가거나 어떤 특별한 유익을 위해) 오직 하나님만을 위한 곳이요, 너희가 마땅히 항상 머물러 있어야 하는 '회막문을 나가기만' 해도, 즉 너희가 자발적인 성찰에 머무른다면, '죽음을 면치 못할 것'이고 너희의 단계에서 벗어나게 될 것이다." '여호와의 관유'는 하나님 안으로 들어간 영혼의 성품에 영원한 흔적을 남깁니다. 이러한 관유로 성별되었기에 하나님은 당신이 잠시라도 평범한 영혼들의 슬픔과 관심사에 참여하는 것을 기뻐하지 않으십니다.

11장

44. 나는 여호와 너희의 하나님이라 내가 거룩하니 너희도 몸을 구별하여 거룩하게 하고…

하나님이 우리에게 요구하시는 '거룩'은 그분의 거룩과 관련이 있습니다. 하나님의 거룩은 그분 안에 있고, 그분께 속한 것이며, 그리고 그분을 위한 것입니다. 그러므로 이 영혼들의 거룩은 하나님 안에 있고, 하나님께 속한 것이며, 그리고 하나님을 위한 것이어야 합니다. 그것은 오직 그분 안에서만 존재하기에 하나님 안에 있어야 합니다. 그렇지 않다면 본질적 특성을 지니게 되어 그분의 것을 빼앗게 됩니다. 그러므로 거룩은 하나님께 속한 것이어야 합니다. 하나님에게서 받지 않은 거룩은 무엇이든 그분께 속한 것이라고 할 수 없습니다.

또한 모든 거룩은 하나님의 영광을 위한 것이어야 합니다. 따라서 하나님 안으로 들어간 영혼은 그 안에 더 이상 자신을 위한 것이나 자기에게 속한 것이 없습니다. 다만 자기 안에 있는 모든 것이 하나님 안에서 사라졌기에 더는 자기 자신으로부터 나오는 것이 없습니다. 그러나 모든 것이 하나님으로부터 왔기에 전부 다시 그곳으로 흘러갑니다. 이것이 바로 이 단계에 합당한 거룩입니다.

45. 나는 너희의 하나님이 되려고 너희를 애굽 땅에서 인도하여 낸 여호

와라 내가 거룩하니 너희도 거룩할지어다

이 구절은 앞 절을 확인하며, 조금 더 자세히 설명하고 있습니다. 하나님은 이 백성을 그분 안으로 들여보내 사라지게 하시려고, (그들이 계획하고 만들어 낸) 노예로 있던 땅에서 이끌어 냈다고 선언하십니다. "나는 너희의 하나님이 되려고"라는 표현은 '내가 친히, 내 자신을 위해 너희의 전부가 되려고'라는 의미입니다. 그분은 더 이상 '내가 너희 안에, 혹은 너희 가운데 있을 것이다'라고 말씀하시지 않는데, 이것으로는 부족하기 때문입니다. 그래서 '내가 너희를 위해서 있을 것이다'라고도 하지 않으시고, '내가 너희의 하나님이 될 것이다'라고 말씀하십니다.

"너희를 위한 것이 아니다. 오직 '내 안에 있고, 나를 위한' 것이다. '내가 거룩하니 너희도 거룩할지어다.' 이 거룩은 나의 것이니, 이 거룩으로 거룩하라."

46. 이는 짐승과 새와 물에서 움직이는 모든 생물과 땅에 기는 모든 길짐승에 대한 규례니
47. 부정하고 정한 것과 먹을 생물과 먹지 못할 생물을 분별한 것이니라

"너희는 살아 있는 모든 것에 대한 이 법으로 어느 것이 온전하고 온전하지 않은지 분별할 것이니, 그것으로 내가 너희에게 요구하는 사랑이 '정하고' 고결해야 한다는 것을 또한 깨닫게 될 것이다."

스스로 살아가는 영혼들은 그렇지 않습니다. 따를 만하거나 마땅히 따라야 할 덜 완전한 법이 없고 다른 법도 모르기 때문입니다. 그러나 하

나님 안에서 살아가는 영혼들은 달라야 합니다. 다른 사람들에게는 선한 것이 그들에게는 '부정'하기 때문입니다. 그러므로 그들은 무엇을 받아들이고 거절해야 하는지 더 밝히 알아야 합니다. 하지만 다른 사람들에게는 아직 온전한 분별력이 없습니다.

14장

14. 제사장은 그 속건제물의 피를 취하여 정결함을 받을 자의 오른쪽 귓부리와 오른쪽 엄지손가락과 오른쪽 엄지발가락에 바를 것이요

이런 정결의식은 가장 성숙된 영의 길에 들어설 만큼 깨끗하고 순결한 영혼이 하나님의 음성을 들으려면, 그분께 성별된 귀가 있어야 한다는 것을 보여 줍니다. 이제 그는 특별한 경우가 아니면, 하나님과 말을 주고받지 않습니다. 하나님이 그분께 아뢰게 하시지 않는 한은 그렇게 하는데, 그것은 지극히 드문 경우입니다. 이렇게 하여 혀가 아니라 귀가 정결해집니다. 그리하여 하나님 앞에서 침묵하며 충실히 그분의 음성을 듣게 됩니다.

또 '오른쪽 엄지손가락이 정결해진다'는 것은 이 영혼의 모든 행위가 하나님께 성별되어 오직 하나님의 영의 고결함으로 행해야 한다는 의미입니다. 하나님은 모든 행동뿐 아니라 영향력의 지배자요 시작이십니다. 이 영향력은 '발'로 나타나는데, 완벽하게 정결하고 거룩한 발걸음이어야 합니다. 하지만 오른쪽 발만 성별되는 이유는 영혼이 빗나가거나 이기적인 목적으로 아무것도 행하지 않고 모든 영향력을 하나님께 드려야 하기 때문입니다.

그래서 다윗은 이렇게 기도했습니다. "여호와여, 주의 길로 나를 인도하셔서 주의 진리로 행하게 하소서." 그는 하나님 자체를 구했습니다. 하나님은 사랑이며 진리이십니다. 그러므로 우리는 절대로 그분을 벗어나서는 안 됩니다.

15장

이번 장에는 전체적으로 외적이고 율법적인 정결예식만 수록되어 있습니다. 육적이고 음란한 백성을 교훈하여 그분의 정결함을 보여 주시려는 것이 아니라면, 이런 관심은 하나님과 어울리지 않는 것처럼 보입니다. 하나님은 이런 외적 정결예식으로 그들에게 정결함에 관한 고차원적인 개념을 전달해 주려 하셨습니다. 그것은 주로 옷을 빨고 씻는 예식이었는데, 그 사람을 정결하게 해주지는 못하기에 하나님이 요구하신 정결함의 외적 표지에 불과했습니다.

음란한 백성들 때문에 이런 외적인 정결법을 제정하신 하나님은 복음서에서는 그것이 얼마나 대수롭지 않은 것인지 보여 주십니다. 주님은 내면은 약탈로 가득하면서 잔의 겉을 깨끗이 하는 것에 만족하는 바리새인들을 꾸짖으셨습니다. 오늘날의 그리스도인들도 마찬가지입니다. 그들은 규칙적인 삶을 사는 것처럼 위장하면서 겉을 깨끗케 하는 것에 만족하고 있습니다. 하지만 그 속은 하나님의 것을 탈취하고 약탈한 것들로 가득합니다. 사람들의 것을 빼앗는 것을 죄로 여긴다면, 하나님의 것을 훔치는 것은 얼마나 더 큰 죄악이겠습니까? 그래서 예수 그리스도는 내적 정결의 모양만 있는 외적 정결이 얼마나 무가치하고 하찮은 것인지 조심스럽게 가르쳐 주셨습니다. 내적 정결은 우리의 내면에서 모든 강탈을 제거하여 우리가 탈취하고 절도한 것들을 하나님께 돌려 드립니다. 그분은 우리에게 영의 가난함으로 내적 정결의 길을 보여 주시는데, 자기를 부인하고 우리의 십자가를 지며 예수 그리스도를 따르는 것입니다.

따라서 이 장에서 도출할 수 있는 열매는, 하나님이 그분의 소유된 백성들에게 조잡한 형태에 불과한 외적 정결함 만큼이나 내적 정결함을 요구하신다는 사실을 분명하게 보여 줍니다. 우리는 이제 물이 아니라 끊임없이 뛰어들 수 있는 예수 그리스도의 보혈로 씻습니다. 이것이 우리가 실수든 고의든, 죄를 지었음을 깨닫는 바로 그 순간 마땅히 해야 할 일입니다. 능동적으로 기도하는 만큼, 단순하고 진실하게 예수 그리스도께 돌아가고자 (각자의 단계에 따라) 노력해야 합니다. 아니면 단순히 하나님께 달려가서 사랑의 바다에 뛰어들어야 합니다. 그러면 우리는 세상의 어떤 물로도 씻을 수 없는 더러움에서 정결케 될 것입니다.

정결예식 후에는 '집비둘기'나 '산비둘기'를 바쳤습니다. 이것은 하나님이 가장 기뻐하시는 제사가 꾸밈없는 소박한 제사라는 것을 보여 줍니다. 솔직하고 꾸밈없는 영혼은 하나님의 은혜와 그분의 순전한 사랑 안에서 즉시 회복되는데, 솔직하고 꾸밈없는 상태에서 벗어나지 않는 한, 큰불이 지푸라기를 사르는 것만큼 신속하게 일어납니다.

두 종류의 제물이 있습니다. 첫 번째 제물은 오직 하나님께만 바치는 것으로, 실수로 혹은 순전히 연약해서 죄를 지은 뒤, 단순히 하나님께 돌아감으로 정결해지는 것을 잘 보여 줍니다. 산비둘기로 드린 '번제물'은 더 성숙한 단계의 정결함, 거룩한 사랑으로 단련된 정결함을 놀라울 정도로 잘 보여 줍니다. 이런 단계의 영혼은 항상 번제물처럼 정결한 상태로 있을 뿐만 아니라, 거룩한 사랑에 사로잡혀 있습니다. 그러면서 그 모습과 본성이 변화되는데, 바로 이 거룩한 불과 같아집니다. 그러므로 이것은 오직 순전한 사랑으로만 이룰 수 있는 철저하고 근본적인 정결입니다.

16장

1. 아론의 두 아들이 여호와 앞에 나아가다가 죽은 후에 여호와께서 모세에게 말씀하시니라

하나님께 이끌리는 영혼에게는 '다른 불'을 드리지 않는 것만큼 중요한 것이 없습니다. 그가 드리는 불은 하나님이 보시기에 정결하고 깨끗하고 올바른, 온전히 거룩한 것이어야 합니다. 그런 것이 아니라면, 그는 그로 인해 죽게 됩니다.

다른 불에는 두 종류가 있는데, 조금 더 난잡하고 저속한 불과 교묘하고 위험한 불이 있습니다. 전자는 우리 자신에게서 창조된 것, 곧 부와 명예와 재산, 사람 등 사실상 하나님이 아닌 모든 존재에 대한 애착입니다. 두 번째 불은 우리 안에 깊이 뿌리내려 우리와 동일시되는 자기애와 본질적 특성입니다. 바로 이런 세속적인 불에 우리의 향을 피우는 것이 다른 불을 드리는 것입니다.

계시록에서는 네 생물과 이십사 장로들이 하나님의 보좌 앞에서 각기 향로를 들고 있는데, 그것은 성도들의 기도였다고 합니다. 그러므로 '향'은 기도를 의미합니다. 기도가 온전해지려면, 마치 향이 불에 녹아 사라지듯이, 영혼을 녹여 없애는 순수한 사랑으로 기도 드려야 합니다. 그러면 영혼은 (그를 자기 자신 안에 묶어 놓아 하나님 안으로 흘러들어 가서 자기 자신을 잃어버리지 못하게 가로막는) 본질적 특성을 상실하며 녹아 없어져서 다시 순전한 사

랑에 온전히 맡겨지게 됩니다. 그리하여 (바로 이 순전한 사랑만이 그렇게 할 수 있는데) 철저하게 자기 자신을 잃고 최종 목적지인 하나님 안으로 흘러들어 가게 됩니다.

2. 여호와께서 모세에게 이르시되 네 형 아론에게 이르라 성소의 휘장 안 법궤 위 속죄소 앞에 아무 때나 들어오지 말라 그리하여 죽지 않도록 하라 이는 내가 구름 가운데에서 속죄소 위에 나타남이니라

어째서 하나님은 대제사장이 '성막에 아무 때나 들어오지' 못하게 하시는 걸까요? 백성들은 하나님에 대해 저급하고 야만적인 수준으로만 이해하고 있었기에 이적과 기사 같은 기이한 일들을 경험하거나 두려움에 의해서만 움직였습니다. 하나님은 당시 그런 백성들에게 조금 더 경외의 대상이 되실 수도 있었습니다.

예수 그리스도의 탄생으로 위대하고 거룩하신 하나님은 자신을 사람들에게 친숙한 모습으로 나타내셨습니다. 하지만 슬프게도, 사람들은 너무나도 끔직하게 그분을 학대하였습니다! 어쩌면 그들에게는 이렇게 크고 놀라운 친절보다 공포가 맞았을지도 모릅니다. 마음이 악한 자들도 마찬가지입니다. 하지만 마음이 선한 자들은 상상할 수 있는 모든 기적보다 그분의 사랑에 더 깊은 감동을 받습니다! 그렇지만 그런 선한 마음을 가진 자들은 찾아보기 힘듭니다!

또한 하나님은 '구름 가운데에서 속죄소 위에 나타날' 것이라고 말씀하셨습니다. 영혼이 진실로 하나님이 거하시는 자기의 중심으로 끊임없이 나아갈 수 있다는 것은 정말 놀라운 믿음입니다. 하나님은 구름으로 그분

의 위엄을 덮고 가리십니다. 이 거룩한 어둠 속에서 모든 것을 행하고 성취하십니다. 그러나 영혼은 그 속에서 철저하게 침묵할 뿐, 아무것도 보지도, 느끼지도, 이해하지도, 분별하지도 못합니다.

하지만 이분이 하나님이라는 믿음은 확고합니다. 그것만큼은 의심할 수 없습니다. 다른 곳에서도 말씀하신 것처럼, 하나님이 어둠(흑암)을 은신처(숨는 곳)로 택하셨기 때문입니다(시 18:11). 영혼을 위해 구름에 가려져 있는 이 흠모할 만한 위엄은 감각이나 능력 또는 기능으로 알게 되는 모든 것보다 훨씬 더 존귀하고 확실한 것입니다. 환희와 환상, 계시, 도취와 같은 것들은 이런 (저급한) 감각이나, 그보다는 낫지만, 이 거룩한 흑암에 비하면 언제나 하찮은 것에 불과한 능력(기능)으로 받습니다. 그러므로 그런 것들은 천국의 영광의 빛처럼 이 땅에서 하나님을 알려 주는 역할을 합니다.

3. 아론이 성소에 들어오려면 수송아지를 속죄제물로 삼고 숫양을 번제물로 삼고

대제사장은 성막에 들어가기 전에 고대 율법의 모든 정결예식에 따라 철저하게 정결해져야 했습니다. 동물의 피를 흘려 정결예식을 행하였는데, 이것은 물로 씻는 것보다 넓은 의미의 정결예식이었습니다. (물처럼) 율법적인 정결뿐 아니라 죄를 정결케 하는 예식이었기 때문입니다. 이 피 자체는 아무 공로도 없었습니다. 다만 예수 그리스도가 흘리실 피를 암시한다는 점에서 가치가 있을 뿐이었습니다. 그래서 대제사장은 구름으로 뒤덮인 성막에 들어가기 전에 피로 정결케 되어야 했던 것입니다. 마찬가지로 영혼도 하나님이 거하시는 구름 가득한 성전에 들어가려면, 회개의 눈물로 정결해진 후, 예수 그리스도의 피로 모든 더러움을 씻어야만 합니다. 필요한 수준까지 영혼을 정결케 하실 수 있는 분은 오직 예수 그리스도뿐입니다. 영혼에게 그분의 피가 뿌려져야 할 뿐만 아니라, 그는 그 피로 철저하게 씻겨져야 합니다.

경외하는 구주여, 주님만이 모든 일을 이루십니다. 주님이 그것들을 감추어 두셔도, 나중에 영혼이 좀 더 성장하면 그 모든 일들을 행하신 분은 예수 그리스도라는 사실을 깨닫게 됩니다. "만물이 그로 말미암아 지은 바 되었으니 지은 것이 하나도 그가 없이는 된 것이 없느니라." 영혼이 하나님 안에서 사라져서 그리스도와 함께 거기에 감춰져 있을 만큼 순결해질 때까지, 그를 준비시키고 정결케 하시는 분은 바로 예수 그리스도이십니다.

대제사장은 수송아지를 속죄제물로 드린 후, 숫양을 번제물로 드려야 합니다. 이것이 마지막 정결예식의 특징입니다. 즉 아무것도 남지 않도록 모든 것을 살라버려 철저하게 파괴하는 순전하고 거룩한 사랑으로만 정결해질 수 있습니다. 그래서 순전한 사랑이 모든 본질적 특성을 소멸하는 진정한 번제물인 것입니다.

> 4. 거룩한 세마포 속옷을 입으며 세마포 속바지를 몸에 입고 세마포 띠를 띠며 세마포 관을 쓸지니 이것들은 거룩한 옷이라 물로 그의 몸을 씻고 입을 것이며

대제사장이 입어야 했던 '세마포' 옷은 정결한 삶, 즉 외적으로 단순

하고 흠 없는 삶을 잘 보여 줍니다. 즉 이웃의 반감을 사지 않고 덕이 되도록 외적인 품위와 절제의 규범을 온전히 지키는 것입니다. 그런 단순하고 흠 없는 가리개로 내면을 덮고 감추는 것입니다. 세마포만큼 흔한 것이 없고, 단순하고 흠 없는 어린아이 같은 영혼들의 삶만큼 평범한 것도 없습니다.

7. 또 그 두 염소를 가지고 회막문 여호와 앞에 두고
8. 두 염소를 위하여 제비 뽑되 한 제비는 여호와를 위하고 한 제비는 아사셀을 위하여 할지며
9. 아론은 여호와를 위하여 제비 뽑은 염소를 속죄제로 드리고
10. 아사셀을 위하여 제비 뽑은 염소는 산 채로 여호와 앞에 두었다가 그것으로 속죄하고 아사셀을 위하여 광야로 보낼지니라

이 두 염소는 우리 죄를 위해 기꺼이 제물이 되신 흠 없는 어린 양이요, 자기 백성의 죄를 짊어지신 놀라우신 속죄염소(희생양)를 나타냅니다.

또한 우리는 여기서 예수 그리스도와 함께 하나님 안에서 사라졌다고 할 정도로 정결해진 한 영혼을 볼 수 있습니다. 그는 사도적인 단계에 들어가서 형제들을 돕습니다. 그런데 그뿐 아니라 어떤 의미에서 마치 속죄염소처럼 형제들의 죄를 짊어지고 있습니다. 그는 사람들을 대신하여 저주를 짊어지고 '광야로' 보내집니다.

광야에는 두 종류가 있습니다. 첫 번째 광야는 우리 자신과 관련이 있습니다. 우리는 바로 이 자아의 광야를 통과해야만 다른 사람을 도울 수 있습니다. 이렇게 모든 것을 버리고 포기하면서 자기 자신과 모든 것들로

부터 구별되고 분리되어 철저하게 자신을 버립니다. 우리가 더 이상 존재하지 않으면, 우리와 관계된 일에 더 이상 참여하지 않게 됩니다. 그리하여 자신을 하나님의 손에 결핍된 상태로 두어, 평생 그리고 영원히 그분 안에서 사라지게 됩니다.

또 다른 광야는 사도적인 사람이 형제를 위해 자주 쫓겨나는 곳입니다. 그는 형제의 연약함을 짊어지고 추방당해야 하는데, 말하자면 형제 때문에 하나님께 쫓겨나는 것입니다. 형제의 다른 기질과 성향을 견디며 광야로 내몰리는 것은, 그가 형제들을 위해 속죄염소(희생양)가 되었기 때문입니다. 이것은 예수 그리스도의 사명, 곧 사도적인 삶의 연장입니다.

두 염소를 놓고 제비를 뽑아 주님이 그들의 운명을 결정하시는데, 이것은 정결해진 영혼들이 모두 사도적인 삶으로 부름 받는 것은 아니라는 것을 보여 줍니다. 세상에 알려지지 않은 훌륭한 영혼들도 있는데, 그들은 은밀하게 성화되어 천국에서만 알려지게 될 것입니다. 이 염소가 성별된 것처럼, 이들도 여호와께 성별된 성도들입니다.

또 이 두 염소는 다른 제사로 바쳐지도록 하나님께 부름 받은 두 부류의 사람을 나타냅니다. 자기 자신을 상실하며 하나님 안으로 들어가서 특별하게 그분의 소유가 되는 이들이 있습니다. 하나님은 그들에게 가장 큰 은혜를 예정해 두셨는데, 오직 그분만을 위한 존재로 아낌없이 하나도 남기지 않고 온전히 바쳐지는 것입니다. 또 다른 사람들에게는 선한 일들, 즉 사람들을 섬기고 하나님의 은사들을 받게 하십니다. 이런 사람들은 자기 영혼을 구원합니다.

여기서 '제비'는 두 길 중 어느 쪽이든, 그것이 개별적이고 실질적인 하나님의 부르심이라는 것을 아주 분명하게 보여 줍니다. 거룩한 활동에 예정된 자들은 그들의 삶을 그만큼 거룩하게 마무리하기에 하나님 앞에서 면류관을 받게 됩니다. 그것은 그들이 영혼들에게 베푼 섬김과 수고의 대가입니다. 하지만 이 땅에서 하나님만 섬기게 되어 있는 자들은 참으로 그들의 삶을 희생하고 가차없이 '바쳐야' 합니다! 각 사람은 서로의 길을 존중하면서 각자의 길에 충실해야 합니다. 그리하여 서로 판단하거나 멸시하지 말고, 모두가 각기 합당한 하나님의 은사를 받았다고 여겨야 합니다. 그러므로 모든 단계들을 귀하게 여기는 것이 하나님의 뜻입니다. 우리는 그분의 뜻으로 거기 있으니, 충실하게 그 안에 머물러야 합니다. 그것이 또한 우리 모두를 온전하게 만들기 때문입니다.

12. 향로를 가져다가 여호와 앞 제단 위에서 피운 불을 그것에 채우고 또 곱게 간 향기로운 향을 두 손에 채워 가지고 휘장 안에 들어가서
13. 여호와 앞에서 분향하여 향연으로 증거궤 위 속죄소를 가리게 할지니 그리하면 그가 죽지 아니할 것이며

이것은 지성소에서만 드리는 또 다른 제사로, 완전히 내적인 것입니다. 영혼은 자신을 바치기 전, 목적지에 거의 도달한 것이 분명합니다. 이것은 사랑의 거룩한 불에 향을 녹여 바치는 제사입니다. 여기서 기도는 향연이며, 영혼은 하나님의 사랑에 녹아 오직 그분 안으로 흘러들어 가게 됩니다. 그러면서 내면 전체의 향기로운 냄새와 연기가 끊임없이 그분께 올라가는데, 결코 다시 아래로 내려오는 법이 없습니다. 또 영혼은 이제 더는 자기 이익을 생각하지 않고 오직 하나님의 존귀와 영광만을 생각하면서 끊임없이 높은 곳으로 올라갑니다. 그러므로 이 제사는 향기로

운 냄새를 가지고 하나님의 보좌로 올라가고, 하나님은 그것을 기쁘게 받으십니다.

이것이 시편 116편 17절에서 다윗이 언급한 감사의 제사입니다. 영혼은 감사의 제사를 드리며 하나님만 바라봅니다. 하나님이 사랑 받으시고 영광 받으시도록 합니다. 그는 그분만이 모든 것을 받기에 합당하시다는 것을 알기에, 전부 그분께 돌려 드립니다. 이것은 또한 철저한 돌려 드림의 제사입니다. 향은 녹아 없어졌고, 향연이 다 올라간 뒤에 희미한 향기만 남아 있을 뿐입니다. 나는 이것이 바로 사도 바울이 예수 그리스도의 향기(고후 2:15)라고 부르는 것을 가장 완벽하게 이해한 것이라고 생각합니다.

더욱이 대제사장이 죽지 않게 하려면, '짙은 향연으로 속죄소 전체를 덮어 가려야' 했습니다. 이런 상태에서는 모든 것이 자욱한 향연에 가려집니다. 그리하여 영혼은 하나님 안에서 무엇을 보거나, 분별하지 못할 뿐만 아니라, 이제 자기 자신도 보지 못하게 됩니다. (모든 것이 흑암에 가려져 있어서 믿음이 이 땅의 참된 빛이 됩니다.) 하나님이 친히 우리에게 드러내시지 않은 것들에 대한 호기심처럼, 우리 자신에게 눈을 돌리는 것은 죽음을 가져옵니다.

16. 곧 이스라엘 자손의 부정과 그들이 범한 모든 죄로 말미암아 지성소를 위하여 속죄하고 또 그들의 부정한 중에 있는 회막을 위하여 그같이 할 것이요

백성의 죄가 여호와의 성소를 더럽히는 것 같습니다. 다름 아닌 유대인의 죄 때문에 성전이 파괴되었다는 것은 분명한 사실입니다. 그들이 경고 받은 대로 되었습니다. "내가 나의 성소를 더럽혀 황량하게 할 것이며

안식일들을 폐하리라"(겔 24:21; 레 26:31). 따라서 반드시 성소를 백성의 죄에서 정결케 해야만 했습니다. 그러나 그것으로 충분하지 않았습니다. 백성의 거처와 '그들 가운데 있는' 성소도 정결케 할 필요가 있었는데, 그렇게 하지 않으면 그들의 죄로 인해 성소도 어김없이 부정해졌을 것입니다.

오늘날도 마찬가지입니다. 성막과 마찬가지로 교회 자체는 온전히 깨끗하고 흠이 없지만, 우리의 죄가 교회를 더럽히고 있습니다. 우리가 회개하지 않으면, 어떻게 교회를 우리의 더러움에서 정결케 하겠습니까? 스스로 정결케 하지 않으면, 우리의 죄가 교회에 끊임없이 온갖 재앙을 일으킬 것입니다. 우리가 교회를 개혁하려 한다는 것은 자만입니다. 우리 모두 주님께 돌아가 우리의 마음과 태도와 행실을 바로잡읍시다. 그러면 교회가 개혁될 것입니다. 교회는 티나 주름 잡힌 것 없이 깨끗합니다. 교회를 더러운 오물과 수치로 뒤덮고 있는 것은 바로 우리입니다. 오, 주님! 우리의 마음을 바로잡아 주소서! 이것이야말로 유일하게 필요한 개혁입니다.

17. 그가 지성소에 속죄하러 들어가서 자기와 그의 집안과 이스라엘 온 회중을 위하여 속죄하고 나오기까지는 누구든지 회막에 있지 못할 것이며

'대제사장이 지성소에 들어갈 때 아무도 회막에 있지 못하게' 하라는 명령은, 하나님이 영혼의 중심에 있는 지성소에 들어오실 때, 음란하고 세속적인 모든 것들과 자아게 속한 것은 한층 더 철저하게 비워져 있어야 한다는 말입니다. 주의를 산만케 하는 것은 어떤 것도 성소 안으로 들어오지 못하게 해야 합니다. 어떤 애착의 대상도, 우리의 마음이 기울 수 있는 것은 아무것도 없어야 합니다.

이 말을 듣고 막지 못한 막연한 생각들로 자기도 모르게 산만해져서 괴로워하는 선한 영혼들도 있을 것입니다. 그러나 걱정하지 마십시오. 이런 것들은 결코 성소 안으로 들어가지 못하고 오직 성전 뜰에만 있게 됩니다. 하나님이 성소에서 일어나는 일을 백성이 보지 못하게 가리신 것처럼, 우리가 지성소 안에서 일어나는 일을 알지 못하게 하시려고 그런 것들을 허용하시는 것입니다.

마음이 비어 모든 것과 분리되면, 산만한 생각들은 아무런 해도 끼치지 못합니다. 하지만 어떤 대상에 대한 애착 때문에 발생하는 혼란과 산만한 생각들은 모든 것에 대해 철저하게 죽음으로 온갖 묶임과 영향력을 제거하여 반드시 바로잡아야 합니다.

21. 아론은 그의 두 손으로 살아 있는 염소의 머리에 안수하여 이스라엘 자손의 모든 불의와 그 범한 모든 죄를 아뢰고 그 죄를 염소의 머리에 두어 미리 정한 사람에게 맡겨 광야로 보낼지니

대제사장은 두 손을 속죄염소의 머리에 얹고 모든 백성의 죄를 고백했습니다. 대제사장이 염소 위에 손을 얹은 것처럼, 영원하신 아버지도 그분의 공의를 예수 그리스도에게 쏟으셨습니다. 예수 그리스도는 공의, 곧 하나님의 손의 무게를 그대로 느끼신 것이 분명합니다. 가장 인내심이 많은 사람이었던 욥은 하나님의 손이 닿자, 친구들이 자신을 불쌍히 여겨주기를 바라게 됩니다. 이렇게 닿기만 해도 고통스러운데, 전능하신 분의 손의 무게는 얼마나 더하겠습니까!

죄를 고백하는(아뢰는) 것은, 헤아릴 수 없는 우리의 죄악들과 추악함을

아들에게 보이시고 지우셔서 공의를 쏟으시는 영원하신 아버지의 모습을 나타냅니다. 그래서 선지자가 "그는 우리의 죄를 담당하셨고 그가 채찍에 맞음으로 우리가 나음을 입었도다"라고 하는 것입니다.

그들은 이 염소에게 저주를 지웠습니다. "그가 우리를 위해 저주를 받은바 되셨도다" 했고, 또 "나무에 달린 자마다 저주를 받은 것이라" 기록되어 있듯이, 이 거룩한 구주는 자기 백성을 위해 저주가 되셨습니다. 그 분은 구원하러 오셨지만, 사람들에게 쫓겨나셨습니다. 그리고 짐승들밖에 없는 광야에서 홀로 계셨습니다. 그러므로 이 염소는 모든 사람의 죄를 짊어지신 예수 그리스도의 표상이었습니다.

29. 너희는 영원히 이 규례를 지킬지니라 일곱째 달 곧 그달 십일에 너희는 스스로 괴롭게 하고 아무 일도 하지 말되 본토인이든지 너희 중에 거류하는 거류민이든지 그리하라
30. 이날에 너희를 위하여 속죄하여 너희를 정결하게 하리니 너희의 모든 죄에서 너희가 여호와 앞에 정결하리라
31. 이는 너희에게 안식일 중의 안식일인즉 너희는 스스로 괴롭게 할지니 영원히 지킬 규례라

이때에 "너희는 스스로 괴롭게 할 것이라." 여기에 '아무 일도 하지 말되'라는 말을 덧붙이지 않았다면, 적극적인 회개를 상징하는 것으로 여겼을 것입니다. 적극적인 회개에는 두 종류가 있습니다. 먼저 육신을 복종시키기 위해 금식과 참회, 금욕 및 고행으로 단순히 육신을 괴롭게 하는 것입니다. 그리고 다른 하나는 성경이 말씀하는 바와 같이, 우리의 모든 사

랑과 감사를 받기에 합당하신 좋으신 하나님께 배은망덕함으로 그분을 화나게 한 것을 깨어지고 통회하는 마음으로 슬퍼하는 것입니다.

그런데 소극적인 회개라 부를 수 있는 것도 있는데, 우리의 영혼은 감지되던 위로와 도움을 빼앗기고 괴로워합니다. 잃어버렸다고 생각하는 은혜들을 깊이 묵상하면서 우리의 영혼을 과도하게 괴롭힙니다. 더 이상 그 은혜들을 느끼거나 감지하지 못하기 때문입니다. 이때 영혼은 앞에서 언급한 모든 정결예식을 넘어서서 '아무 일도 하지 말아야 합니다.' 본능은 언제나 열정적으로 도움을 구하며 자신을 만족시켜 줄 위안거리들을 갈구하기에, 자신이 잃어버렸다고 생각하는 것을 되찾기 위해 수없이 자세와 태도를 바꾸기 때문입니다. 하지만 그런 시도는 자신의 영혼을 더욱 메마르게 할 뿐입니다.

그러므로 이때에는 스스로 행동하지 말고 순순히 고통을 감내하는 것이 대단히 중요합니다. 그러면 하나님의 계획대로 고통이 온전히 효력을 발휘하여 우리를 정결케 할 수 있습니다. 우리의 행위는 공의가 활동하지 못하게 방해합니다. 온전한 안식만이 공의가 활동할 수 있게 해줍니다. 그래서 성경은 우리에게 분명히 말합니다. 이렇게 정결의 시간들을 거친 후에, 우리가 '하나님 앞에서 모든 죄에서 정결하게 될 것'이라고 말입니다. 그런데 오직 철저하게 다시 돌려 드림으로만 그렇게 될 수 있습니다.

사람들의 눈에 정결해 보이는 것과 하나님 앞에서 실제로 정결한 것에는 엄청난 차이가 있습니다. 적극적인 정결 예식은 우리를 사람들의 눈에만 깨끗하게 할 뿐입니다. 정말 그렇습니다. 하지만 하나님이 보시기에는 그렇지 않습니다. 외부의 작용에 의한 정결, 혹은 철저하게 다시 돌려드림으로만 우리를 하나님 앞에서 깨끗하게 할 수 있습니다.

그리고 '이는 여호와의 (안식일 중의) 안식일인즉 너희는 스스로 괴롭게 할지니 영원히 지킬 예배(규례)라'고 덧붙입니다. 영혼은 하나님 앞에서 정결케 된 후에야 이런 기념할 만한 안식에 들어가게 됩니다. 하지만 그것은 우리의 안식이나 휴식이 아니라 여호와의 안식입니다. 하나님 안으로 들어간 영혼은 그분 안에서 완전한 안식과 영원한 예배를 발견하게 됩니다. 이날은 온전히 그분께 바쳐진 그분의 날이기에 다른 어떤 것이 옮길 수 없습니다. 이 예배는 하나님 안에서, 하나님을 위해 드립니다. 나는 감히 그것을 우리 안에서 드려지는 예배가 아니라 하나님 안에서 드려지는 하나님의 예배라고 말하고 싶습니다. 이 최고의 경배는 피조물이 자기 자신을 상실하여 하나님께 고결하게 들어올려지는 만큼 고귀합니다.

그러나 '영혼이 온전히 쉬고 있다면, 그는 무엇에 괴로워할 수 있을까?'라고 질문할 것입니다. 그를 괴롭게 하는 것은 다름 아닌 영원한 예배입니다. 그는 하나님께 합당한 것이 무엇인지 알고 있습니다. 그래서 이 작은 자는 그것을 그분께 올려 드립니다. 영혼이 예수 그리스도를 더 닮게 하려는 것이든, 다른 것을 위함이든, 이렇게 영원한 예배 가운데 그를 괴롭게 하시는 분도 바로 하나님입니다. 다시 말해 순례의 단계에 있는 영혼이 반응하고 조화를 이루어야 하는 많은 피조물들 때문에 괴로움을 당하는 것입니다. 이런 괴로움이 실제로 영혼을 뒤덮을 수는 있지만, 그 중심, 즉 하나님이 자신의 안식일을 위해 선택하신 성소, 또는 안식처로 침투하지는 못합니다.

32. 기름부음을 받고 위임되어 자기의 아버지를 대신하여 제사장의 직분을 행하는 제사장은 속죄하되 세마포 옷 곧 거룩한 옷을 입고

'이렇게 속죄해야 하는' 그는 누구입니까? 그분은 대제사장, 멜기세덱의 반차를 따르는 탁월한 제사장이십니다. 바로 그분께 이 일이 맡겨졌는데, 그분 외에는 그 일을 할 수 있는 이가 없습니다. 그분은 형제들 중에서 특별히 기름부음을 받아 성별되셨습니다. 그분이 사람이 되어 우리의 형제가 되셨기 때문입니다. 기름부음으로 성별되셨기에 그분은 다른 사람들을 정결케 하실 수 있습니다. 그래서 속죄를 위해 '아버지를 대신하여 대제사장의 직분을 행하시는' 것입니다.

여기에는 놀라운 의미가 있습니다. 하나님 아버지는 공의 때문에 죄인들을 벌하셔야만 했습니다. 조금도 타협하지 않는 그분의 공의를 만족시키기 위해 우리의 죄를 벌하시는 것은 당연한 일이었습니다. 그런데 이 사랑받은 아들, 탁월하신 제사장이 속죄를 위한 기름부음을 받으셨습니다. 그분은 친히 하나님의 공의의 화살을 받아 내셔서 사람들에게 자비를 보여 주셨습니다. 사람들을 위해 자비의 은혜를 확보하셨습니다. 그러나 그것을 행사할 가련한 대상이 없다면 헛되고 무익한 하나님의 속성이 되어 버렸을 것입니다. 공의는 예수 그리스도 안에서 만족되었습니다. 그리고 예수 그리스도는 모든 사람을 벌하는 것보다 훨씬 더 놀랍게 하나님의 공의를 만족시키셨습니다. 이처럼 탁월한 제사장이 하나님의 공의를 만족시키셔서 사람들에게 공의 대신 자비가 부어졌습니다.

사람이 되신 예수 그리스도는 '세마포 옷, 곧 거룩한 옷을 입으셨습니

다.' 그분은 성막과 백성들을 정결케 하셔서 상징적인 예배를 지극히 거룩한 예배로 바꾸셨습니다. 그분은 제물의 피가 아니라 자신의 피로 사람들을 거룩하게 하셨습니다.

17장

3. 이스라엘 집의 모든 사람이 소나 어린 양이나 염소를 진영 안에서 잡든지 진영 밖에서 잡든지
4. 먼저 회막문으로 끌고 가서 여호와의 성막 앞에서 여호와께 예물로 드리지 아니하는 자는 피 흘린 자로 여길 것이라 그가 피를 흘렸은즉 자기 백성 중에서 끊어지리라
5. 그런즉 이스라엘 자손이 들에서 잡던 그들의 제물을 회막문 여호와께로 끌고 가서 제사장에게 주어 화목제로 여호와께 드려야 할 것이요

이런 종류의 제물과 번제를 기뻐하시지 않는다면서 어째서 하나님은 '잡은 모든 짐승을 드릴 것'을 엄격하게 요구하시는 걸까요? 사실 그 짐승들은 예수 그리스도의 희생을 예표할 뿐 아무런 가치도 없었습니다. 그들이 상징하는 바가 중요했습니다. 하나님은 이 의식을 통해 당시 이스라엘 사람들에게 그들의 단계에 따라 다시 돌려 드리는 것에 대해 가르치셨습니다. 그러면서 하나님께 받은 것을 예수 그리스도를 통해 다시 올려 드려야 할 미래의 사람들도 교훈하셨습니다. 그러므로 '회막문에서' 흘린 피가 하나님을 영광스럽게 한 것이 아닙니다. 그것이 백성을 구원하기 위해 흠 없는 어린 양이 아버지 앞에서 흘리실 고귀한 보혈을 상징했기 때문입니다.

6. 제사장은 그 피를 회막문 여호와의 제단에 뿌리고 그 기름을 불살라 여

호와께 향기로운 냄새가 되게 할 것이라

7. 그들은 전에 음란하게 섬기던 숫염소에게 다시 제사하지 말 것이니라 이는 그들이 대대로 지킬 영원한 규례니라

하나님은 '제물의 기름을 불살라' 바치게 하시면서, 사람의 가장 좋은 것들을 사랑의 거룩한 불에 살라 그분께 향기로운 냄새로 바치기 원하신다는 것을 보여 주셨습니다. 바로 이 거룩한 불이 모든 본질적 특성을 불살라버립니다.

그리고 '더 이상 숫염소를 섬기지 말라'고 덧붙이셨습니다. 귀신(숫염소)에게 제사하는 것'은 자기애의 제물이 되는 것입니다. 오직 하나님의 영광에 대한 순수한 사랑으로 올려 드리는 것이 아닌 모든 행위와, 그분 외에 다른 존재를 의지하는 것은 자기애에 헌신하는 것입니다. 귀신, 즉 자기애의 제물이 된 자들은 '자신을 간음에 내어준 것'이라는 하나님의 말씀을 어떻게 이해하겠습니까? "무릇 주를 멀리하는 자는 망하리니 음녀같이 주를 떠난 자를 주께서 다 멸하셨나이다"(시 73:27)라고 기록된 말씀과 꼭 같습니다. 하나님은 영혼의 창조자요, 구원자요, 남편이십니다. 하나님과 상관없는 존재를 사랑하여 그분을 떠나는 것은 음란한 것이며 간음을 저지르는 것입니다. 그래서 모든 것을 먼저 하나님께 바치고, 그런 다음 그분의 뜻대로 이웃에게 나눠줘야 합니다.

10. 이스라엘 집 사람이나 그들 중에 거류하는 거류민 중에 무슨 피든지 먹는 자가 있으면 내가 그 피를 먹는 그 사람에게는 내 얼굴을 대하여

그를 백성 중에서 끊으리니

'피를 먹지 말라'는 명령은 다음 사실을 깨닫게 해줍니다. 세속적이고 감각적인 것들, 즉 육적인 것에 머물지 말고, 세상이 자기와 관련된 이 모든 것들을 다시 차지하게 내버려 두라는 것입니다. 그러면 순전하고 자유로운 영은 하나님께 가까이 나아가 창조의 끝이요, 목적이신 그분과 연합할 수 있게 됩니다.

18장

2. 너는 이스라엘 자손에게 말하여 이르라 나는 여호와 너희의 하나님 이니라
3. 너희는 너희가 거주하던 애굽 땅의 풍속을 따르지 말며 내가 너희를 인도할 가나안 땅의 풍속과 규례도 행하지 말고
4. 너희는 내 법도를 따르며 내 규례를 지켜 그대로 행하라 나는 너희의 하나님 여호와이니라

하나님은 이 장을 '나는 여호와 너희의 하나님이니라'고 하시며 시작하시는데, 마치 이렇게 말씀하시는 것 같습니다. "너희의 주 하나님으로 나에게는 너희에게 명령할 권리가 있다. 나의 말을 듣고 순종하라. 나는 어느 모로 보나 너희에게 명령할 권리가 있다. 그러므로 너희가 죽어 마땅한 반역자가 되지 않는 한, 나의 권위에서 벗어날 수 없다. 따라서 내가 너희의 여호와 하나님으로서 명령한다. '애굽이나 다른 족속의 풍속을 따르지 마라.'" 이 말은 마치 "세상의 교훈을 따르지 마라. 너희가 나의 것이면, 더 이상 세상에 속해서는 안 된다. 내 자녀의 단순성에 참여하려면, 애굽의 다양성을 떠나라. 나에게만 충실하고 나의 대적인 세상을 멀리하라. 내가 너희에게 이르니, 나를 따르고 내 말을 들어라. 바로 내가 너희의 하나님 여호와이다. 그러므로 너희는 '내 규례를 행하여 모든 방자함을 버려라. 그러면 내 뜻 외에는 아무것도 품지 않게 된다.'

5. 너희는 내 규례와 법도를 지키라 사람이 이를 행하면 그로 말미암아 살리라 나는 여호와이니라

"너희가 내 규례와 법도를 지키려고 항상 나의 뜻을 행하면서 모든 방자함을 내 뜻 안에서 상실하면, 살리라." 하나님의 뜻 안에서 우리의 의지를 버리는 것이 참된 생명을 얻는 길입니다. 예수 그리스도가 우리의 부활이요 생명이시기 때문입니다. 하나님과 함께하지 않는 자는 사망 가운데 거하는 것입니다.

오, 영혼의 참되고 유일하신 생명이여, 당신 없이 살 수 있을까요? 당신은, 우리가 오직 주님 안에서 주님으로 살아가려고 기꺼이 자아에 대해 철저하게 죽을 때, 아담 안에서 잃어버린 것보다 훨씬 더 풍성한 생명을 주시는 전능하신 하나님입니다.

27. 너희가 전에 있던 그 땅 주민이 이 모든 가증한 일을 행하였고 그 땅도 더러워졌느니라

30. 그러므로 너희는 내 명령을 지키고 너희가 들어가기 전에 행하던 가증한 풍속을 하나라도 따름으로 스스로 더럽히지 말라 나는 너희의 하나님 여호와이니라

'너희 전에 있던 모든 자들이 가증한 행위로 이 땅을 더럽혔느니라.' 오늘날에도 거의 모두가 하나님을 떠나 죄악과 거짓을 좇고 있다고 할 수 있을 것입니다. 아, 이 비뚤어진 무리가 그것을 대수롭지 않게 여기다가, 징계 받게 될까 봐 너무나도 두렵습니다! 고난이 날마다 우리를 짓누르는데

도, 그것이 우리의 죄 때문이라는 사실에 관심도 없습니다. 우리가 하나님이 가혹하게 벌하신 자들의 '죄를 그대로 따른다면,' 어찌 그것들을 피하겠습니까? 마음을 다하고 영혼을 다해 여호와 우리 하나님을 의지합시다. 그러면 살게 될 것입니다. '그분은 우리의 하나님이시니,' 우리를 그분 안에서 새로운 피조물로 만들어 주실 것입니다.

19장

2. 너는 이스라엘 자손의 온 회중에게 말하여 이르라 너희는 거룩하라 이는 나 여호와 너희 하나님이 거룩함이니라

하나님은 그분의 백성이 '거룩하기'를 바라시는데, '그분이 거룩하시기 때문입니다.' 그러므로 우리가 거룩하지 않으면, 곧바로 하나님의 백성의 자질을 잃게 됩니다. 하나님은 너무나 순결하고 거룩하신 분이기 때문입니다.

하나님은 그분의 소유가 된 자들에게 어떤 거룩함을 요구하십니까? 하나님 안에서만 발견되는 것을 자기 것으로 여기며 거룩을 찬탈하려 하지 마십시오. 하나님이 요구하시는 것은 마음과 생각이 안팎으로 철저하게 정결한 것입니다. 그러면 완전하신 하나님께 다가갈 수 있는데, 앞에서도 언급했듯이 그분의 거룩은 죄인들에게는 무시무시한 것입니다. 성경이, 정확히 말하면 '내가 거룩하니 너희도 거룩하라'고 말씀하신 하나님이, 또한 '거룩이 그분의 속성'이라고 말씀하시기 때문입니다. 따라서 우리는 그분의 거룩을 가로채지 말고 그대로 두되, 그분께 다가갈 수 있을 만큼 정결해져야 합니다. 그러므로 우리 자신을 위해서가 아니라, 하나님 안에서 그분을 위해 거룩의 깊은 바다에 잠겨야 합니다.

오, 거룩하신 하나님, 이와 같이 우리를 정결하게 해 주셔서 우리의 부정함이 하늘의 복된 성도들과 주의 신실한 백성 가운데 작은 물줄기

로 흐르는 한없는 정결과 거룩을 가로막지 않게 하소서!

3. 너희 각 사람은 부모를 경외하고 나의 안식일을 지키라 나는 너희의 하나님 여호와이니라

하나님은 우리에게 '부모를 공경하라'고 명령하십니다. 부모는 세상에서 하나님의 자리를 대신하고 있습니다. 즉 하나님은 부모를 통해 우리에게 육신의 생명을 주셨습니다. 그렇게 하지 않았다면, 우리는 존재하지도, 하나님을 아는 행복도 누리지 못했을 것입니다.

그렇지만 이 계명은 너무나도 형편없이 지켜지고 있습니다. 자녀들은 아버지라는 존재에 진저리를 치며 경멸합니다. 그래서 근심과 슬픔으로 수없이 그들을 괴롭힙니다. 많은 부모들이 자녀들에게 믿을 수 없을 정도로 학대당하고 있습니다. 그러나 이 땅에서 그에 대한 벌을 받지 않는 것은 아닙니다. 그런 자녀들은 자신이 부모에게 한 것과 똑같은 대우를 받는 경우가 많습니다.

하나님은 또한 '안식일을 지키라'고 명령하십니다. 주님의 안식일은 어떤 사람들이 확신하는 것처럼, 단순히 외적인 일을 중단하는 것이 아닙니다. 먼저 모든 죄악된 행위를 중단하고, 이어서 우리의 수고와 노력을 중단하는 것입니다. 그러면 하나님이 친히 우리 안에서 역사하셔서 참된 안식으로 들어가게 됩니다. 이 안식은 영혼이 기도 가운데 누리는 것이며, 나중에 최종 목적지인 하나님 안에 거하는 것입니다. 후자가 바로 영원한 안식이요 쉼으로, 이 땅에서 시작되어 영원히 지속됩니다.

4. 너희는 헛된 것들에게로 향하지 말며 너희를 위하여 신상들을 부어 만들지 말라 나는 너희의 하나님 여호와이니라

그게 무엇이든 피조물에게 가려고 하나님을 떠나면, 우상에게로 향하는 것입니다. 하나님보다 피조물을 더 좋아한다면, 바로 그 피조물을 우상으로 만드는 것입니다. 탐심은 우상숭배(골 3:5)라고 기록되지 않았습니까? 우리는 모든 것을 제멋대로 사랑하면서 우상숭배를 범하고 있습니다. 그리스도인들 중에도 우상숭배자들이 얼마나 많은지요!

5. 너희는 화목제물을 여호와께 드릴 때에 기쁘게 받으시도록 드리고
6. 그 제물은 드리는 날과 이튿날에 먹고 셋째 날까지 남았거든 불사르라
7. 셋째 날에 조금이라도 먹으면 가증한 것이 되어 기쁘게 받으심이 되지 못하고

영혼이 중심의 안식에 들어가면, '여호와께 화목제물을 바치라'고 할 수도 있습니다. 수동적인 단계에서는 하나님께 바쳐진 제물이기에 안팎으로 모든 것을 경험해야 하기 때문입니다. 안으로는 모든 십자가(시련)와 고난과 박해를, 전체적으로는 우리의 경솔함과 죄로 인해 우리 자신과 하나님, 사람들, 마귀들로부터 오는 모든 일을 겪게 됩니다.

어째서 화목제물은 '드리는 날과 이튿날에 먹어야' 하는 걸까요? 자기를 내어 드리고 하나님 안에서 안식하는 영혼은, 미래를 위해 아무것도 준비하지 않고 거룩한 순간에 만족한다는 것을 가르쳐 주려는 것입니다. 그의 양식은 하나님이 우리에게 말씀하시는 지금 이 순간입니다. '남

은 것'은 불에 태워 없애 버려야 합니다. 남은 것은 무엇입니까? 거룩한 순간에 젖어 있다가 미래를 위해 아무것도 준비하지 않으면, 자꾸 옆길이 보이고 생각이 많아집니다. 그러므로 그런 것들을 무너뜨려 거룩한 사랑의 불에 완전히 태워 없애야 합니다.

"셋째 날에 조금이라도 먹으면 가증한 것이 되어 기쁘게 받으심이 되지 못하고." 이것은 미래를 준비하는 것이 '자기 포기'에 얼마나 상반되는 행동인지, 그리고 현재의 빛으로 도움을 받았는데, 어째서 나중에는 더 이상 도움이 되지 않는지 알려 줍니다. 예수 그리스도는 이렇게 가르치셨습니다. "빛이 있을 동안에는 빛을 누려라." 따라서 현재의 순간은 평화로운 영혼의 생명임이 분명합니다.

9. 너희가 너희의 땅에서 곡식을 거둘 때에 너는 밭 모퉁이까지 다 거두지 말고 네 떨어진 이삭도 줍지 말며
10. 네 포도원의 열매를 다 따지 말며 네 포도원에 떨어진 열매도 줍지 말고 가난한 사람과 거류민을 위하여 버려두라 나는 너희의 하나님 여호와이니라

하나님은 유대인들에게 이 계명을 주셔서 모든 탐욕을 버리고, 주께서 주신 것의 일부를 '가난한 사람들을 위해 남겨 두게' 하셨습니다.

11. 너희는 도둑질하지 말며 속이지 말며 서로 거짓말하지 말며

하나님은 '도둑질'을 철저하게 금하십니다. 그분은 사람들에게 소유

권을 보호하는 법을 가르치셔서 서로의 것을 빼앗지 않게 하십니다. 그러면서 하나님의 소유권도 가르치십니다. 즉 그분의 것을 도둑질하지 않도록, 그분의 권리를 가로채지 않도록 하시려는 것입니다. 그래서 '서로 거짓말하지 말며'라고도 기록된 것입니다. 스스로 뭐라도 되는 것처럼 여기는 사람은 거짓말쟁이입니다. 사람들에게 존경 받고 싶어 하는 자는 '속이는' 자입니다. 도둑질하고 거짓말하는 모든 파렴치한 자들 가운데 위선자들보다 큰 범죄자는 없습니다. 그는 하나님의 영광을 도둑질합니다. 다른 사람처럼 보이고 싶어서 끊임없이 사람들을 속이고, 자신을 속입니다. 그에게는 약탈과 모든 불법이 넘쳐흐릅니다.

12. 너희는 내 이름으로 거짓 맹세함으로 네 하나님의 이름을 욕되게 하지 말라 나는 여호와이니라

'거짓 맹세하는' 사람들이 많습니다. 그들은 더 이상 하나님을 거스르지 않겠다고 맹세하며 약속하고 끊임없이 번복합니다. 맹세로 형제를 속이는 자들도 있는데, 그들은 속이는 일에 하나님의 이름을 사용하여 욕되게 합니다. 이런 사람들에게는 이미 유죄판결이 내려졌습니다.

위선자들은 거짓으로 맹세합니다. 그들은 항상 하나님의 이름을 말하면서 사람들을 속이고 기만합니다. 즉 거짓과 속임수에 하나님의 이름을 사용하여 욕되게 합니다.

13. 너는 네 이웃을 중상(억압)하지 말며 착취하지 말며 품꾼의 삯을 아침까지 밤새도록 네게 두지 말며

'중상'은 이 세대에도 있습니다. 위선자들은 이런 방법으로 형제들의 파멸을 딛고 올라서려 합니다. 또한 뜻을 같이하여 파벌을 형성한 사람들(party people)도 자기들의 계획이 성공하면, 모든 것이 허용된다고 믿습니다. 둘 다 권세를 사용하여 자기들이 비방하던 자들을 억압하는데, 이것은 지극히 경건치 못한 것입니다.

사람들은 '품꾼의 삯을 네게 두지 말라'는 계명에 거의 주의를 기울이지 않습니다. 그들은 품삯 지급을 미루어 품꾼과 그의 가족들을 고통스럽게 합니다. 어쩔 수 없이 돈을 빌리게 만들어 결국 파멸시킵니다. 그런데 품꾼의 삯을 제때 주지 않는 것이 큰 죄라면, 그것을 빼앗는 것은 얼마나 더 큰 죄악이겠습니까?

다른 이들의 양식으로 자선을 베푸는 사람들이 있는데, 그들은 과시적으로 자선을 행하려고 가난한 직공들에게 손해를 입힙니다. 그런 것들은 모두 하나님 앞에서 가증스러운 행위입니다. 하나님은 모든 일에 공평하기를 원하십니다.

15. 너희는 재판할 때에 불의를 행하지 말며 가난한 자의 편을 들지 말며 세력 있는 자라고 두둔하지 말고 공의로 사람을 재판할지며

이 땅에는 이제 '공의'가 거의 존재하지 않습니다. 재판관들도 편파적입니다. 그들은 강력한 편견에 사로잡힌 무리가 되어 불의가 공의로 보이고, 스스로 타락하는 사람들도 있습니다. 착하고 가난한 사람이 불의한 부자를 이길 가능성은 매우 희박합니다. 재판관들에게 사정을 알려야 하는 게 아니라면, 사람들이 그들에게 탄원하겠습니까? 어디에나 정직한

사람들이 있습니다. 그러므로 세상에 공정한 재판관들이 아예 없는 것은 아닙니다. 그러나 그런 자들은 찾아보기 어렵습니다! 그래서 '세력 있는 자'와 연합하여 무고한 자를 억압하는 자들이 그렇게 많은 것입니다!

16. 너는 네 백성 중에 돌아다니며 악한 일들을 꾸며내지(사람을 비방하지) 말며 네 이웃의 피를 흘려 이익을 도모하지 말라 나는 여호와이니라

'악한 일들을 꾸며내는 사람들'은 두 부류입니다. 자기들이 범하지 않은 죄들을 자랑하며 새로운 죄를 저지르는 이들이 있고, 악한 일들을 꾸며내어 형제들을 괴롭히고 박해하며 평판을 떨어뜨리는 자들이 있습니다. 이들은 은밀히 숨어서 '비방하는' 자들로, 대놓고 비방하는 자들보다 훨씬 나쁜 사람들입니다. 사람들은 이런 자들을 무시하기는커녕 신뢰합니다.

게다가 이렇게 은밀히 헐뜯는 자들은 그들의 중상과 비방에 힘을 실어 결국 돌이킬 수 없게 만듭니다. 이렇게 악한 거짓말들을 꾸며내어 퍼뜨리며, 정직한 사람들의 성품을 깎아내리고, 그것을 돌이킬 수 없는 상태로 만드는 것을 어려워하지 않는 자들! 오, 그들은 정말 무서운 벌을 받게 될 것입니다!

17. 너는 네 형제를 마음으로 미워하지 말며 네 이웃을 반드시 견책하라 그러면 네가 그에 대하여 죄를 담당하지 아니하리라

18. 원수를 갚지 말며 동포를 원망하지 말며 네 이웃 사랑하기를 네 자신과 같이 사랑하라 나는 여호와이니라

'형제를 견책하는 것'은 세심한 주의가 필요한 일입니다. 그래서 거의 사용되지 않습니다. 어떤 사람들은 형제가 잘못해서가 아니라 미워서 공개적으로 견책합니다. 또 자기들이 꾸며 낸 죄악들을 모두에게 알리며 큰 소리로 공격하는 사람들도 있습니다. 형제를 견책하려면, 분노가 없어야 합니다. 그러면 그렇게 할 수 있습니다. 만일 형제를 견책할 권한이 없으면, 비방하지 말고 그를 하나님의 손에 맡겨 드려야 합니다.

우리에게는 '원수 갚는 것'이 금지되어 있습니다. 힘을 다해 복수하지 않는 자, 복수만큼 달콤한 것은 없다고 말하지 않는 사람입니까? 비방하는 말을 듣고도 '잊어버리라'는 것이 신약과 구약의 명령입니다. 이 계명들을 실천하고 있습니까?

이 장은 전체적으로 공평에 대해 가르치고 교훈하는 데 집중합니다. 하나님은 우리가 그 계명들을 지키기 바라십니다. 이 장에서는 거의 모든 명령 끝에 "나는 여호와이니라"는 말씀을 덧붙이시는데, 두 가지 이유가 있습니다. 먼저는 사람들의 의식을 깨워 지속적으로 경외감을 갖게 하려는 것입니다. 둘째, 하나님은 순종받기를 원하시며, 이 민족에게 맹목적인 순종을 요구하실 권리가 있다는 것을 나타내시려는 것입니다. 하나님이 우리에게 가장 바라시는 것은 온전한 순종, 곧 자아의 죽음입니다.

하나님이 이 백성에게 많은 법령을 주시면서, 위대하신 분께 어울리지도 않는 사소한 것들을 유치해 보일 정도로 상세하고 구체적으로 명령하시는 것은, 그들은 물론 우리에게 철저하고 온전한 순종을 가르치시기 위함입니다. '우리의 주 하나님'이 무엇을 하라고 명령하셨으니 그 중요성과 상관없이 우리는 그것을 행하면 됩니다. 작은 일에 순종하는 것이, 그들을 명예롭게 하는 큰일에 순종하는 것보다 더 온전한 것이기 때문입니다. 게다가 작은 기회들은 자주 매일같이 있는 것이기에, 긴장의 끈을 놓을 수 없습니다.

이렇게 다양하고 일상적이며 작은 계명들이 서서히 영혼을 순종적으로 만듭니다. 더 이상 엄격한 율법 아래 있는 것은 아니지만, 그럼에도 하나님이 우리의 순종을 요구하시지 않는 것은 아닙니다. 오늘날의 사람들은 끊임없이 범하는 십계명인데, 유대인들은 이 많은 계명들을 엄격히 지켰습니다. 그들은 징계를 두려워했습니다. 그러므로 하나님이 자녀들에게 요구하시는 사랑의 순종은 아니었던 것이 분명합니다.

20장

7. 너희는 스스로 깨끗하게 하여 거룩할지어다 나는 너희의 하나님 여호와이니라
8. 너희는 내 규례를 지켜 행하라 나는 너희를 거룩하게 하는 여호와이니라

하나님은 영혼이 '거룩'하기를 바라신다고 거듭 말씀하시면서, 점점 더 깨끗하고 정결해져야 한다는 것을 이해시키려 하십니다. 영혼이 자기 자신에게서 벗어나 하나님 안에서 사라지는 만큼 정결해지기 때문입니다.

그러나 동시에 영혼을 거룩하게 하시는 분은 바로 하나님이라고 분명하게 말씀하십니다. 그리하여 영혼은 더 이상 피조물 안에서 거룩을 구하거나 사람이 만들어낸 방법이나 수단으로 온전히 깨끗해지려 하지 않습니다. 왜냐하면 그것은 오직 하나님 안에서만 찾을 수 있기 때문입니다.

26. 너희는 나에게 거룩할지어다 이는 나 여호와가 거룩하고 내가 또 너희를 나의 소유로 삼으려고 너희를 만민 중에서 구별하였음이니라

또 하나님은 말씀하십니다. 그들을 다른 사람들처럼 '거룩'하게 하려고 깨끗하게 하실 뿐만 아니라, 그들이 하나님을 위해 그 땅의 다른 모든 민족들(만민) 중에서 구별되어 거룩해질 것이라고 말입니다. 다른 사람들

은 모두 자기들을 위해 거룩을 갈망하지만, 이 사람들은 하나님을 위해 거룩하도록 선택 받았습니다. 따라서 그들은 하나님 안에서 그리고 그분을 위해 거룩함을 입고 거룩해집니다.

21장

8. 너는 그를 거룩히 여기라 그는 네 하나님의 음식을 드림이니라 너는 그를 거룩히 여기라 너희를 거룩하게 하는 나 여호와는 거룩함이니라

수차례 언급된 이 계명은, 백성들이 스스로 거룩해질 수 있다고 생각하거나 보통 수준의 거룩함에 만족해서는 안 된다는 것을 잘 보여 줍니다. 하나님은 친히 그들을 거룩하게 하려 하십니다. 그리하여 그들은 최고의 거룩, 곧 하나님의 거룩을 소유하게 됩니다. 그분이 그들을 자신의 거룩으로 거룩하게 하시기 때문입니다.

25장

55. 이스라엘 자손은 나의 종들이 됨이라 그들은 내가 애굽 땅에서 인도
하여 낸 내 종이요 나는 너희의 하나님 여호와이니라

오, 하나님께 자신을 내어 드린 영혼의 매임은 행복합니다. 그들은 더욱 자유로워집니다. '하나님의 종'이 된다는 것은 우리의 자유를 드리면서 그분을 의지하는 것입니다. 그러면 하나님의 역사에 순복시키는 것 외에 더 이상 자유의지를 사용할 수 없게 됩니다. 대주재이신 하나님이 명령하시면, 영혼은 더 이상 그분을 거역하지 않습니다. 그는 분명 자신을 종으로 여기지만, 그 매임이 너무나도 달콤해서 세상의 모든 자유를 누리는 것보다 좋아하게 됩니다. 그러므로 영혼은 매일수록 더욱 자유로워지는데, 피조물은 창조주의 뜻에 완전히 삼켜질 때 진정으로 자유로울 수 있기 때문입니다.

26장

3. 너희가 내 규례와 계명을 준행하면

6. 내가 그 땅에 평화를 줄 것인즉 너희가 누울 때 너희를 두렵게 할 자가 없을 것이며 내가 사나운 짐승을 그 땅에서 제할 것이요 칼이 너희의 땅에 두루 행하지 아니할 것이며

하나님이 그분의 계명을 지키는 자들에게 '주기'로 약속하신 이 보편적인 '평화'를 통해 열정과 능력의 전반적인 평안을 이해할 수 있습니다. 하나님은 자기를 완전히 내어 드린 자들을 이러한 평화로 채워 주십니다. 그들은 한동안 적극적으로 수고하고 애쓰는데, 하나님의 계명을 종교적으로 지키면서 스스로 열정의 평강을 얻으려 노력하는 것입니다. 하지만 그런 것으로는 얻을 수 없습니다.

그럼에도 하나님은 그들이 수고하며 경건을 위해 애쓰는 것을 보시고, 그분의 한없는 자비를 고요히 구하는 기도의 자리에 앉히십니다. 그리하여 열정뿐만 아니라 모든 것에 평안을 주십니다. 또 능력(기능)의 평안도 더하셔서 편히 '잠들게' 해주십니다. 그러므로 그들을 '두렵게 할' 만큼 강한 모든 것, 피조물들의 위협과 이 영혼들을 나쁘게 말하는 모든 것이 이 길에서 자멸하여 아무 영향력도 미치지 못하기에, 더는 그 길에서 벗어나게 하거나 그 결심을 변화시킬 수 없습니다.

11. 내가 내 성막을 너희 중에 세우리니 내 마음이 너희를 싫어하지 아니할 것이며

영혼이 전체적으로 이렇게 고요해지는 것은 첫 번째 연합을 위한 준비입니다. 이것을 통해 하나님은 성막 한가운데 특별한 임재로 거하시게 됩니다. '그분은 과연 그 중심에 그분의 성막을 세우시지만', 아직 성막 자체가 세워진 것은 아닙니다. 지금은 직접적인 연합이 아니기에, 연합의 도구들이 존재하는데, 성막은 하나의 도구이자 한 부분입니다. 연합에서는 모든 도구들이 한 부분을 이루는데, 둘 사이에 놓여 그들을 연결시키려고 연합하기 때문입니다.

12. 나는 너희 중에 행하여 너희의 하나님이 되고 너희는 내 백성이 될 것이니라

그러나 하나님은 이 영혼을 버리지 않겠다고 약속하십니다. 선하신 그분은 먼저 배신하고 떠나지 않는 한, 결코 우리를 버리지 않으십니다. 그분은 영혼과 함께 '행하시고' 영혼은 항상 그분과 함께합니다. 하나님은 특별히 자신을 그의 하나님이요 보호자로 칭하시는데, 놀라운 사랑의 교류입니다.

15. (그러나) 내 규례를 멸시하며 마음에 내 법도를 싫어하여 내 모든 계명을 준행하지 아니하며 내 언약을 배반할진대

16. …내가 너희에게 놀라운 재앙을 내려 폐병(결핍)과 열병으로 눈이 어둡고 생명이 쇠약하게 할 것이요
17. 내가 너희를 치리니 너희가 너희의 대적에게 패할 것이요 너희를 미워하는 자가 너희를 다스릴 것이며 너희는 쫓는 자가 없어도 도망하리라

영혼이 하나님께 마땅히 드려야 할 순종을 그만두는 순간 수많은 재앙이 임하게 됩니다. 그는 자신을 위해 싸우셔서 원수를 물리쳐 주시는 하나님께 자신을 내어 드리는 것을 그만두고, 약한 모습과 타락만 발견하는 노력과 수고의 자리로 돌아가려 합니다. 심지어 자신이 신뢰하는 힘이 그를 크게 약화시켜 싸우지도 않고 적 앞에서 쓰러집니다. 영혼은 하나님을 버린 후 공포에 사로잡혀 괴로워하다가 '쫓는 자가 없어도 달아납니다.' 단순함과 하나님과의 연합에서 벗어날수록, 점점 더 자기의 행위로 나아가 수고하고 노력하는 데 몰두합니다.

여기서 '눈이 어두워지는 것'은 거룩한 빛의 소멸을 상징합니다. 이 빛은 우리가 스스로 일으킨 가상의 불과 열심에 소멸됩니다. 그런 다음 영혼이 소멸되는데, 우리가 헛되이 심고 열매 없이 많이 수고하기 때문입니다.

18. 또 만일 너희가 그렇게까지 되어도 내게 청종하지 아니하면 너희의 죄로 말미암아 내가 너희를 일곱 배나 더 징벌하리라

하나님은 이렇게 버려진 자들에게 말씀하십니다. 이들은 진실로 자기의 행위로 돌아가지는 않았습니다. 그러나 하나님께 자신을 너무 많이

내어 드리는 것을 두려워해서, 그분이 원하시는 일들을 행하려고 귀기울여 듣고 그분의 뜻대로 이해할 수 없는 지혜의 길로 인도 받으려 하지 않습니다. 그래서 하나님은 '그들의 죄로 말미암아 일곱 배나 더' 고통 받게 하십니다. 약한 모습과 시련을 견디게 하시는데, 흉악한 죄인들에게는 겪지 않게 하시는 것들입니다. 죄인들이 벌을 받거나 완전히 정결해지는 것은 이후의 삶에 예정된 것이기 때문입니다. 그러나 선택받은 이 영혼들은 강하게 치셔서 극심한 고통을 통해 본질적 특성에서 끄집어 내십니다. 그러므로 영적인 삶에 나타나는 극심한 내적 고통은 본질적 특성 때문입니다. 그래서 그것들이 놀라울 정도로 성경의 여러 부분에 묘사되어 있는 것입니다.

오, '일곱 배나 더 징벌하신다'는 것이 무슨 말인지, 그리고 하나님이 죄의 모습과 그 고통, 때로는 죄 자체로, 가벼운 불신앙을 얼마나 혹독하게 응징하시는지 설명해 줄 수 있다면! 그리하여 본질적 특성과 교만, 자아가 하나님 앞에서 얼마나 참을 수 없는 존재인지 설명할 수 있다면! 그래서 하나님이 타락이나 그런 상황이 교만을 꺾게 내버려두시는 경우가 많은 것입니다. 이 비밀에는 오직 하나님의 심판이 예정되어 있습니다.

이것은 사도 바울이 표현한 바와 같지 않습니까? 그는 "여러 계시를 받은 것이 지극히 크므로 너무 자만하지 않게 하시려고 내 육체에 가시 곧 사탄의 사자를 주셨으니 이는 나를 쳐서 너무 자만하지 않게 하려 하심이라"고 했습니다(고후 12:7). 그는 마치 이렇게 말하는 것 같습니다. "내가 하나님의 은혜를 도둑질하지 않도록, 가장 비참한 경험을 통해 내가 어떤 존재인지 가르쳐 주셔서 가장 큰 하나님의 은사 가운데 철저하게 파멸된 상태로 있게 하십니다."

19. 내가 너희의 세력으로 말미암은 교만을 꺾고 너희의 하늘을 철과 같게
하며 너희 땅을 놋과 같게 하리니

먼저 여기서 '꺾으신다는 교만'은, 영혼이 자기의 재능과 능력과 힘으로 살아가는 것을 의미합니다. 둘째, 영혼의 이러한 '교만'은 앞서 언급한 본질적 특성에 의해 생겨났는데, 하나님과의 연합을 실제적으로 가로막습니다. 하나님은 이러한 교만과 본질적 특성을 깨뜨리시려고 이 영혼에게 '하늘'을 닫아 버리셔서 '철과 같게' 하십니다. 그래서 더 이상 하늘에서 쾌적한 이슬이 내리지 않습니다. 하나님은 이제 이 영혼에게 혹독함만 보이시는 것 같습니다. 더는 그에게 귀기울이지 않으실 뿐만 아니라, 버리신 것 같습니다. 이제 하늘과 땅에서 아무 위로도 얻을 수 없습니다. 땅이 그에게 '놋과 같아져서' 더 이상 그 달콤함을 맛볼 수가 없기 때문입니다. 그때 영혼은 자신이 설명할 수 없는 고통 가운데 있음을 깨닫게 되는데, 이런 것은 오직 경험으로만 이해할 수 있습니다.

그러나 이렇게 고통 받는 사람들에게 확실하게 말합니다. 그들의 고통은 다름 아닌 본질적 특성 때문입니다. 그러므로 그들이 하나님이 주시는 큰 시련이라고 여기는 것은 알지 못하는 본질적 특성으로 인한 고통입니다. 그러므로 자기 자신을 버리고 모든 반항을 중단하십시오. 두려워하지 말고 거침없이 하나님의 손에 자신을 내어 드리십시오. 어느 정도 도움이 되는 형식적이고 꾸며진 '자기 포기'가 아니라, 주저 없이 하나님의 뜻에 자신을 맡기면서 요동하거나 반항하지 말고 모든 선을 제거하십시오. 확고하게 버티고 서서 두려움 없이 원수의 모든 공격을 견디십시오. 그러면서 오직 하나님만이 우리의 모든 원수들을 물리치실 수 있다는 것

을 확신하십시오.

그러나 우리가 스스로 변명을 시작하자마자, 원수가 접근하기만 해도 타락하게 됩니다.

23. 일을 당하여도 너희가 내게로 돌아오지 아니하고 내게 대항할진대
24. 나 곧 나도 너희에게 대항하여 너희 죄로 말미암아 너희를 칠 배나 더 치리라

하나님은 계속해서 이 영혼들에게 확실하게 말씀하십니다. 만일 그들이 여전히 이전과 같이 '대항하며' 하나님의 뜻대로 인도 받으려 하지 않으면, 그들의 벌을 더하실 것이라고 말입니다. 그분은 그들에게 귀기울이지 않는 것으로 만족하지 않으시고 그들을 엄히 대하십니다. 그래서 하늘이 가차없어지고 이슬이 더 이상 그들 위에 내리지 않게 됩니다. 게다가 하나님이 친히 그들에게 '맞서실' 것입니다.

오, 하나님이 우리를 대적하시는 이유가 뭔지, 그로 인해 우리가 얼마나 무시무시한 고통을 당하는지 알았다면, 이렇게 궁지에 빠지느니 차라리 자신을 무언가에 내어 드리지 않았을까요?

욥은 끔찍한 결핍의 무게를 느끼며 하나님이 자신을 적대하셔서 스스로가 짐이 되었다고 애처롭게 불평했습니다(욥 7:20). 그러나 피조물은 너무나도 본질적인 특성이 강해서 그것이 결합되어 있는 능력을 빼앗기기보다는, 오히려 그런 이상한 일을 당하는 것을 더 좋아합니다. 심지어 그것을 간직하려고 많은 불행과 재난을 견디면서 상을 받을 거라고 생각합니다. 그러나 그는 자신을 크게 속이고 있습니다. 능력의 본질을 보호하려고 그

모양을 잃어버리게 내버려두는 것이 아니라, 오히려 그 모양을 지키려다가 참된 능력을 잃어버리고 있으니 말입니다.

하나님은 대항하는 영혼들을 치명적인 죄와 관련된 연약한 모습들로 여러 차례 치시는데, 그들이 자기의 능력에 절망하여 자신을 온전히 내어 드리게 하려는 것입니다.

영혼은 자신이 교만하게만 여겨집니다. 자신의 모든 생각과 말과 행동들에 교만이 넘쳐흐릅니다. 점점 더 세상을 사랑하고 집착하는 것 같습니다. 자신이 머리부터 발끝까지 온통 부정하게 여겨집니다. 자기를 더 내어 드려 하나님께 속한 사람들에 대한 시기와 질투로 고통스럽습니다.

영혼은 모든 고행을 잃어버립니다. 그리하여 자신이 철저하게 세속적이라고 생각합니다. 이제 무엇으로도 자기 자신을 제어하거나 만족시킬 수 없습니다. 그렇게 해 보려고 애쓸수록, 잘되지 않습니다. 극복할 수 없는 생각 속의 증오는 영혼을 비참하게 만드는데, 심지어 하나님을 증오하는 것처럼 보이는 경우도 많습니다. 오랫동안 잠잠하던 분노가 깨어나서, 매 순간 조급해집니다.

자신을 내어 드리지 않은 영적인 사람들은 모두, 각자의 본질적 특성에 따라, 즉 그들을 정결케 하시려는 하나님의 계획대로 이 길을 여행합니다. 그러므로 영혼이 하나님의 은사의 풍성함으로 높여질수록, 곤궁, 가난 같은 경험으로 더 깊이 추락하게 됩니다. 신비로운 죽음이 예정된 이들은 모두 이 길을 가게 됩니다. 그들이 어떤 충성을 보이려 하든지, 그것에 대해 생각하지도 않고 거역하기 때문입니다. 심지어는 (깨닫지 못해서) 거역하는 데 충실하기도 합니다. 그리하여 모든 선에 대한 자기들의 게으름과 무심함에 놀라 더 이상 선을 행할 수 없게 됩니다. 그리고 그들이 이전에 거룩한 일들을 행하는 데 열정을 가졌던 만큼, 그것에 냉담해집니다.

25. 내가 칼을 너희에게로 가져다가 언약을 어긴 원수를 갚을 것이며 너희가 성읍에 모일지라도 너희 중에 염병을 보내고 너희를 대적의 손에 넘길 것이며

'언약을 어긴 원수를 갚는 칼'은 영혼을 상위와 하위, 두 부분으로 나누려고 하나님이 보내시는 분리의 칼입니다. 이렇게 하지 않으면 영혼은 항상 거역할 것입니다. 이때 영혼은 이러한 분리로 인해 낯선 고통을 겪게 됩니다. 그는 이렇게 압박받는 자신을 보고 '성읍으로 피하여 달아납니다'(성읍에 모입니다). 즉, 선을 행하거나, 하나님의 종들과 대화하거나 자주 성만찬을 가지면서 외적 행위들로 도움을 얻으려 합니다. 그러나 이 단계의 은혜는 '죽음'의 은혜이기에 이런 것들은 더 이상 고통을 덜어 주지 못합니다. 그는 더 많은 것을 상실해야 합니다. 그리하여 무엇보다도 자기 자신을 위한 것이지만, 자신이 '대적의 손에 넘겨진' 것을 깨닫게 됩니다.

26. 내가 너희가 의뢰하는 양식을 끊을 때에… 너희가 먹어도 배부르지 아니하리라

우리가 성회 가운데 위안을 얻기는커녕, 혐오와 또 다른 고통들만 발견할 때, 하나님은 '우리가 의뢰하는 양식을 끊으십니다.' 이것은 거룩한 성만찬을 존중하고 헌신하던 선한 영혼에게 엄청난 시련입니다. 그는 더

이상 하늘의 만나에 만족을 얻지 못하고, 오히려 항상 더 배가 고프다고 느낍니다.

27. 너희가 이같이 될지라도 내게 청종하지 아니하고 내게 대항할진대
28. 내가 진노로 너희에게 대항하되 너희의 죄로 말미암아 칠 배나 더 징벌하리니

하나님은 간절히 바라시는 이 영혼이 여전히 그분께 '청종하지 않는' 것을 보시고, '그에게 대항하시는 것'으로 만족하지 않으십니다. 그의 고통을 더하시고 '진노로' 대항하십니다. 아, 그러면 영혼은 어찌할 바를 알지 못합니다. 욥이 형언할 수 없는 끔찍한 고통을 겪었던 것처럼(욥 16:10), 하나님이 그를 진노로 치시기 때문입니다. 그럼에도 불구하고 분명한 것은 보통 그렇게 되는 것이 거의 대부분 우리의 반항(대항) 때문이라는 사실입니다.

하지만 하나님이 때로 그분의 힘으로 그들을 괴롭히셔서 순전한 영혼들이 내적인 슬픔을 겪게 하시는 경우가 있다는 것은 사실입니다. 예를 들어 예수님과 마리아도 그것을 겪었고, 바울도 하나님의 영광에 대한 열심과 형제들의 구원 때문에 마음의 고통과 슬픔에 사로잡히는 경우가 많았습니다. 그러나 이런 종류의 고통들은 너무나 순결하고 평온해서 대단히 거룩하게 여겨집니다. 본질적 특성으로 야기된 고통에는 보통 걱정과 근심이 따르는데, 말하자면 강하고 깊게 작용하여 우리에게 남아 있는 녹과 더러운 것을 깨닫게 해주는 소멸하는 불 같습니다. 바로 이 빛 가운데

선지자적 왕은 하나님께 "주의 분노로 나를 책망하지 마시오며 주의 진노로 나를 징계하지 마옵소서"(시 6:1)라고 기도한 것입니다.

이제 대항이 계속되면, 고통은 더욱 강해집니다. 하나님이 고통을 가중시키시기 때문인데, 두 번째에는 그들의 특성에 따라 죄에 대한 외부의 타격만 있었지만, 이제는 '죄로 말미암아 칠 배나 더 징벌하십니다.' 전에는 거의 영향이 없던 것이 이제 완전히 내면으로 침투해 깊은 상처를 입힌 것 같습니다. 오! 타격과 상처는 얼마나 다른지요! 경험해 본 자들은 그것을 너무나 잘 알고 있습니다! 이들은 동일한 시련처럼 보이는데, 항상 앞에서 언급한 치명적인 일곱 죄목을 다루기 때문입니다. 그렇다면 그 침투력, 또는 영향력은 얼마나 다르겠습니까!

31. 내가 너희의 성읍을 황폐하게 하고 너희의 성소들을 황량하게 할 것이요 너희의 향기로운 냄새를 내가 흠향하지 아니하고

하나님은 거기서 더 나아가십니다. 그분은 이 영혼의 모든 것을 혼란스럽게 하십니다. 영혼의 외적, 내적인 감각과 능력인 '성읍'들이 삭막한 '폐허가 됩니다.' 또한 영혼의 중심, 가장 깊은 곳인 '성소'를 파괴하고 소멸할 필요가 있습니다. 그곳에는 더 이상 거룩한 형상이 남아 있지 않습니다. 거기 거하시던 하나님은 이제 계시지 않습니다. 아, 바로 그때 이 거룩한 성소(성소는 그럼에도 하나님과 영혼을 연결해 주는 역할을 했습니다)가 남김없이 파괴되는 것입니다.

오, 영혼은 성소를 잃어버림으로 너무나도 이상한 타격을 받게 됩니

다! 그럼에도 불구하고 고통 가운데 있는 영혼에게는 좋은 일입니다. 겉으로 보기에는 거칠지만, 실제로는 너무나도 행복한 교정 방법입니다. 이제 영혼에게 다른 방안은 없습니다. 오, 누가 이것을 이해할 수 있겠습니까! 그럼에도 거룩한 성소, 곧 영혼의 중심을 철저하게 파괴해야 모든 시련이 빨리 끝납니다.

34. …너희의 본토가 황무할 것이므로 땅이 안식을 누릴 것이라…

영혼이 고통과 황폐함을 즐거워하고 자신의 쓸모없음과 무가치함을 안식 가운데 누리면, 제자리에서 이렇게 된 것을 기뻐하며 모든 이기심을 버리고 하나님의 영광을 섬기기 시작하면, 보통은 곧바로 영혼의 모든 고통이 멈춥니다. 거의 그 끝에 이른 것입니다. 그러나 그는 또한 지나칠 정도로 겸손해졌기에 가장 끔찍한 괴로움 가운데서 쉼을 얻는다고 외칠 수 있습니다.

42. 내가 야곱과 맺은 내 언약과 이삭과 맺은 내 언약을 기억하며 아브라함과 맺은 내 언약을 기억하고 그 땅을 기억하리라
45. 내가 그들의 하나님이 되기 위하여 민족들이 보는 앞에서 애굽 땅으로부터 그들을 인도하여 낸 그들의 조상과의 언약을 그들을 위하여 기억하리라 나는 여호와이니라

그때 하나님은, 다름 아닌 그분 자신을 위해 사랑하는 내적 백성들을

여러 나라들 가운데서 이끌어 내신 것과, 그들이 많은 정결의식과 시련 가운데 파괴되고 소멸되었다는 것을 '기억하십니다.' 그래서 그들을 이러한 고통의 단계에서 끌어내십니다. 그분은 이제 '그들의 하나님'이시기 때문입니다. 하나님이 '애굽에서 인도하여 내셨다'는 이유만으로 그들은 더 이상 그분께 거역하지 않습니다.

NUMBERS

민수기

9장

18. 이스라엘 자손이 여호와의 명령을 따라 행진하였고 여호와의 명령을 따라 진을 쳤으며 구름이 성막 위에 머무는 동안에는 그들이 진영에 머물렀고

이런 식으로 하나님의 인도를 받는 것이 온전히 자기를 내어 드린 영혼의 속성입니다. 그는 하나님의 영이 운행하시지 않으면 한 걸음도 내딛지 않으며, 하나님이 감동하시는 대로 기꺼이 모든 것(그와 유사한 모든 것)을 수행하거나 그만둘 준비가 되어 있습니다. 이것이 필요한 전부입니다.

21. 혹시 구름이 저녁부터 아침까지 있다가 아침에 그 구름이 떠오를 때에는 그들이 행진하였고 구름이 밤낮 있다가 떠오르면 곧 행진하였으며
22. 이틀이든지 한 달이든지 일 년이든지 구름이 성막 위에 머물러 있을 동안에는 이스라엘 자손이 진영에 머물고 행진하지 아니하다가 떠오르면 행진하였으니

신실하게 자기를 내어 드린 영혼들은 낮이든 밤이든, 빛 가운데 있든 어둠 속에 있든 신경쓰지 않습니다. 그들에게는 정해진 시간이나 대책이 없습니다. 다만 주저함이나 의심 없이 자신을 맡겨 인도함을 받았습니다. 하나님의 뜻대로 놀랄 만큼 신속하게 '행진하거나 머물러 있었습니다.' 그

들은 행진하거나 쉬는 것으로 고민하지 않았습니다. 하나님의 뜻 안에서 모든 것이 그와 같았습니다.

11장

1. 여호와께서 들으시기에 백성이 악한 말로 원망하매 여호와께서 들으시고 진노하사 여호와의 불을 그들 중에 붙여서 진영 끝을 사르게 하시매

모든 도움을 빼앗기고 이렇게 헐벗은 채 믿음의 광야에 있는 것은 이상한 일입니다. 그래서 영혼은 오랫동안 감각적으로 힘든 길에 매여 있는 것을 후회하지 않고, 거기서 만족하며 신실하게 지내기가 대단히 어렵습니다. 하나님이 그의 인도자이시지만, 모든 것이 희미하기 때문에 그는 아무것도 의지할 수 없습니다. 그 고통이 너무 커서 하나님을 '악한 말로 원망하게 됩니다.' 그러나 더 큰 고통만 이어질 뿐입니다. 영혼은 너무나도 이상한 내적 '화형'에 들어가서 죽음의 고통을 겪게 됩니다. 이 불은 영혼의 안식처인 '진영 끝을 사릅니다.' 그러나 그것은 끝부분, 언저리에 불과합니다. 이것은 영혼이 자기 자신 혹은 하나님의 은사들 안에서 누리던 안식으로 반드시 제거되어야 합니다. 그러면 영혼은 언제나 하나님과 그분의 뜻 안에서만 쉴 수 있게 됩니다.

2. 백성이 모세에게 부르짖으므로 모세가 여호와께 기도하니 불이 꺼졌더라

모세의 기도가, 곧 영혼이 다시 자기를 내어 드리기만 해도 하나님의

진노는 가라앉습니다.

4. 그들 중에 섞여 사는 다른 인종들이 탐욕을 품으매 이스라엘 자손도 다시 울며 이르되 누가 우리에게 고기를 주어 먹게 하랴

'이스라엘의 자손에 합류했던' 이 다른 무리는 힘없고 연약한 영혼들, 그리고 하위 영역을 나타냅니다. 이들은 이러한 헐벗음, 결핍에 괴로워하며 먹을 것을 구합니다. 이 연약한 영역은 탐욕을 품은 음식을 빼앗겼음을 깨닫고 수상한 태도로 '울지만', 감히 욕망하는 것을 직접 요구하지는 않습니다. 단지 '누가 우리에게 고기를 주어 먹게 하랴? 누가 나에게 음식으로 약간의 위로를 줄까?'라고 할 뿐입니다. 그는 심지어 고통에 참여하는 상위 영역을 끌어들여 죄를 범하게 하는 경우가 많습니다.

6. 이제는 우리의 기력이 다하여 이 만나 외에는 보이는 것이 아무것도 없도다 하니

이러한 배신자들은 자기들의 지난 행위들을 후회하며 자기애를 키웁니다. 그들은 애굽(그곳은 복잡하고 다양화된 땅입니다)에서 맛본 것들이 한심할 정도로 조악하고 세속적이었는데도 그것들을 하나하나 말하고 다닙니다. 만일 하나님이 그들을 더 성장하고 발전시키기 원하신다면, 상위 영역이 이러한 불평에 거의 혹은 조금도 관여해서는 안 되기에, 그들에게 아무것도 주시지 않습니다. 그러므로 감각적인 위로는 그들이 모든 것을 초월하여 하나님께 나아가지 못하게 방해할 수 없습니다. 하지만 그 뜻이 감각적

인 위로와 섞이게 되면, 그분은 그들을 만족시켜 줄 맛있는 음식을 주십니다. 이 영혼들은 그것이 자기들의 죄에 대한 벌이라는 것을 깨닫지 못하고 큰 은혜를 받았다고 여기는데, 크게 속고 있는 것입니다.

여전히 이기적인 사람들은 하나님이 그들을 위해 기적을 행하신다고, 그리고 그들이 구한 것을 주신다고 말합니다. 또 그들은 '우리의 기력이 다했는데, 먹을 것이 없다, 이 만나 외에는 보이는 것이 없다'고 덧붙입니다. 믿음이 확고하지 않으면, 아무것도 보이지 않고, 맛볼 수도 없습니다. 그래서 우리를 지치게 하는 이 믿음만 보이는 것입니다. 우리에게 주어진 만나가 완전하고 실속 있는 빵이라도, 맛도, 모양도 만족스럽지 않기 때문입니다.

10. 백성의 온 종족들이 각기 자기 장막문에서 우는 것을 모세가 들으니라 이러므로 여호와의 진노가 심히 크고 모세도 기뻐하지 아니하여

빛의 계시를 받은 지도자는 '(양)파', 곧 조악한 산물들이 아쉬워서 믿음이나 하나님께 자기를 내어 드리는 것과 같은 순전한 양식에 만족하지 못하는 이 영혼들의 일탈을 견디기가 너무나 힘이 듭니다. 그는 이런 일을 기뻐하지 않습니다.

11. 모세가 여호와께 여짜오되 어찌하여 주께서… 이 모든 백성을 내게 맡기사 내가 그 짐을 지게 하시나이까

모세는 하나님이 지워 주신 멍에에 대해, 수많은 세속적인 영혼들을

이끌게 하신 것에 대해 애정 어린 불평을 하는데, 그들은 영의 길을 따르는 것을 지극히 어려워하는 자들입니다.

12. 이 모든 백성을 내가 배었나이까 내가 그들을 낳았나이까 어찌 주께서 내게 양육하는 아버지가 젖 먹는 아이를 품듯 그들을 품에 품고 주께서 그들의 열조에게 맹세하신 땅으로 가라 하시나이까

이와 같이 특정 인물들에게 수많은 영적 자녀들을 책임지게 하시는 하나님의 선하심이 놀랍습니다. 그들은 그들을 품에 품고 먹이고 양육하여 약속의 땅으로 인도해야 합니다. 오 주여, 주께서 모세에게 이끌게 하신 자들은 참으로 행복한 사람들입니다. 그러나 모세는 많은 고통을 감당해야 합니다. 그는 그들을 가르치고 도와줘야 할 뿐만 아니라, 그들의 아픔까지도 감당해야 합니다.

14. 책임이 심히 중하여 나 혼자는 이 모든 백성을 감당할 수 없나이다
15. 주께서 내게 이같이 행하실진대 구하옵나니 내게 은혜를 베푸사 즉시 나를 죽여 내가 고난당함을 내가 보지 않게 하옵소서

모세는 백성들의 불신을 보며 죽음의 고통을 겪습니다. 그런데 안타까움이나 근심으로 인한 고통이 아니라, 하나님의 손이 가하시는 고통입니다. 그래서 본질적인 특성을 가진 사람들이 다가오면, 모세 같은 자들은 지옥의 고통을 겪게 됩니다. 그래서 자기에게 맡겨진 자들이 믿음이 없어 은혜에 순순히 헌신하지 않는 것을 깨닫고 '죽기를 구하거나' 그 고통에서

해방되기를 갈망하는 경우가 상당히 많습니다.

하나님은 종종 그들이 멍에를 잘 감당할 수 있게 도울 자들을 붙여 주셔서 어느 정도 짐을 덜어 주십니다. 여기에서는 '이스라엘의 장로(노인) 들 칠십 명'(16절)을 모세에게 붙여 주셔서 백성들을 이끌 수 있게 도와주십니다.

18. 또 백성에게 이르기를 너희의 몸을 거룩히 하여 내일 고기 먹기를 기다리라…
19. 하루나 이틀이나 닷새나 열흘이나 스무 날만 먹을 뿐 아니라
20. 냄새도 싫어하기까지 한 달 동안 먹게 하시리니

하나님은 이 백성들에게 그들이 원하는 것을 주셔서, 한동안, 때로는 상당히 오랫동안 감각적인 은사로 그들의 입맛을 만족시켜 주십니다. 이로 인해 그들은 완전히 정욕과 자기애에 빠져 있는데도, 자기들이 모든 것을 성취했고 새로운 삶을 시작했다고 믿게 됩니다. 주님은 그들에게 '너희의 몸을 거룩히 하여 고기 먹기를 기다리라'고 말씀하시는데, 마치 이렇게 말씀하시는 것 같습니다. "너희는 주님이 너희를 거룩히 하시도록 내어드리지 않을 것이니, 스스로를 거룩히 하라. 너희 행위들로 돌아가라. 그러면 고기를 먹게 될 것이다. 즉, 너희가 영적인 것으로 여기는 감각의 기쁨들을 맛보게 될 것이다. (그러나 그것은 단지 영의 탐욕만 채워 줄 뿐입니다.) 배가 불러 그것들이 '싫어질 때까지' 먹으면서 이전에 먹던 음식의 가치를 깨닫게 될 것이다."

21. 모세가 이르되 나와 함께 있는 이 백성의 보행자가 육십만 명이온데 주의 말씀이 한 달 동안 고기를 주어 먹게 하겠다 하시오니

모세는 하나님의 능력을 그토록 많이 확증받았는데도 여전히 의심합니다. 그러나 우리를 교훈하기 위해 그런 것입니다. 하나님이 그분의 종들에게 이와 같은 의심들을 허락하시는 것은, 그들에게 친히 응답하시면서 말씀을 선포하시기 위함입니다.

오병이어의 기적을 행하실 때도 사도들의 의심을 사용하셨습니다. 사도들이 "빵 다섯 개와 물고기 두 마리가 여기 있습니다. 그러나 그것이 이 많은 사람에게 얼마나 되겠습니까?"라고 말했지만, 예수님은 그 상황을 통해 그들을 가르치고, 기적을 일으키셨습니다.

23. 여호와께서 모세에게 이르시되 여호와의 손이 짧으냐 네가 이제 내 말이 네게 응하는 여부를 보리라

그러나 하나님은 그분의 능하신 팔로 모든 것을 쉽게 이루실 수 있다는 것을, 무한하신 하나님의 능력을 뛰어넘는 것은 아무것도 없다는 것을 보여 주십니다. 하나님의 능력을 우리의 빈약한 이성으로 측량하려는 것은 죄입니다. 그래서 하나님은 (종들은 보통 믿기 어려운 일이라고 말하는) '그분의 말씀이 이루어지는(응하는) 모습을 보여 주셔서,' 언젠가 가장 불가능하게 여겨지던 바로 그 일들 가운데 그분의 능력의 결과들이 나타나게 될 것이라고 분명히 말씀하십니다.

25. 여호와께서 구름 가운데 강림하사 모세에게 말씀하시고 그에게 임한 영을 칠십 장로에게도 임하게 하시니 영이 임하신 때에 그들이 예언을 하다가 다시는 하지 아니하였더라

오직 하나님 안에서 세워지는 자는 누구든지 헐벗은 채 모든 선을 빼앗깁니다. 그래서 저항 없이 이전에 자기가 받은 모든 것을 기꺼이 돌려주게 됩니다. 그들은 기뻐하며 다른 사람들에게 그것을 전해 주는데, 자기 영광을 구하지 않고 오직 하나님의 영광을 구하기 때문입니다.

28. 택한 자 중 한 사람 곧 모세를 섬기는 눈의 아들 여호수아가 말하여 이르되 내 주 모세여 그들을 말리소서

29. 모세가 그에게 이르되 네가 나를 두고 시기하느냐 여호와께서 그의 영을 그의 모든 백성에게 주사 다 선지자가 되게 하시기를 원하노라

모세는 오직 하나님의 영광에 대한 지극히 순수한 열정 때문에 여호수아에게 이처럼 멋진 답을 하게 됩니다. 자아가 소멸된 사람들은 은혜에 속한 영혼들이 자기의 영광에 관심을 가질 때, 이와 같이 행동합니다. 하나님과 영혼들을 위해 모든 것을 잃어버려도 개의치 않습니다. 그들은 말합니다. "왜 우리를 위해 시기하는가?" 우리는 오직 하나님의 질투를 시기해야 합니다. 누가 오직 그분의 영광만을 시기하는가! 따라서 우리는 오직 하나님의 영광을 위해 시기해야 합니다. 모세처럼 모두가 똑같은 단계에 이르러 동일한 하나님의 영을 소유하기를 갈망해야 합니다.

오, 모세의 이 말은 너무나도 아름답습니다! 진정 하나님의 말씀과 성찬으로 영혼들을 섬기는 모든 자들의 마음에 이 말이 생생하게 새겨지면 좋겠습니다.

"여호와께서 그의 영을 그의 모든 백성에게 주사 다 선지자가 되게 하시기를 원하노라!" 바울도 동일한 감동으로 이렇게 말했습니다. "그러면 무엇이냐? 무슨 방도로 하든지 전파되는 것은 그리스도니 이로써 나는 기뻐하고 또한 기뻐하리라."(빌 1:18) 예수 그리스도를 진심으로 사랑하는 모든 사람들은 이해를 초월한 사랑에서 나오는 이 음성에 신실하게 반응해야 합니다.

33. 고기가 아직 이 사이에 있어 씹히기 전에 여호와께서 백성에게 대하여 진노하사 심히 큰 재앙으로 치셨으므로

오, 큰 은혜라고 여겼는데 영적 욕망의 대상에 불과한 새로운 기쁨을 맛본 불쌍한 영혼들이여, 하나님은 당신에게 이 작은 기쁨을 매우 비싼 값에 사게 하십니다. 하나님이 그분의 자비와 공의 때문에 크고 무시무시한 '재앙'을 보내시는데, 당신들은 여전히 달콤해 보이는 것들에 완전히 취해 있습니다. 순전한 믿음의 만나를 맛본 뒤 감각적인 것으로 돌아간 영혼들의 영적 탐욕과 육욕을 하나님이 얼마나 끔찍한 죽음의 재앙으로 처벌하시는지 알았다면, 사람들은 두려움에 휩싸였을 것입니다.

아, 영에 대한 탐욕이 야기하는 공의의 혹독함을 호의 가운데 경험하는 것보다 먼저 결핍 가운데 자비의 혹독함을 경험하는 것이 훨씬 낫

습니다!

34-35. 그곳 이름을 기브롯 핫다아와(탐욕의 무덤)라 불렀으니… 백성이 기브롯 핫다아와에서 행진하여 하세롯에 이르러 거기 거하니라

아무리 혹독하게 대하셔도 하나님은 우리에게 오직 자비의 공의를 세우십니다. 그래서 이 사람들이 받은 이상한 벌을 '탐욕의 무덤'이라고 합니다. 이렇게 길고 무시무시한 징계를 받음으로 하나님의 일들에 대한 세속적인 욕망이 모두 제거되기 때문입니다. 그리하여 모든 욕망을 버리고 지체 없이 나와 더 진보하고 발전된 곳으로 가서 거하게 됩니다.

12장

1. …미리암과 아론이 모세를 비방하니라

2. 그들이 이르되 여호와께서 모세와만 말씀하셨느냐 우리와도 말씀하지 아니하셨느냐 하매 여호와께서 이 말을 들으셨더라

3. 이 사람 모세는 온유함이 지면의 모든 사람보다 더하더라

수동적인 단계의 영혼들이 평강 가운데 있으면서 모든 단계를 통과했다고 생각하는 것은 흔히 있는 일입니다. 그들은 너무나 자연스럽게 하나님의 일들에 대해 말하고 기록하고 싶어지기에 자기들이 완성 단계에 이르렀다고 확신합니다. 그러나 아직도 갈 길이 멉니다. 자기들도 모세와 동일한 영을 가졌으므로(즉, 하나님 안으로 들어갔기에), 하나님이 동일한 '말씀'을 들려주신다고 말하지만, 스스로를 크게 속이고 있는 것입니다.

이렇게 착각하는 것을 보시고 하나님이 친히 그분 안에서 거룩하고 온전해진 이 사람들의 편이 되어 주십니다. 그들이 '지면의 모든 사람보다 더한' 위대한 '온유함'을 지녔기 때문입니다. 그것은 더 이상 이 땅의 온유함이 아닙니다. 하늘과 하나님의 온유함입니다. 온유함이 아무 이유 없이 여기에 언급된 것이 아닙니다. 그것은 하나님 안에 거하는 영혼들을 다른 사람들과 구별하는 중요한 속성 중 하나입니다.

5. 여호와께서 구름 기둥 가운데로부터 강림하사 장막문에 서시고 아론과

미리암을 부르시는지라 그 두 사람이 나아가매

6. 이르시되 내 말을 들으라 너희 중에 선지자가 있으면 나 여호와가 환상으로 나를 그에게 알리기도 하고 꿈으로 그와 말하기도 하거니와

7. 내 종 모세와는 그렇지 아니하니 그는 내 온 집에 충성함이라

8. 그와는 내가 대면하여 명백히 말하고 은밀한 말로 하지 아니하며 그는 또 여호와의 형상을 보거늘…

이 말씀에는 수동성(passivity)과 빛의 단계들 그리고 오직 하나님께 속한 단계들 사이에 분명하고 확실한 차이가 있다는 의미가 내포되어 있습니다. 그래서 그것을 이해시키려고 같은 말들을 반복하실 필요가 있는 것입니다. 하나님은 빛에 속한 영혼들에게 '환상과 꿈', 희미한 모습과 '은밀한 말'로 말씀하시는데, 이런 것들은 그분과 그들을 갈라놓습니다. 그러나 경건한 영혼들에게는 존재와 존재로 대면하여 말씀하시기에 그렇지 않습니다. 이 본질적인 말씀은 무오하여 오직 영혼의 본질로만 받을 수 있습니다. 그래서 그것이 표현될 때, 영혼의 본질에서 능력으로 흘러나옵니다. 이것이 앞서 말한 자들과의 차이점입니다. 이처럼 능력이 더 많기에 그들의 은혜는 선명하게 눈에 띕니다.

하나님은 덧붙여 말씀하시기를, 그분 안에 있는 영혼은 진리 안에 있기에 여호와를 분명하게 보지만, 다른 사람들은 단지 모호하게 어렴풋이 볼 뿐이라고 하십니다.

10. …미리암은 나병에 걸려 눈과 같더라…

미리암의 징계를 통해 하나님이 어떻게 이 주제넘은 영혼들을 어김없이 나병, 곧 약한 모습들로 치시는지 알게 됩니다. 나병이 칠 일간 그들의 몸을 덮었습니다. 이것은 일곱 개의 큰 죄들과 관련이 있으므로, (앞서 레 26:24에서 언급했듯이) 이런 영혼들에 대한 일반적인 징계입니다.

13. 모세가 여호와께 부르짖어 이르되 하나님이여 원하건대 그를 고쳐 주옵소서
14. 여호와께서 모세에게 이르시되 … 그를 진영 밖에 이레 동안 가두고 그 후에 들어오게 할지니라 하시니

하나님은 미리암을 고쳐 달라는 모세의 간구를 들어주십니다. 다만 그녀는 일종의 추방된 상태로 칠 일을 보내야 합니다. 즉 일곱 개의 큰 죄와 관련된 약한 모습들을 모두 경험하면서 모든 사람들 앞에서 그로 인한 혼란을 견뎌야 합니다. 이 영혼들은 약한 모습으로 이렇게 모든 사람의 본보기가 됩니다. 이런 상황이 그들을 비참하게 만들어 그들의 주제넘음을 확실하게 해결합니다.

13장

1. 여호와께서 모세에게 말씀하여 이르시되

2-3. 사람을 보내어 내가 이스라엘 자손에게 주는 가나안 땅을 정탐하게 하되 그들의 조상의 가문 각 지파 중에서 지휘관 된 자 한 사람씩 보내라 … 그들은 다 이스라엘 자손의 수령 된 사람이라

23. 또 에스골 골짜기에 이르러 거기서 포도송이가 달린 가지를 베어 둘이 막대기에 꿰어 메고 또 석류와 무화과를 따니라

이 땅의 열매는 유명합니다. 이 땅을 정탐하고 돌아온 사람들이 가져온 이 놀라운 '포도송이'는 그 땅이 비옥하다는 증거입니다. 이 열매는 그 안에 순전한 사랑의 맛 좋은 포도주를 품고 있는데, 이것은 포도 자신을 위한 것이 아니라 즙을 짜시는 하나님을 위한 것입니다. 그의 모든 영광은 하나님의 것이며 주변에서 모든 유익을 누립니다. 이 포도송이는 또한 약속의 땅이신 하나님 안으로 들어간 영혼들의 연합을 나타냅니다. 포도들은 한 송이 안에서 온전히 하나입니다. 그러나 이 연합은 포도이자 포도나무이신 예수 그리스도 위에 세워집니다.

27. …과연 그 땅에 젖과 꿀이 흐르는데 이것은 그 땅의 과일이니이다

'젖과 꿀'의 강들이 이 땅, 곧 우리의 중심이며 근원이고 목적이신 하

나님으로부터 흘러나옵니다. 그 땅에 기쁨으로 들어간 사람들의 온유함은 한이 없습니다. 그들에게서 부드럽고 기분 좋은 거룩한 말씀들이 풍부하게 흘러나와 작은 자들의 젖과 꿀이 됩니다.

30. 갈렙이 … 이르되 우리가 곧 올라가서 그 땅을 취하자 능히 이기리라 하나

확신에 찬 영혼은 하나님의 선하심과 능력으로부터 모든 것을 찾아냅니다. 그래서 차고 넘치는 용기로 다른 사람들도 격려합니다. 그는 말합니다. "올라가자. 분명 어려움이 있겠지만, 아무것도 두려워하지 말자. 우리의 힘으로 정복할 수 없는 것을 하나님의 선하심으로 '취할 수 있다.' 하나님은 약속하신 대로 우리가 쉽게 정복할 수 있게 하실 것이다. 우리는 하나님 안에서 큰 일들을 행할 것이며, 그분이 친히 우리의 원수들을 짓밟으실 것이다."

31. 그와 함께 올라갔던 사람들은 이르되 우리는 능히 올라가서 그 백성을 치지 못하리라 그들은 우리보다 강하니라 하고

반대로 온전히 자기 자신을 신뢰하는 영혼들은 애초에 자기들의 인간적인 능력만 바라보면서 성공할 거라는 희망을 버립니다. 그들은 "우리는 너무 약해서 그렇게 높은 단계로 올라갈 수 없다"고 말하면서 다른 사람들도 거기서 돌아서게 합니다. 사실 우리의 힘과 능력에 비추어 보면, 사람은 결코 거기에 이를 수 없습니다. 하지만 하나님 편에서는 모든 것이

가능하며, 예수 그리스도가 약속하신 대로 오직 믿음만 있으면 됩니다. "만일 네가 믿을 수 있다면, 믿는 자에게 모든 것이 가능하다."

14장

1. 온 회중이 소리를 높여 부르짖으며 백성이 밤새도록 통곡하였더라

2. 이스라엘 자손이 다 모세와 아론을 원망하며…

자기애에 빠져 자기의 능력을 신뢰하는 사람들이 자기를 포기한 영혼들의 믿음과 신뢰를 약화시킬 수 있다는 것은 이상한 일입니다. 그들은 자기들의 그릇된 논리로 이 영혼들을 혼란에 빠뜨려서 끔찍하게 고통스럽지만 안전하다고 여기던 첫 번째 속박에서 벗어난 것을 울며 탄식하게 만듭니다. 그들은 지도자들을 탓합니다. 이러한 상실의 원인을 지도자들에게 덮어씌웁니다. 이런 일은 연약한 영혼들에게 흔히 있는 일입니다. 그들은 자기애에 빠져 있는 자들을 이 순전한 길에서 벗어나게 하려고 슬픈 사례들을 상세하게 이야기하여 파멸을 더 강하게 확신시켜 줍니다. 그들은 사람들이 하나님을 온전히 신뢰하게 내버려둘 수가 없기에 여지를 남겨두지 않습니다.

3. 어찌하여 여호와가 우리를 그 땅으로 인도하여 칼에 쓰러지게 하려 하는가 우리 처자가 사로잡히리니 애굽으로 돌아가는 것이 낫지 아니하랴

이런 사람들은 상습적으로 다양성의 땅에서 죽지 못한 것을 후회합니다. 그런데 그 땅에서는 구원 받는 것이 훨씬 더 안전하다고 여겼습니

다. 그러나 모든 길이 막혀 있기에 그들은 결코 애굽으로 돌아갈 수 없음을 압니다. 그들은 이 거대한 믿음의 광야에서 죽기를 구하는데, 아직 완전히 상실되지 않은 작은 소망이 남아 있기 때문입니다.

그들은 하나님만이 그들을 약속의 땅으로 데려가실 수 있음을 잘 알고 있습니다. 그래서 '주께서 우리를 그리로 인도하지 마소서'라고 말합니다. 그들은 그분의 선하심과 능력을 의심하기 시작합니다. 이러한 불신 가운데 자기 포기에서 벗어나면서 엄청난 고통을 야기합니다.

오, 불쌍한 소경들이여! 당신들의 약함을 깨닫게 하는 수많은 원수들을 자기 힘으로 무찔러야 한다고 생각하는군요! 아, 당신은 크게 속고 있습니다! 그래서 '처자', 즉 당신의 하위 영역과 감각들이 영원히 사로잡히고, 자신은 죄의 '칼에 쓰러지게 될 것'이라고 말하는 것입니다. 그러나 그렇지 않습니다. 당신이 '자기 포기'에서 벗어나지 않는 한, 결코 망하지 않을 것입니다. 이와 같이 하나님을 의심하면서 행하는 악은 당신이 두려워하는 모든 것들보다 더 큽니다. 이것은 당신과 같은 단계의 영혼들이 빠질 수 있는 모든 죄의 근원이기 때문입니다.

4. 이에 서로 말하되 우리가 한 지휘관을 세우고 애굽으로 돌아가자 하매

그들은 눈이 멀어서 그것이 가능한 일인지 생각도 해 보지 않고 처음 행위로 돌아가려고 의논합니다. 그러면서 하나님이 자기들을 더 이상 인도하시지 못하게 합니다. 그분이 그들에게 다른 것을 바라시기 때문입니다. 그래서 그들은 하나님이 인도해 들이려 하시는 땅에 거하는 무시무

시한 자들보다 더 강력한 적들의 손에 무방비 상태로 넘겨지게 됩니다.

여기서 '지휘관'은 그들이 세우려 하는 새로운 지도자로, 그들을 이전의 행위들로 돌아가게 해줄 것입니다. 그는 백성들의 판단을 치켜세우며 아첨하는 지도자입니다.

5. 모세와 아론이 이스라엘 자손의 온 회중 앞에서 엎드린지라

모세와 아론이 이렇게 엎드리는 모습은 영적인 사람들이 자기에게 맡겨진 영혼들을 인도하는 것을 얼마나 쉽게 포기할 수 있는지 보여 줍니다. 다른 사람들은 그렇지 않습니다. 그들은 끊임없이 집착하며, 모든 수단을 동원하여 영혼들을 자기 통제하에 붙들어 두려고 애씁니다. 영적인 사람들은 자아가 소멸되었기에 그들의 결정에 따릅니다. 그래서 자기들 가운데 아무 선도, 하나님이 맡겨 주신 영혼들을 도울 능력도 없음을 깨닫고 어려움 없이 물러납니다. 그러나 다른 사람들은 오히려 자신이 다른 누구보다도 지도자로 적합하다고 여기며 이상하게 집착합니다.

6. 그 땅을 정탐한 자 중 눈의 아들 여호수아와 여분네의 아들 갈렙이 자기들의 옷을 찢고
7. 이스라엘 자손의 온 회중에게 말하여 이르되 우리가 두루 다니며 정탐한 땅은 심히 아름다운 땅이라
8. 여호와께서 우리를 기뻐하시면 우리를 그 땅으로 인도하여 들이시고 그 땅을 우리에게 주시리라 이는 과연 젖과 꿀이 흐르는 땅이니라

연약한 영혼들 사이에서 확고하고 진취적인 자들이 나타나는 경우가 있습니다. 이들은 다른 사람들을 격려하는 자들로, 하나님께 온전히 자신을 내어 드린 자들에게 약속된 땅의 '아름다움'과 그 안에 있는 확실한 유익을 경험하고 확인시켜 줍니다.

그들은 덧붙여 말합니다. '주께서 그들을 기뻐하시면' 쉽게 그곳에 이르게 될 것이라고 말입니다. 다시 말해 하나님이 인도하시고, 사람들이 기꺼이 그분의 인도를 받으면, 반드시 그 땅에 들어가게 될 것입니다. 그러므로 다양성의 길(multiplied way)에서 빠져나온 많은 사람들 중에 하나님 안으로 들어가는 자들이 거의 없고, 도중에 거의 모두 죽는 것은, 불신에 빠져 속도를 늦추고 멈춰 서다가 그 길에서 완전히 벗어나는 경우가 적지 않기 때문입니다.

9. 다만 여호와를 거역하지는 말라 또 그 땅 백성을 두려워하지 말라 그들은 우리의 먹이라 그들의 보호자는 그들에게서 떠났고 여호와는 우리와 함께하시느니라 그들을 두려워하지 말라 하나

성경은 '자기 포기'에서 벗어나 하나님의 인도 받기를 싫어하는 것을 '거역'(반역)이라고 분명하게 말씀합니다. 그분의 거룩한 질서에서 벗어나 그분을 온전히 의지하지 않고, 자기 주도적으로 생각하기 시작하는 것입니다. 성경은 또한 '두려워하지 말고' 담대하게 우리 자신을 내어 드리라고 조언합니다. 우리는 하나님의 능력으로 앞에 있는 적들, 곧 죄 자체를 '먹이처럼' 삼켜 버릴 수 있습니다. 우리가 자기 포기에서 벗어나지 않는 한, 그

들은 우리를 해할 수 없습니다. 우리가 하나님의 손안에 있는 동안에는 죄의 모든 권세와 해악이 우리에게서 제거되기 때문입니다. 죄의 '보호자'요 권세가 쏘는 것과 악의이기에 마귀들은 물론 죄도 우리에게 아무 영향력도 미칠 수 없습니다. 그러므로 이런 것들이 제거되어 하나님이 우리를 떠나지 않으시고, 우리의 뜻이 그분의 뜻과 연합되면 우리에게는 두려울 것이 없습니다. 그러나 '자기를 포기하고' 하나님의 뜻에 연합되어 있는 동안만 그렇습니다. 거기서 벗어나면 모든 것이 우리를 해할 수도 있습니다. 그렇지만 모든 위험 가운데 자기 유익이나 무슨 일이 일어날지 조금도 신경 쓰지 않으면서, 의심하거나 자신을 내어 드릴 믿음과 용기를 잃지 않는 한, 결코 멸망하지 않을 것입니다.

10. 온 회중이 그들을 돌로 치려 하는데 그때에 여호와의 영광이 회막에서 이스라엘 모든 자손에게 나타나시니라

자기 생각에 사로잡혀 두려워하고 불안해하는 자들은 지혜로운 충고에 귀기울이지 않습니다. 심지어 훌륭한 조언을 해주는 자들을 '돌로 치려 합니다.' 즉 자기들의 완고한 마음에서 나오는 논리로 확신을 가지려 합니다. 그러나 선하심이 무한하신 하나님은 그들이 모두 멸망하게 될 것을 아시고 그분의 빛줄기를 보내시는데, 그들은 그것이 그분의 위엄 곧 영광이라는 것을 곧바로 깨닫게 됩니다.

11. 여호와께서 모세에게 이르시되 이 백성이 어느 때까지 나를 멸시하

겠느냐 내가 그들 중에 많은 이적을 행하였으나 어느 때까지 나를 믿지 않겠느냐

그러면서 하나님은 '이 백성의 믿음 없음'을 한탄하십니다. 이들은 하나님이 손을 내밀지 않으시면, 이렇게 의심하다가 수렁에 빠지게 될 것입니다. 특히 그분의 능력과 보호하심에 대한 '많은 증거들'을 받고도 의심하는 것만큼 그분의 선하심을 상하게 하는 것은 없습니다.

12. 내가 전염병으로 그들을 쳐서 멸하고 네게 그들보다 크고 강한 나라를 이루게 하리라
13. 모세가 여호와께 여짜오되 애굽인 중에서 주의 능력으로 이 백성을 인도하여 내셨거늘 그리하시면 그들이 듣고
14. 이 땅 거주민에게 전하리이다 주 여호와께서 이 백성 중에 계심을 그들도 들었으니 곧 주 여호와께서 대면하여 보이시며…
15. 이제 주께서 이 백성을 하나같이 죽이시면 주의 명성을 들은 여러 나라가 말하여 이르기를
16. 여호와가 이 백성에게 주기로 맹세한 땅에 인도할 능력이 없었으므로 광야에서 죽였다 하리이다

하나님은 이 의심이 많은 영혼들을 '멸하려' 하십니다. 그러나 그들을 위해 탄원하자마자 용서해 주십니다. 그런데 그분의 신실한 사역자는 그들을 위해 뭐라고 기도합니까? 다름 아닌 하나님의 영광을 위해 일탈에 빠진 백성들을 버려 멸망하게 두시면 안 된다고 분명하게 말씀드립니다.

그러면 그들은 상상에 불과한 위험을 피하려다가 실제로 수렁에 빠지면서 모두가 죄를 범하여 멸망하게 될 것입니다.

자기가 소멸된 사람에게는 이기심이 없습니다. 그리하여 그는 하나님이 그 백성에게 보이시는 친절에도 반응하지 않습니다. 그들은 오직 자기가 안내하게 되어 있는 길에 대해서만 걱정합니다. 그래서 하나님께 분명하게 말씀드립니다. 믿음과 단순함의 길을 걷는 자들이 눈에 보이는 재난에 쓰러지는 것을 보고, 활동적인(적극적인) 사람들이 어떻게 그것을 기회 삼아 하나님과 그분께 자신을 내어 드린 사람들에게 옳지 못한 두 가지를 행할 수 있는지 말입니다.

먼저 그들은 '자기 포기'에서 벗어남으로 넘어졌을 뿐인데, 피조물의 죄를 보지 않고 '자기 포기'를 탓합니다. 그들은 즉시 외칩니다. "보라, 자기를 포기하는 것이 어떤 것인지! 그 길은 속임수에 불과하다. 영혼을 하나님께 이끌 힘이 있기는커녕 자기 자신을 돌보는 데(애굽)서 끌어 내어 믿음의 광야에서 멸망하게 할 뿐이다. 그는 거기서 자신을 붙들어 주던 행위들을 잃어버리고 자신의 무능함을 깨달으면서, 소망하던 하나님께 인도받지 못한다. 오히려 하나님이 그의 경솔함을 벌하셔서 멸망하게 내버려 두시기 때문이다." 다양성의 사람들이 그들의 논리로 흔히 범하는 오류 중 하나를 보십시오.

두 번째, 그들은 항상 사람들을 다음과 같이 설득하려고 애씁니다. 불행히도 넘어졌던 자들이 가장 많이 성장하고 진보하여 하나님 안에 있는 생명의 거룩한 단계에 이르렀다고 말입니다. 그런데 그런 단계에서는 모든 것이 그분 안에서 본질적으로 연합하여, 피조물들은 예기치 못한 불신앙에 빠지지 않는 한 거기서 벗어날 수 없습니다. 그러므로 그들은 이렇게 외칩니다. 모세가 바로 이 자리에서 언급한 것처럼, 이렇게 넘어진 자들이 하나님이 친히 '대면하여 아시는' 자들 중에 있다고 말입니다. 이것은 영혼들이 자기를 포기하지 못하게 방해하는 마귀의 교묘한 술책입니다. 그는 이 거룩한 자기 포기로 인해 그들에 대한 모든 권세를 빼앗기기 때문입니다.

17. 이제 구하옵나니 이미 말씀하신 대로 주의 큰 권능을 나타내옵소서 이르시기를

18. 여호와는 노하기를 더디하시고 인자가 많아 죄악과 허물을 사하시나 형벌받을 자는 결단코 사하지 아니하시고…

19. 구하옵나니 주의 인자의 광대하심을 따라 이 백성의 죄악을 사하시되 애굽에서부터 지금까지 이 백성을 사하신 것같이 사하시옵소서

모세는 이때 하나님의 영광을 위해 이 영혼들을 지극히 위험한 상황에서 벗어나게 해 달라고 구합니다. 다른 사람들이 기회를 엿보아 이 길을 트집 잡으면서 유리한 위치에 서지 못하게 하려는 것입니다. 모세는 또한 그분의 '인자'를, 곧 공의로 죄를 벌하시듯, 선하심으로 이 죄를 얼마나 쉽게 '사하실(깨끗하게 하실)' 수 있는지 말씀 드립니다. 그는 죄를 사해 달라고 하나님께 구합니다.

20. 여호와께서 이르시되 내가 네 말대로 사하노라

21. …내가 살아 있는 것과 여호와의 영광이 온 세계에 충만할 것을 두고 맹세하노니

하나님은 용서해 주십니다. 그러나 그렇게 하시면서 분명히 말씀하십니다. 이렇게 사해 주시는 것은 오직 그분의 영광을 위해서라고 말입니다. 그리하여 그분은 자기를 내어 드린 영혼들을 즐거이 인도하시는 광대하신 능력을 온 세계에 알리실 것입니다. 하나님은 친히 그분 자신과 생명, 곧 살아 계심을 두고 맹세하십니다. 이 생명으로 그분이 살아 계신다는 것과 영원토록 그분의 생명을 전해 주신다는 것을 보이십니다.

22. 내 영광과 애굽과 광야에서 행한 내 이적을 보고서도 이같이 열 번이나 나를 시험하고 내 목소리를 청종하지 아니한 그 사람들은
23. 내가 그들의 조상들에게 맹세한 땅을 결단코 보지 못할 것이요 또 나를 멸시하는 사람은 한 사람도 그것을 보지 못하리라

지나치게 망설이고 주저하는 사람들, 자기를 버리지 못하고 자주 의심하는 사람들, 전적으로 순종하기는커녕 작은 믿음으로 수차례 하나님을 시험하는 사람들, 이들 모두 약속의 땅을 보지 못할 것입니다. 다시 말해 오직 하나님 안에 있는 이 생명 안으로 들어가지 못하고, 광야에서 그리고 길 위에서 죽게 될 것입니다. 그래서 그들은 결코 그곳에 이르지 못하게 됩니다. 그러나 그들이 자기 자신을 생각하지 않고 철저하게 자기를 포기하여 인도 받으려 하면, 분명 약속의 땅에 도달하게 될 것입니다.

그러나 슬프게도 거의 모두가 길에서 죽습니다! 조금 더 빨리 죽는 자들도 있고, 조금 더 늦게 죽는 자들도 있습니다. 그러나 모두 그 땅을 보는 행복을 빼앗깁니다. 그들은 그 땅에 들어가지 못할 뿐만 아니라, 그곳을 보지도 못합니다. 또한 그 길에 대해 불평하고 하나님에 대한 믿음과

그분께 자기를 내어 드리는 것을 깎아내리는 자들에게는, 이 길과 땅, 곧 하나님 안에서 누리는 영혼의 안식을 깨닫는 진리의 빛이 없습니다. 그들은 그것을 이 세상에서는 결코 이해하지 못할 것입니다.

이 비유는 불신으로 내면의 광야 길에서 죽은 수많은 사람들과 목적지에 도달할 만큼 신실한 소수의 사람들을 분명하고 온전하게 보여 줍니다. 성경에는 그것을 꾸밈없이 묘사하고 있는 부분이 거의 없습니다.

> 24. 그러나 내 종 갈렙은 그 마음이 그들과 달라서 나를 온전히 따랐은즉 그가 갔던 땅으로 내가 그를 인도하여 들이리니 그의 자손이 그 땅을 차지하리라

갈렙은 마음이 확고하고 지속적으로 믿음 안에 거하는 사람입니다. 머뭇거리거나 의심하지 않고, 지체 없이 철저한 자기 포기에 자신을 헌신했습니다. 그는 이미 그 땅을 보았고 그곳에 다녀왔습니다. 그는 신비한 단계에서 벗어나 거룩으로 들어갔는데, 여전히 시련 가운데 있을 뿐, 영원히 안정된 것은 아닙니다. "내가 보니 이 사람 갈렙은 신실한 자이다. 나는 그가 정탐했던 땅으로 그를 인도하여 들일 것이다. 그에게 오직 하나님 안에만 있는 가장 영원한 단계를 줄 것이다. 그는 이미 그것에 익숙한데, 잠시 거기에 들어가 본 적이 있기 때문이다. '그의 자손', 곧 의심하지 않는 자들이며, 자기 자신을 신경쓰지 않고 온전히 포기한 자들, 그분의 인치심을 받은 영혼들은 '그 땅을 차지하리라.'"

이 말은 그들이 영원히 지속적으로 그 땅을 소유하게 될 것이라는 의미입니다. 그러므로 이런 상태가 그들에게 익숙하고 일상적인 것이 될 것

입니다. 그들은 그 상태에서 성장하고 발전하게 될 것인데, 그것이 그들에게는 당연하고 자연스럽게 보일 것입니다. 그리하여 그들은 그들의 기업처럼 그곳에 거하게 될 것입니다.

갈렙은 유다 지파였습니다. 유다 지파는 이 집안의 머리이자, 중재자요, 목적이신 예수 그리스도 안에서 강한 영혼들을 대표합니다. 그들에게는 사자의 용맹함이 있습니다. 그들의 모든 용기가 예수 그리스도 안에 있기 때문입니다. 그러므로 그들에게는 이제 자기의 것이 없습니다. 모든 지파들 가운데 오직 유다 지파만, 즉 모든 영적인 영혼들 가운데 사자 같은 용기로 절대로 물러서지 않고 자기를 하나님의 손에 내어 드린 자들만 하나님께 이르게 됩니다. 그렇지만 이 용기는 그들 안에 있는 것이 아니라, 예수 그리스도 안에 있습니다.

25. 아말렉인과 가나안인이 골짜기에 거주하나니 너희는 내일 돌이켜 홍해 길을 따라 광야로 들어갈지니라

오, 만일 의심과 불신앙이 내적인 사람들에게 어떤 상처를 입히는지 알게 되면, 깜짝 놀라게 될 것입니다. 불신앙 때문에 많이 돌아가게 됩니다. 그래서 우리는 그토록 바라던 땅에 들어가려는 찰나에 '돌이킨' 이들의 모습에서, 왔던 길로 돌아가 처음에 출발했던 광야로 들어간 영혼들을 보게 됩니다. 했다가 취소하며 평생을 보내는 많은 이들이 이와 같습니다. 그들은 이렇다 할 성장이나 발전도 없이 그저 전진하고 후퇴만 하며 제자리 걸음하다가 20년을 보내고 죽습니다. 우리는 반드시 영의 길들 가운데 나아가든 후퇴하든 해야 합니다.

26. 여호와께서 모세와 아론에게 말씀하여 이르시되
27. 나를 원망하는 이 악한 회중에게 내가 어느 때까지 참으랴 이스라엘
자손이 나를 향하여 원망하는 바 그 원망하는 말을 내가 들었노라

하나님은 진리를 통해 영혼들을 철저한 자기 포기로 이끄십니다. 그러므로 이러한 진리의 길을 비방하는 이들을 '악하다'고 하시며 대단히 불쾌하게 여기십니다. 그들이 하나님과 그분의 소중한 친구들을 대적하며 그분이 가장 귀하게 여기시는 것들과 맞서 싸우는데, 악한 게 아니면 무엇이겠습니까? 그들의 의도가 아무리 선해도 그들의 열심은 지식이나 참된 분별에 의한 것이 아닙니다.

28. 그들에게 이르기를 여호와의 말씀에 내 삶을 두고 맹세하노라 너희
말이 내 귀에 들린 대로 내가 너희에게 행하리니

주님은 이처럼 자신을 두고 맹세하심으로, 그분께 저지른 죄의 심각성을 보여 주십니다. 하나님의 능력을 의심하는 것은 그분이 계신 것을 의심하는 것입니다. 그러므로 그분의 능력이나 선하심-약속하신 것을 이행하시는 능력과 그렇게 되게 하시는 선하심-을 의심하는 것은, 하나님의 이름을 깎아내리는 것입니다. 그래서 하나님은 '너희 말이 내 귀에 들린 대로 내가 너희에게 행하리니'라고 덧붙이십니다. 그분은 마치 이렇게 말씀하시는 것 같습니다. "너희가 나의 능력과 선하심을 신뢰하고 의지하는 대로, 그리고 그것을 의심하는 만큼 받게 될 것이다."

29. 너희 시체가 이 광야에 엎드러질 것이라 너희 중에서 이십 세 이상으로서 계수된 자 곧 나를 원망한 자 전부가
30. 여분네의 아들 갈렙과 눈의 아들 여호수아 외에는 내가 맹세하여 너희에게 살게 하리라 한 땅에 결단코 들어가지 못하리라

"너희 모두는 내가 고된 노역에서 이끌어 내어 이르게 하려던 목적지에 이르지 못하고 '길에서' 그리고 '광야에서' 죽을 것이다." 단순히 약해서 또는 타인의 영향으로 넘어졌을 뿐, 쉽게 의심에 빠지지 않은 단순하고 어린아이 같은 마음을 가진 자들이나, 어리고 거의 성장하지 못했지만 의심하거나 원망하지 않고 마음을 성실하게 지킨 자들은 '예외'입니다.

애굽 또는 다양성의 땅에서 나온 육십만 명이 넘는 백성 가운데 단 두 명만 하나님 안으로 들어갔습니다. 나머지 사람들은 모두 믿음이 없거나 자기를 포기하지 않아서 길에서 죽었습니다. 이것은 모두가 이 길과 목적으로 부름 받는다는 것을 분명하게 보여 줍니다. 즉 그들이 그들의 근원(하나님)으로 인도 받으려 할 만큼 신실하다면, 그곳으로 돌아가게 된다는 것입니다. 하나님은 그들 모두를 부르셨지만, 극소수만 그곳에 도착합니다.

그러나 선하심이 무궁하신 하나님께는 아무 문제도 없습니다. 그분은 사람들이 마음껏 사용할 수 있게 필요한 모든 수단을 아낌없이 제공해 주십니다. 하나님은 모두가 구원받기를 원하실 뿐만 아니라, 나아가 창조의 목적지인 하나님 자신에게 이르기를 바라십니다. 조금 더 정확히 말하면, 구원의 기쁨을 누리기기 전에 이 목적지에 이르지 못하면, 아무도 구원 받을 수 없습니다. 만일 이 땅에서 구원이 성취되지 않았다면, 택

함 받은 자들마다 사후에 반드시 그것을 이루어야 할 것입니다. 그러므로 영원한 구원을 소유할 자가 아무도 없는 게 아니라면, 이것이 그리스도인의 온전함일 것입니다. 불완전한 것이나 본질적 특성은 조금이라도 하나님 안으로, 또한 그분의 영광스러운 낙원 안으로 들어갈 수 없습니다. 그러므로 그리로 들어가지 않은 사람들은 신실하지 않았다는 이유로 그것을 빼앗깁니다.

여기에 신실함에 대한 언급이 많다는 것을 깨달은 사람들은 그것을 능동적으로 받아들일 것입니다. 그들은 조심하고 경계하며 자기 힘으로 많은 것을 행하려 할 것입니다. 그러나 이 단계의 신실함은 그런 것이 아니라, 단순히 믿고 우리 자신을 내어 드리는 것입니다. 즉 하나님이 온전히 선하시고 전능하심을 믿는 것입니다. 온전히 선하시다는 것은, 이사야를 통해 확증해 주신 것처럼, 그분께 자기를 내어 드린 자들을 결코 저버리지 않으신다는 것입니다. "여인이 어찌 그 젖 먹는 자식을 잊겠으며 자기 태에서 난 아들을 긍휼히 여기지 않겠느냐 그들은 혹시 잊을지라도 나는 너를 잊지 아니할 것이라." 만일 하나님이 그분께 자신을 맡기는 모든 자들에게 지극히 선하신 분이라면, 의심은 그분의 마음을 가장 아프게 하는 것입니다.

또 그분은 모든 능력으로 우리를 붙들어 주십니다. 그분은 선지자 이사야를 통해 "너희는 알 것이라 나는 여호와니 나를 믿는 모든 자는 요동치 않을 것이라" 말씀하십니다. 이것은 "다니엘이 사자 굴에서 상하지 않았으니 이는 그가 하나님을 믿었기 때문이라"고 기록된 것과 같습니다. 이러한 신실함의 두 번째 핵심은 결핍입니다. 그것은 자기 자신에 대해 걱정하며 자아를 되찾지 않기에, 우리의 상태에 대해 근심하거나 염려하지 않고 하나님께 우리의 구원과 영원까지도 맡겨 드립니다. 이것을 전적인 '자기 포기'라고 부르는데, 자기 이익은 조금도 생각하지 않고, 마치 소경된 자가 안내자의 인도를 받듯이 기꺼이 하나님의 인도를 받는 것입니다.

31. 너희가 사로잡히겠다고 말하던 너희의 유아들은 내가 인도하여 들이리니 그들은 너희가 싫어하던 땅을 보려니와

이 '유아'들은 앞서 말했듯이 순진하고 순수한 영혼들, 큰 성장이나 발전이 없는데도 이미 종착지에 당도한 이들입니다. 그들은 자신의 논리를 따르지 않고 마치 어린아이(유아)처럼 자신이 어디로 인도받는지 신경쓰지 않고 기꺼이 자신을 내어 드립니다. 심지어 죄가 뭔지도 모르기 때문에 죄를 짓지 않습니다.

" '그러므로 너희가 사로잡히겠다고 말하던' 순진하고 순수한 이 사람들을 친히 나에게 이끌 것이며, 그들은 나로 인해 거룩한 생명으로 들어가게 될 것이다. 그리하여 나를 계속 신뢰할 때 유익이 있다는 것과, 내가 너희를 그리로 인도해 들이려 할 때 너희가 멸시했던 말할 수 없는 행복을 알게 될 것이다."

32. 너희의 시체는 이 광야에 엎드러질 것이요

사람이 약속의 땅에 들어가려면 반드시 죽어야 합니다. 그뿐만 아니라 "한 알의 밀이 땅에 떨어져 죽지 않으면 한 알 그대로 있고"라고 하신 예수 그리스도의 말씀대로, 자기 자신의 비참함을 경험하며 썩어 없어져야 합

니다. 이렇게 썩으면 밀알이 죽고, 죽으면 썩게 됩니다. 그러므로 '광야'에서 썩는 '이 시체들'은 하나님 안에서 새 생명을 얻으려면 반드시 내적으로 통과해야만 하는 무시무시한 죽음과 썩음을 비유한 것입니다.

하나님은 신실하지 않은 영혼들에게는 약속의 땅을 보여 주시지 않습니다. 그러나 그들의 시체는 광야에 그대로 있어야 합니다. 죽은 뒤에 정결의식을 행하여 온전함에 이르기 전에, 그들을 깜짝 놀라게 했던 죽음으로 이 세상에 본을 보여야 합니다.

그러나 본문에서 정말로 이해할 수 없는 것은, 하나님이 그분을 대적하는 자들을 지체 없이 기꺼이 인도받은 이들보다 훨씬 더 이상한 죽음과 비참한 상태를 통과하게 하신다는 것입니다. 그리하여 그들은 수없이 부정을 저지르면서, 사는 동안 죽음과 썩음의 상태에서 벗어나지 못하고 그대로 머물러 있게 됩니다. 광야에 엎드러져 있는 시체들이 이것을 보여 줍니다. 마치 하나님은 그분을 대적하는 이들에게 이렇게 말씀하시는 것 같습니다. "너희는 스스로 부패하여 거기서 빠져나오지 못하고 사망의 잠이 너희에게 손을 뻗지만, 내가 이끌어 낸 자들은 나를 믿고 신뢰하여 쉽게 거기서 빠져나왔다."

33. 너희의 자녀들은 너희 반역한 죄를 지고 너희의 시체가 광야에서 소멸되기까지 사십 년을 광야에서 방황하는 자가 되리라

'자녀들'은 연약해서 의심하고 주저하며 다른 사람의 죄에 동참한 사람들입니다. 모두가 예외 없이 오랫동안 믿음의 길에 머물러 있어야 합니다. 그리하여 모든 '부패가 소멸'되기까지, 신비한 생명에 속한 어둠의 광

야에서 벗어나면 안 됩니다. 이런 부패는 하나님 안으로 들어갈 수 없기 때문입니다. 하나님 안으로 들어가려면 반드시 이 길을 지나가야 합니다. 그러나 무엇이든 부패한 것은 거기 거할 수 없습니다. 따라서 그것은 광야에서 완전히 소멸시켜야 합니다. 철저한 자기 소멸로 완전히 태워 없애야 합니다. 그것이 목적지로 이끌기에 모든 길의 끝입니다.

이러한 부패는 우리 선조들의 시체, 다시 말해 아담의 죄로 인해 타락한 육체의 악취로, 바로 우리 자신의 타락입니다. 사도 바울이 말한 것처럼, "죄의 몸은 멸하고 우리는 하나님의 자녀의 자유에 참예한 바 되기 위해 타락의 속박으로부터 자유케 되는 소망을 가져"야 합니다. 그러므로 모든 영적인 사람들이 스스로 혹은 아담 안에서 죄를 범한 것처럼, 자기 죄로 인한 것이든 선조들의 시체로 인한 것이든, 그로 인한 타락과 부패를 통과해야 합니다. 이것은 분명한 사실입니다.

34. 너희는 그 땅을 정탐한 날 수인 사십 일의 하루를 일 년으로 쳐서 그 사십 년간 너희의 죄악을 담당할지니 너희는 그제서야 내가 싫어하면 어떻게 되는지를 알리라 하셨다 하라

앞서 언급한 것처럼, 그 땅을 정탐하는 것은 하나님의 통상적인 인도대로 영혼이 나아가는 영원한 단계의 준비 과정이라는 것을 본문에서 쉽게 알 수 있습니다. 그래서 40년은 40일에 해당하며, 하루를 일 년으로 치라고 하시는 것입니다.

40. 아침에 일찍이 일어나 산꼭대기로 올라가며 이르되 보소서 우리가 여

기 있나이다 우리가 여호와께서 허락하신 곳으로 올라가리니 우리가
범죄하였음이니이다

그들은 자기 자신을 되찾음으로 죄를 범했다는 것을 깨닫고도, 또다시 처음과 같은 패역한 죄를 저지릅니다. 자기들의 힘으로 다시 하나님께 '올라가려' 하는 것입니다. 그들은 스스로 목적지에 도달할 수 있을 것만 같습니다. 그래서 산꼭대기까지 올라가려고 애씁니다.

41. 모세가 이르되 너희가 어찌하여 이제 여호와의 명령을 범하느냐 이 일
이 형통하지 못하리라
42. 여호와께서 너희 중에 계시지 아니하니 올라가지 말라 너희의 대적
앞에서 패할까 하노라

그러나 분별 있는 지도자는 그들의 잘못을 보고 "올라가지 말라 너희의 대적 앞에서 패할까 하노라" 하며 지혜롭게 타이릅니다. 하나님은 제멋대로 자기의 단계를 정하는 자들과 함께하시지 않습니다. 그래서 그들은 거기서 죽게 됩니다.

44. 그들이 그래도 산꼭대기로 올라갔고 여호와의 언약궤와 모세는 진영
을 떠나지 아니하였더라
45. 아말렉인과 산간 지대에 거주하는 가나안인이 내려와 그들을 무찌르
고 호르마까지 이르렀더라

자기 힘으로 하나님이 부르지도 않으신 길로 들어가려 하는 사람들은 어리석어서, 충고해 줘도 계속해서 그곳으로 자신을 밀어넣습니다. 그러나 하나님도 지도자들도 그들을 이끌지 않기에 '적들에게 상처를 입습니다.' 그리하여 수많은 상처를 안고 되돌아올 수밖에 없습니다.

여기서 우리는 두 가지의 큰 진리를 배워야 합니다. 첫째, 하나님만이 그분의 길로 영혼들을 인도하실 수 있습니다. 둘째, 우리는 거기에 간여해서는 안 되며, 하나님이 부르실 때 변명하거나 주저하지도 말아야 합니다. 이 백성은 두려움과 경솔함, 의심과 주제넘음을 거의 똑같이 처벌받습니다. 우리는 기꺼이 하나님의 인도를 받아야 합니다. 그분을 앞지르거나 뒷걸음질치지 않고, 철저하게 자기를 포기하여 하나님의 뜻에 내어 맡긴 채 한 걸음씩 그분의 운행하심을 따라가야 합니다. 따라서 타락이 가져온 지체와 지연을 인내하고 견뎌야 합니다. 타락으로 인한 수치와 굴욕을 깊은 가뭄과 함께 들이마셔야 합니다. 그리하여 하나님의 의 전체를 조금도 손상시키려 하지 않고, 온전히 만족시켜 드려야 한다는 것에 기뻐하며, 그분이 친히 끌어내 주시지 않으면 비천한 상태에서 빠져나오려고 노력하거나 애쓰지 않고 평생을 거기에 만족해야 합니다. 그런 다음, 마치 어린아이처럼 그분이 원하시는 곳에 인도받도록 맡겨 드려야 합니다.

15장

26. 이스라엘 자손의 온 회중과 그들 중에 거류하는 타국인도 사함을 받을 것은 온 백성이 부지중에 범죄하였음이니라

하나님은 여기에서 택하신 백성인 내적 사람들과 그 유익을 누리지 못하는 다른 사람들의 차이점을 분명하게 보여 주십니다. 택함 받은 자들은 오직 무지와 연약함 때문에 범죄합니다. 그들의 의지가 하나님의 뜻과 강력하게 연합되어 있어서 그분을 거스르느니 차라리 죽으려 합니다. 그러므로 자기들이 저지른 것이 죄라는 것을 알게 되면, 당연히 깊은 슬픔에 빠지게 됩니다. 더욱이 고의로 범죄한 경우에는, 그들의 단계와 상태에 따라 일치, 연합, 즉 그들의 의지가 하나님의 뜻으로 변화되는 단계에서 벗어나게 됩니다.

하나님은 죄를 견디실 수 없습니다. 그래서 그 의지가 범죄하자마자, 그분과 분리될 수밖에 없습니다. 그리하여 이 영혼들은 지옥에 앉아 자기들이 자발적으로 죄를 범한 것을 확인합니다. 그러나 그들이 자기를 포기하고 단념한 상태로 있는 한, 하나님의 기쁨을 위해 자기 자신은 물론 자기와 관련된 모든 것을 희생하여 그 의지가 하나님의 뜻과 연합되어 있는 한, 자기의 모든 이익보다 기꺼이 그분의 영광을 택하는 한, 그분의 순전한 사랑을 생생하게 경험하면서 그분의 인도하심에 온전히 내어 맡기고 있는 한, 그들이 죄에 빠진 것처럼 보여도 자발적으로 죄를 범하지 않았

습니다. 은혜의 모든 열매들, 더구나 탁월한 은혜의 열매들은 죄와 함께할 수 없기 때문입니다. 그러므로 그들이 죄를 범했다고 분명하게 말하더라도, 고의로 죄를 지었다는 것을 확실히 아는지 고백하라고 하면, 괴로워하며 모르겠다고 답하는 모습을 보게 될 것입니다. 은혜가 이들 영혼 안에 있기에, 신비한 어둠 속에 있어도 하나님 안에 있는 그들의 의지가 하위 영역에서 일어나는 모든 것과 철저하게 분리되는 것은 분명합니다.

> 29. 이스라엘 자손 중 본토 소생이든지 그들 중에 거류하는 타국인이든지 누구든 부지중에 범죄한 자에 대한 법이 동일하거니와

이 법은 이 백성과 교류하는 '타국인들', 다시 말해 영적으로 성숙한 사람들과 함께하는 자들, 그런 단계에 이르지는 않았지만 그리로 진입하는 자들, 무의식적으로 범죄하는 미숙한 모든 사람들에게도 적용됩니다.

> 30. 본토인이든지 타국인이든지 고의로 무엇을 범하면 누구나 여호와를 비방하는 자니 그의 백성 중에서 끊어질 것이라

본문은 앞에 언급한 내용을 뒷받침해 줍니다. 즉, 어느새 이 영혼들은, 다른 길들에서 자라고 나이 든 후 마침내 이 길에 자리잡은 자들뿐 아니라, 태어날 때부터 하나님의 사랑을 받아 일찍이 이 길에 들어선 성숙한 사람들만큼이나 주제넘게 죄를 범합니다. 그래서 그들은 자발적으로 죄를 범하고, 곧 그들의 단계에서 벗어나야 합니다. 그리하여 이전에 순응하고 동조하던 상태에서 이제는 적이 되어 하나님의 백성 중에서 끊어집

니다. 그 의지가 하나님의 뜻과 연합되어 그분의 백성이 된 이들과 분리되기 때문입니다. 그렇다고 이런 죄인들이 회개하여 구원받지 못하게 되는 것은 아닙니다. 다만 더 이상 택함 받은 백성에 속하지 않을 뿐입니다. 택함 받은 자들은 사실 끔찍한 일을 겪으면서 유혹에 빠져 죄를 범할 수도 있지만, 결코 고의로 사랑하는 분의 마음을 상하게 하여 그분의 원수가 되려 하지 않습니다. 그렇게 되면 그 속성이 사랑인 아름다운 백성의 연합에서 벗어나기 때문입니다.

사도 바울은, 한 번 하나님을 맛보고 떠났던 자들이 다시 돌아와 타락 전과 같은 상태로 회복되는 것은 거의 불가능하다고 했는데(히 6:4-6), 여기서 그 말이 입증됩니다. 이런 사람들이 돌이키기가 큰 죄인들이 회심하는 것보다 훨씬 어렵습니다. 그러므로 많은 은혜들을 베풀어 주셔서 그 사랑을 순수하게 누리며 맛보게 해주신 자들이 스스로 그것을 버리고, 오랫동안 품어 주신 하나님을 떠나 외적인 허영을 즐기며 스스로 그분의 원수가 되는 모습을 지켜보는 것만큼 그분의 마음을 아프게 하는 것은 없습니다. 생각만 해도 몸서리가 처집니다. 다른 사람들은 알지도 맛보지도 못한 하나님을 경험한 뒤 지극히 선하신 하나님을 스스로 떠났기에 그 의지와 영이 이전보다 수천 배는 비뚤어지고 사악해지기 때문입니다. 따라서 하나님에 대해 잘 알고 그분의 풍성한 은혜를 더 많이 경험한 자들의 불순종은 더 악한 것입니다. 그러므로 그들이 타락했다는 가장 확실한 증거는, 외적인 기쁨에 빠져 가던 길을 중단할 뿐만 아니라, 심지어 그 길을 비난하며 그 문제점을 안다고 널리 공표하여 결국 자신을 철저하게 죄에 내어 주는 것입니다.

그러나 하나님과 연합하여 신실하게 그분의 길에 머물러 있는 사람들에게서 죄의 모습이 보이더라도, 그들이 쉽게 죄를 범한다고 여겨서는 안 됩니다. 그러므로 그들이 비참한 상황에도 하나님께 자신을 내어 드리며 계속 순종하는 한, 그로 인해 겸손해져서 그분을 거스르지 않으려 하는 한, 죄를 범했다고 생각하며 끔찍하게 고통 받더라도, 죄가 없는 것이 확실합니다.

16장

1. …고라와 …다단과 아비람과 …온이 당을 짓고
2. 이스라엘 자손 총회에서 택함을 받은 자 곧 회중 가운데에서 이름 있는 지휘관 이백오십 명과 함께 일어나서 모세를 거스르니라
3. 그들이 모여서 모세와 아론을 거슬러 그들에게 이르되 너희가 분수에 지나도다 회중이 다 각각 거룩하고 여호와께서도 그들 중에 계시거늘 너희가 어찌하여 여호와의 총회 위에 스스로 높이느냐

허락된 지위보다 더 높이 오르려다 산에서 벌을 받은 자들이 있는데도, 여전히 주제넘게 모세와 아론에게 맡겨진 책임을 침해하려는 자들이 있다니 이상한 일입니다. 어느 정도 성숙된 사람들이 이 사역에 부름 받지도 않았는데 다른 사람들을 이끄는 일에 간섭하고 싶어 하는 경우가 많습니다. 하나님이 선택하신 자들보다 그 일을 더 잘할 수 있을 것만 같기 때문입니다. 그 자리에 어울리지 않는데도 다른 사람을 위해 일하려 하는 것은, 심지어 시작부터 잘못된 영적인 삶으로 들어가는 것입니다. 그러므로 다른 사람들을 잘 도울 수 있는 재능과 사명을 받기 전에 그 일에 뛰어들게 만드는 헛된 열정에 불과한 것입니다. 많은 이들이 직접 들어가 본 적도 없는 거룩의 길로 안내할 수 있다고 우쭐댑니다. 그러면서 오직 자기들에게만 허락된 은혜들을 다른 사람에게 전해 주려 하다가 그 열매를 잃어버립니다. 그리하여 그것으로 다른 사람들을 돕지 못하게 됩니

다. 다른 사람들을 돕고 싶어도 거룩한 일들에 대한 경험과 그에 대한 부르심이 없다면, 그 일을 시작하면 안 됩니다. 먼저 내적 삶 가운데 세워지고 견고해져야 합니다.

우리의 완벽한 본이신 예수 그리스도는 눈에 띄게 인류의 구원 사역을 하시기 전까지 30년간 가려진 무명의 삶을 사셨습니다. (끊임없이 기도에 전념하시고 아버지 앞에서 오랫동안 자기가 소멸된 상태로 계심으로 이 세상에 한없이 선한 일을 행하실 수 있었던 것입니다.) 그분은 본을 보이심으로 우리를 가르치셨습니다. 주변을 도우려는 모든 열정들을 완전히 제거하여 평범한 자연인으로, 하나님이 우리를 사용하려 계획하고 계신다면 영혼 구원을 위해 일하라고 말씀하시고 명령하실 그때 그 순간이 올 때까지 조용히 안식하고 있는 것입니다.

사도적 사역에 대해서는 감히 확언하건데, 영원한 사도적 삶은 영혼이 하나님 안으로 들어갔을 때, 곧 높은 차원에서만 허락됩니다. 그렇다고 순종이 여기에 관여하지 않는 것은 아닙니다. 오직 순종할 때, 하나님이 그 단계에 필요한 것을 공급해 주십니다. 그분은 그렇게 하시는 법을 잘 아십니다. 그래서 그분의 명령대로 행하는 자들은 의도한 모든 열매를 거두게 됩니다.

영원한 사도적 삶에 대해 듣고, 심지어 대단히 영적인 사람들 중에도 그것을 다른 사람들을 도우려는 수동적인(passive) 영혼들의 열정으로 여기는 이들이 있을 것입니다. 그들은 자기들 안에 큰 선(good)을 소유하고 있어서 그것을 온 세상에 전하려 합니다.

그러나 이런 사람들은 내가 말하는 단계와는 완전히 거리가 멉니다. 영혼이 하나님 안에서 죽고 부활하여 충분히 성장한 후, 모든 것이 거룩한 연합 가운데 있을 때, 이 단계에 들어갈 수 있습니다. 그때 영혼은 본질을 유출하고 본질이 연합되면서 사도적 삶으로 영원히 들어가게 됩니다. 그러면 영혼이 하나님을 앞지르거나 거역하지 않는 한, 그리고 자기 뜻대로 말하거나 행동하지 않는 한, 영혼 안에서 행하고 말씀하시는 분은 바로 하나님이십니다. 그리하여 "나는 아무것도 스스로 행할 수 없노라 나는 듣는 대로 심판하노니"라고 하신 예수님처럼, 그리고 "그가 스스로 말하지 아니하고 듣는 모든 것을 말할 것이라"고 하신 성령님처럼 말하고 행동하게 됩니다.

하나님의 본성에 연합되어 있는 삼위는 모두 동등합니다. 그러므로 온전히 연합된 하나의 동일한 본성을 통해 외적으로 말씀하고 행하심으로, 스스로 말씀하고 행하십니다. 그러나 서로 다른 위격이 끊임없이 감화하며, 아들이 아버지를, 성령이 아버지와 아들을 서로 받아들입니다.

이제 이 영혼은 완벽한 결속으로 하나의 본질에 모든 것이 다시 연합되어 있기에 본질적으로 분리될 수 없는 삼위일체 하나님 안으로 들어가기 전에, 예수 그리스도에 이어 서로 다른 삼위일체를 통과해야 합니다. 그리하여 예수 그리스도 안에서 분명하게 삼위와 연합한 뒤, 거룩하신 삼위의 고유한 역사를 통해 모든 것이 본질적으로 조화된 상태에서 다시 연합해야 합니다. 그러면 모든 개인적인 특징은 사라지고 우리의 생명이신 예수 그리스도와 함께 하나님 안에 숨겨진 상태가 됩니다. 이것이 바로 사도 바울이 경험한 것이었습니다.

이렇게 거슬러 올라가다 보면, 영혼이 삼위일체의 거룩한 본질적 연합에서 나왔고, 이 삼위일체가 예수 그리스도의 은혜와 공로로 영혼에게 전달되었다는 것을 알게 됩니다. 또한 영혼이 자기의 근원으로 온전히 돌아가려면, 중재자이자 머리되신 예수 그리스도를 통해 삼위일체께 나아가 본질적 연합을 이루어야 합니다. 그러면 모든 것이 거룩한 생명의 충만함과 영원불변의 안식 안에서 온전히 연합하게 됩니다.

그러나 영혼이 이렇게 하나님의 본질 안에서 다시 연합되면, 거룩한 삼위가 역사하시는 대로 행하면서 외적으로 드러나게 됩니다. 그 결과 완벽하게 하나이고 단순하며 스스로 분리될 수 없는데도, 그 행위가 다양화됩니다. 그래서 영혼은 하나이면서 다양합니다. 그러나 다양성이 연합을 방해하거나, 연합이 다양성을 차단하지 않습니다. 이것을 피조물의 생각, 관점, 감상, 조화 또는 유사성 같은 것으로만 이해할 것이 아니라, 실제적이고 영원한 상태로 이해해야 합니다. (은혜로 그 단계에 들어간) 영혼은 그것이 자기 안에 있는 자기 자신을 위한 것임을 깨닫지 못하는 경우가 많은데, 다른 이들 안에 있는 다른 이들을 위한 것으로 알고 나타내야 합니다.

그러나 이런 단계에서 앞으로 나와 말하고, 행동하고, 사도적 삶의 결과를 맺는 존재는 피조물이 아닙니다. 영혼은 그것과 관계가 없습니다. 그는 죽어서 철저하게 수동적입니다. 더 정확히 말하면 모든 기능이 완전히 무력화되었습니다. 그러나 삼위일체가 다시 연합되어 있는 가장 완벽한 결속으로 영혼의 본질 안에 거하시는 하나님은, 그의 내면에서 끊임없이 모든 것이 되시는 역사로 자신을 나타내십니다. 그러므로 그 중심의 결속을 끊지 않으시는 한, 그의 능력에 그분 자신을 부어 주셔서 때로는 말씀의 직무를 수행하면서 가르치고, 행하며, 교제하십니다. 또 성령의 직무를 행하여 거룩하게 하시고, 사랑의 불을 붙이시며, 마음의 가장 은밀한 곳들을 녹여 이 피조물의 입을 통해 말씀십니다. 이 피조물은 말씀이신 하나님의 모든 것에 완전히 수동적인 상태이기에 성령 하나님이 그의 안팎에서 유기적으로 역사하십니다. 그러나 이 영혼은 그 중심이 본질적으로 하나님과 연합된 상태이기에, 모든 것이 온전한 평안을 누립니다. 하나님의 서로 다른 위격이 영혼 안에서 행하시는데도 그렇습니다. 이 모든 것이 피조물이 보지도, 알지도 못하는 사이에 역사하기에 피조물에게는 이것을 분별할 능력이 없습니다. 그래서 자기의 말과 행동으로 나타날 때만 알게 되는데, 마치 그것이 다른 사람의 것 같습니다. 그러나 하나님은 이 비밀을 기뻐하시는 사람에게 드러내십니다.

이제 이 영혼에 의해 말씀(Word)이 전해지는데, 이 땅에 거하는 동안에는 스스로 말씀하신 것을 그를 통해 나타내실 수밖에 없습니다. 그래서 이 영혼은 말씀을 구하거나 자신이 그렇게 하는지에 대한 의식 없이 예수 그리스도의 말씀과 성경 말씀을 사용하게 됩니다. 예수 그리스도 자신이 말씀이시기에 오직 말씀하신 것만 나타내실 수 있기 때문입니다. 그런데 이렇게 외적으로 다양하게 표현되는 말씀은 위격의 특징이나 다양성과 상관없이 말씀 안에서 다시 연합되고, 말씀은 하나님 안에서 다시 연합되는데, 사도 요한이 "말씀이 하나님과 함께 계셨으니 이 말씀은 곧 하나님이시니라"고 표현한 것처럼, 본질(essence)이 완벽하게 연합됩니다. "말씀이 하나님과 함께 계셨으니" 위격의 구별됨을 보십시오. "이 말씀은 곧 하나님이시니라" 본질의 결속을 보십시오.

이것이 바로 내가 사도적 삶이라고 부르는 것입니다. 다시 말해, 이 영혼은 모든 것에 죽어 철저하게 자기가 소멸되었기에 자기 자신의 것은 아무것도 남아 있지 않은 상태입니다. 하나님만이 그와 함께 그의 안에 거하십니다. 영혼은 하나님 안에 잠겨 사라집니다. 그는 그 중심에서 본질적 생명으로만 살아가지만, 그의 삶에 인식(knowledge)이 아니라 행위(deeds)의 변화가 나타나게 됩니다. 이것은 위대한 사도들의 모습입니다. 그들은 오직 성령의 충만함을 받은 후 생명에 속한 영원한 단계와 사도적인 사역에 견고히 세워졌습니다. 그로 인해 철저하게 자기 자신을 비우게 되었습니다. 그리고 하나님이 그들을 통해 이루려 하신 모든 것에 철저하게 순종하여 "말하는 이는 너희가 아니라 너의 입으로 말씀하시는 너희 하늘 아버지의 영이다"라고 하신 대로 되었습니다. 사도 바울도 자기 안에서 말씀하시는 분은 예수 그리스도라 선언했습니다. 깨우침을 얻거나 이 단계에 도달한 사람들은 모두 내 말을 이해하게 될 것입니다.

더욱이 이 단계에 도달하는 사람은 거의 없습니다. 그런데 지극히 거룩한 영혼들 안에서 하나님이 인격적이고 결과적으로 나타나시지 않으면 그들은 그분 안에서 완전해져서 죽습니다. 여기에는 특별한 부르심이 필요합니다. 그러므로 영혼이 하나님 안으로 들어가면, 결코 그 온전한 결속에서 벗어날 수 없습니다. 예수 그리스도나 성령이 외적으로 다르게 활동하시더라도, 그분 안에서 끌어낼 수 없는 것처럼 말입니다. 본질적으로 분리할 수 없는 연합 때문에 말씀(the Word)이 외적으로 활동하실 때 반드시 성부와 성령도 함께 활동하시고, 성령이 활동하실 때 성부와 성자도 함께 활동하십니다. 결코 따로 피조물에게 역사하시지 않습니다. 그렇다고 하나님 안에서 이루어지는 온전한 연합 때문에 이후에 나타나는 다양한 결과에 따라 이름을 바꿀 수 없는 것은 아닙니다. 또한 본질 자체가 분명 하나인 것처럼 삼위의 구별도 뚜렷하기에 바꿀 수 있습니다. 그 역사가 거룩한 삼위의 각기 다른 속성들과 관련이 있기에 서로 다르게 나타납니다. 아버지께는 기름짐과 능력이, 아들에게는 지혜와 섭리가, 성령께는 선하심과 사랑이 나타납니다. 그리고 이들은 모두 하나님 안에서 하나가 됩니다. 하나님은 능력과 지혜와 사랑이 충만하십니다.

이러한 역사가 일어나는 사도적 영혼들에게는 주변을 돕고 말씀을 전하려는 태도나 성향이 거의 없습니다. 그러나 하나님이 그분의 섭리로 모든 것을 공급해 주시고, 합당한 때 원하시는 만큼 그들의 입술에 말씀을 넣어 주십니다.

이것이 확고하기에, 본문에 언급된 것과 유사한 잘못을 범하는 자들이 적지 않다는 것을 어렵지 않게 깨닫게 됩니다. 그들은 빛과 사랑을 받아들이는 단계에 있음을 깨닫는데, 자기 열정에 불과한 것을 하나님으로부터 온 것으로 여깁니다. 그런데 속임이 있을 수 있고 그런 경우가 적지 않습니다. 그러나 내가 여기에서 말하는 단계에는 없습니다. 스스로 그 단계에서 벗어나지 않는 한, 그렇습니다.

이들은 종종 고라처럼 말합니다. "우리 안에 있는 모든 것이 거룩하니, 우리도 다른 사람들처럼 이웃을 도울 자격이 된다." 그러나 그 결과와 경험이 보여 줄 것입니다. 그들이 스스로 거룩하게 하더라도, 여전히 제사장직이나 다른 사람을 이끄는 목자직을 수행할 만큼 거룩하지는 않습니다. 이것은 하나님이 이 사역을 위해 택하신 자들에게 남겨 두신 것입니다.

또한 많은 일꾼들이 하나님의 교회에서 힘써 일하는데도, 왜 그렇게 열매가 적은지 이것을 통해 알 수 있습니다. 그들은 부르심을 받지 않았는데도 그 일에 관여합니다. 또 예수 그리스도 안에서 충분히 세워지지 않았거나 그분과 연합되지 않아서 그분을 통해 위대한 결실을 맺지 못합니다.

4. 모세가 듣고 엎드렸다가

사도적인 사람의 참된 성품을 보십시오. 그는 오직 하나님이 맡겨 주신 자들을 인도하는 것에 대해서만 생각합니다. 뿐만 아니라, 무슨 조짐이라도 보이면 모든 것을 그만둘 준비가 되어 있습니다. 그래서 이의를 제기하지 않고 즉시 항복하여 무엇에도 참여하지 않으려 합니다.

5. 고라와 그의 모든 무리에게 말하여 이르되 아침에 여호와께서 자기에게 속한 자가 누구인지, 거룩한 자가 누구인지 보이시고 그 사람을 자기에게 가까이 나아오게 하시되 곧 그가 택하신 자를 자기에게 가까이 나아오게 하시리니

무엇이든 하나님이 '보여 주시는' 것에 따르겠다는 모세의 답변과 태도는 존경할 만합니다. 그는 하나님이 친히 누가 그분께 속했고, 이 사역을 위해 택하신 거룩한 자인지 알려 주실 거라고 말합니다. 그런데 무슨 표로 그들을 구별할까요?

6. 이렇게 하라 너 고라와 네 모든 무리는 향로를 가져다가
7. 내일 여호와 앞에서 그 향로에 불을 담고 그 위에 향을 두라 그때에 여호와께서 택하신 자는 거룩하게 되리라 레위 자손들아 너희가 너무 분수에 지나치느니라

하나님이 목적인 불과 순전한 사랑으로만 이런 자들을 구별해 낼 수 있습니다. 하나님이 그 목적지이기에 합당한 '향'을 올려 드리려고 뒤돌아 보지 않고 곧장 그분께 올라가기 때문입니다. 그들에게는 더 이상 본질적 특성이 없기에 자기 자신을 위해 아무것도 간직하지 않습니다. 그래서 하나님이 그들 안에서, 그들을 통해 행하신 일에 대해 가장 뛰어난 향으로 모든 영광을 돌려 드립니다. 다른 사람들을 도우라고 하나님이 택하신 사람은 그분의 향을 받으면서 진실로 거룩해집니다. 가진 것이 아무것도 없기에 반드시 하나님으로 충만해지고 거룩해져야 합니다.

'레위 자손들아!'라는 말에서 이 영혼들을 향한 모세의 슬픔이 드러납니다. 성숙한 자들이기에 그들의 잘못은 그만큼 용서받기 어렵기 때문입니다. 모세는 마치 이렇게 말하는 것 같습니다. "내가 하는 일을 수행하게 되어 있던 자들아! 너희는 그리로 곧 인도받게 되어 있었다! 이 거룩한 직무에 구별된 너희는 어찌하여 마땅히 누구보다도 너희 명예를 우월하게 여겨야 했는데 그런 일을 했단 말인가!" 모세는 이렇게 말하면서 온유함과 사랑, 분별력을 동시에 보여 줍니다.

8. 모세가 또 고라에게 이르되 너희 레위 자손들아 들으라
9. 이스라엘의 하나님이 이스라엘 회중에서 너희를 구별하여 자기에게 가까이하게 하사 여호와의 성막에서 봉사하게 하시며 회중 앞에 서서 그들을 대신하여 섬기게 하심이 너희에게 작은 일이겠느냐

모세는 주로 이 당의 창시자인 고라에게 이야기하면서 그와 동일한 수준에 있을 다른 모든 사람들에게 말하고 있습니다. 모세는 그들의 죄에 괴

로워합니다. 다른 사람들보다 훨씬 높은 단계에 있던 자들이 타락했기 때문입니다. 그래서 그들을 있는 그대로 정확하게 책망합니다. "그런데 영혼들의 하나님이 세상과 땅에 속한 모든 것에서 너희를 구별하시고, 그분과의 가장 친밀한 소통에 방해가 될 수 있는 모든 것을 제거하신 후에, 너희를 가까이하사 성막에서 봉사하게 하신 것을 작은 일로 여겼느냐? 즉, 너희 중심을 그분께 헌신하여 이 단계에서 오직 내적인 것들로 그분을 섬기게 하시면서 나중에 영혼들을 돕게 하신 것이 작은 일이었느냐? 너희는 이미 헌신과 기도로 그들을 도울 수 있었고 하나님과 백성 사이의 중재자로 있었기에, 하나님이 많은 일을 행하셨다."

10. 하나님이 너와 네 모든 형제 레위 자손으로 너와 함께 가까이 오게 하셨거늘 너희가 오히려 제사장의 직분을 구하느냐

"주께서 너희에게, 곧 너를 비롯하여 너와 비슷한 수준의 모든 형제 레위 자손들에게 그토록 많은 은혜들을 베푸셨는데, 목자의 최종 단계이자 너희가 아직 부름 받지도 않은 제사장 직분까지 구하여 하나님의 말씀을 전하는 일에 관여하려느냐? 너희는 오직 하나님께 마땅한 것을 감히 자기 자신에게 돌리는 엄청난 죄를 범하면서, 하나님이 맡기지도 않으신 일에 간섭하고 있다. 하나님의 말씀을 전하려면 반드시 자아가 소멸되어야 하는데, 거기에 자기의 것이 조금도 섞이지 않게 하여 오직 하나님이 말씀하신 것만 전하기 위함이다."

31. 그가 이 모든 말을 마치자마자 그들이 섰던 땅바닥이 갈라지니라

32. 땅이 그 입을 열어 그들과 그들의 집과 고라에게 속한 모든 사람과 그들의 재물을 삼키매

이것은 하나님이 그들에게 바라지 않으신 일에 손댄 자들, 주제넘음과 자기 만족으로 다른 사람들의 지도자가 되려 하는 자들에게 합당한 벌입니다. 발밑에 있던 땅바닥이, 그들의 발에 밟히며 저 아래에 있다고 여기던 세상의 모든 것들이, 곧 모든 감각적인 것들이 입을 열어 그들을 삼켜 버립니다. 즉, 자기들 아래 있던 바로 그것들에 압도당합니다. 이 땅과 감각이 그들과 안식처인 그들의 장막(집)까지도 삼켜 버리는데, 이것은 그 중심과 의지가 타락 가운데 있음을 보여 줍니다.

35. 여호와께로부터 불이 나와서 분향하는 이백오십 명을 불살랐더라

그러나 모든 것과 행위들을 시험하여 태워 버릴 것을 태우고 타지 아니할 것을 남겨 두는 사랑의 '불이 하나님으로부터 나왔습니다.' 그리하여 그 불이 사람들, 곧 하나님이 그들에게 요구하시지 않은 일을 행하려 한 이들을 불살랐습니다. 사도 바울이 "그 불이 각 사람의 공적이 어떠한 것을 시험할 것임이라"고 한 것처럼, 그들의 모든 행위는 오직 본질적 특성에 속한 것으로 불에 타 마땅한 것이었습니다. 그러나 모든 본질적 특성이 제거된 순전한 사랑의 행위는 소멸되지 않습니다. 그들의 불은 오직 하나님만을 위해 타오르고 그분의 영광을 위해 소멸되지만, 본질적 특성을 지닌 것들은 본질적 특성과 탐욕의 불에 소멸됩니다. 이 불은 하나님

께 합당한 것을 강탈하여, 하나님의 사랑의 불이 아니라 진노의 불을 끌어들입니다. 사랑의 불은 본래 가지고 있던 순결을 그대로 가지고 하나님께로 신속히 돌아가지만, 공의의 불은 그것에 대적하는 본질적 특성을 소멸시킨 후에야 다시 올라갑니다.

17장

8. 이튿날 모세가 증거의 장막에 들어가 본즉 레위 집을 위하여 낸 아론의 지팡이에 움이 돋고 순이 나고 꽃이 피어서 살구 열매가 열렸더라

하나님은 아론의 지팡이에 꽃이 피게 하셔서 사도가 되려면 반드시 그와 같아야 한다는 것을 영원히 증거하게 하셨습니다. 그의 지팡이에 움이 돋았는데, 물질에서 생명의 싹이 나온 것입니다. 죽은 나무와 같은 신비한 재에서 내적 부활로 새 생명이 다시 나타날 때 이런 일이 일어납니다. 그러나 이 지팡이에 (생명을 되찾고 생기로 충만하다는 것을 나타내는) 움이 돋는 것으로는 충분치 않습니다. 나아가 꽃(부활 이후의 더 성숙된 상태)을 피우고 열매를 맺어야 합니다. 또 영혼의 공간을 의미하는 잎이 넓게 펴져 그의 행위가 더 이상 제한받지 않아야 합니다. 그리하여 그 열매들이 무르익어야 합니다.

이 모든 것은 이렇게 성숙된 단계에 이른 영혼의 내적 시기들을 훌륭하게 보여 줍니다. 이 지팡이가 죽어 있던 것처럼, 신비한 죽음의 때인 겨울이 지나고 봄이 다시 찾아와 싹이 나고 꽃이 피게 됩니다. 여름은 열매들이 풍성히 맺히게 하고, 가을은 그것들을 무르익게 합니다. 이것은 하나님 안에서 영혼이 부활하는 모습을 선명하게 보여 줍니다. 그는 하나님 안에서 회복되어 확고하게 섭니다. 그리하여 자유롭게 마음껏 외적으로 확장하여 그 시기의 열매들로 다른 영혼들을 먹이고 세우는 일을 합니다.

9. 모세가 그 지팡이 전부를 여호와 앞에서 이스라엘 모든 자손에게로 가져오매 그들이 보고 각각 자기 지팡이를 집어들었더라

10. 여호와께서 또 모세에게 이르시되 아론의 지팡이는 증거궤 앞으로 도로 가져다가 거기 간직하여 반역한 자에 대한 표징이 되게 하여 그들로 내게 대한 원망을 그치고 죽지 않게 할지니라

여호와께서는 백성의 지도자로 부름 받는 자들이 마땅히 이런 단계에 이르러야 한다는 '표징'으로 이 지팡이(사도적인 사람들이 그들을 따르는 사람들에 대하여 갖는 권위와 능력)를 간직하기를 바라셨습니다. 다른 사람들을 이끌기 전에 그들은 반드시 꽃을 피우고 열매 맺으며, 그 잎이 온통 무성해져야 합니다.

18장

20. 여호와께서 또 아론에게 이르시되 너는 이스라엘 자손의 땅에 기업도 없겠고 그들 중에 아무 분깃도 없을 것이나 내가 이스라엘 자손 중에 네 분깃이요 네 기업이니라

오 사도적 영혼들의 행복한 '분깃'이여! 다른 이들이 무슨 거룩의 '기업'을 받든, 그것은 '땅'과 본질적 특성이 뒤섞인 거룩입니다. 그러나 사도적인 사람들인 레위 집안의 기업은 천국이나 이 땅에 없습니다. 하나님만이 '그들의 기업'입니다. 하나님이 그들의 분깃이요 소유이십니다. 하나님만이 그들을 감동시키시고 그들 안에서 행하시면서 모든 것이 되어 주십니다. 그들은 아무것도 요구하지 않습니다. 무엇을 바라거나 원하지도 않는데, 천국에서 소유하는 기업, 곧 하나님이 그들의 기업이기 때문입니다. 그러므로 여전히 믿음의 베일 아래 가려져 있지만, 가장 실제적인 기업입니다.

하나님을 영원히 소유하지 않은 영혼들은 자기와 상관없는 이런저런 것을 끊임없이 바라거나 구하거나 그리워합니다. 그러나 사도적 영혼들에게는 더 이상 어떠한 성향이나 기호가 없습니다. 그들에게는 아무런 기대도, 심지어 영원에 대한 기대도 없습니다. 그들은 탁월한 방식으로 영원하신 하나님을 소유하고 있기 때문입니다. 그러므로 최고의 선을 소유하고 있는 그들에게는 조금도 부족한 것이 없기에 더 이상 아무것도 바라

지 않습니다.

그렇다면 이런 사람들은 적어도 죄를 지어 하나님을 잃어버리지 않으려 열심이지 않을까요? 아, 그들이 그런 것에 대해 생각할 수 있다면, 하나님보다 못한 자기 이익에 집착하게 될 것입니다. 그리하여 내가 말한 그 단계, 곧 우리에 대해 걱정하거나 염려하지 않고 온전한 자기 포기 가운데 하나님 안에서 안식하는 그런 상태가 아닐 것입니다. 그들이 하나님을 거스르지 못하게 막는 것은 그분의 일입니다. 그러므로 하나님 안에서 사라진 단계에서 벗어나지 않는 한, 아무리 거룩한 것이라도 하나님과 상관없는 것에 사로잡힐 수 없습니다. 상실에 대해 말하는 사람은 누구든지, 잊혀진 상태 그 이상을 의미하는 것입니다. 잊혀진 것을 가끔 회상할 수는 있지만, 완전히 사라진 것은 되찾을 수 없습니다.

단순히 길을 잃은 경우라면 찾을 수 있습니다. 그러나 하나님 안에서 사라진 것은 그분을 벗어나지 않는 한 찾을 수 없습니다. 따라서 이 영혼이 자기 소유를 상실하는 것에 대해 생각하거나 두려워하게 되면, 또는 자신이 무엇을 소유하고 있는지 보게 되면, 그로 인해 그 단계에서 벗어나게 되는데, 이런 기질이 존재하는 한은 그렇습니다.

그렇다면 이 영혼에게 어떤 관심이 있다면, 그것은 하나님의 영광을 위한 것이 아닐까요? 그러나 하나님을 벗어나서 그분의 영광을 생각하는 것은 불가능한 일입니다. 하나님 자체가 영광이십니다. 영혼이 그것에 대해 생각할 수 없어도 상관없습니다. 이제 이 영혼의 모든 일은 더 이상 존재하지 않는 것입니다. 하나님이 그의 영광이십니다. 영혼을 도와주시는 것이 그분의 영광입니다. 이것은 피조물의 일이 아닙니다.

20장

4. 너희가 어찌하여 여호와의 회중을 이 광야로 인도하여 우리와 우리 짐승이 다 여기서 죽게 하느냐
5. 너희가 어찌하여 우리를 애굽에서 나오게 하여 이 나쁜 곳으로 인도하였느냐 이곳에는 파종할 곳이 없고 무화과도 없고 포도도 없고 석류도 없고 마실 물도 없도다

백성이 이렇게 신 광야에서 진을 치는 것은, 믿음의 광야에서 전진하는 것을 상징합니다. 그런데 정결해질수록 그것이 훨씬 더 보잘것없게 보이는 것은, 영혼이 점점 더 도움을 잃어버리면서 하나님에게서 어떤 확신만 받기 때문입니다. 이 영혼은 자신의 궁핍함에 애통해합니다. 그는 가장 좋은 것을 빼앗긴 자기 자신을 봅니다. 심지어 성찬과 거룩한 예식 등 교회의 탁월한 '열매들'을 더 이상 사용할 수 없게 되었습니다. 스스로는 아무 일도 할 수 없기에 '파종할 곳이 없다'고 말합니다. 우리가 교회에 있는 가장 거룩한 것들, 성례(하나님은 영혼들을 더 헐벗는 자리로 데려가실 때 이것으로 젖을 떼는 법을 잘 아십니다)를 전부 빼앗겨서 교회는 더 이상 우리에게 열매를 맺지 못하는 것처럼 보입니다. 우리에게는 '무화과'(선을 행함으로 얻게 되는 달콤함을 상징함)도, 선행의 포도송이를 맛보게 해줄 '포도'도, '석류'(열매로서의 사랑)도 없습니다. 우리는 이 좋은 것들을 모두 빼앗긴 것 같

습니다. 게다가 '물이 없습니다'. 모든 감각적인 은혜의 물은 우리에게서 말라 버렸습니다.

3. …우리 형제들이 여호와 앞에서 죽을 때에 우리도 죽었더라면 좋을 뻔 하였도다

바로 이때 죽음의 고통을 느끼게 됩니다. 그들은 "왜 우리가 풍요함 가운데 죽지 않았던가?"라고 말합니다. 이것은 그들이 새로운 광야, 곧 더 헐벗은 상태로 들어갈 때마다 하는 말입니다. 그러므로 상태마다 단계가 있고, 각 단계에는 시작과 과정과 끝이 있다는 것을 알아야 합니다. 이처럼 믿음의 땅은 오랜 여정입니다. 광야에서 광야로, 헐벗음에서 헐벗음으로 나아가기에 마지막 광야는 항상 더 끔찍합니다. 그러므로 누구나 빼앗긴 상태로 나와서 또 다른 곳으로 들어가는데, 뒤로 갈수록 항상 새롭게 보입니다. 그런데 이어지는 광야의 궁핍함에 비하면 이전 장소는 심지어 큰 축복처럼 여겨집니다.

그런데 이상하게도 이 지점에 이른 사람들은 많은 은혜를 받았고 수많은 기적이 일어나는 것을 목격했는데도, 목적지에 도달할 것이라는 확신이 없습니다. 그들의 기능과 능력이 연합되어 안식하게 되면, 그것이 믿음의 시작에 불과한데도, 결국 자만에 빠져 더 소유할 게 있을 거라고 생각하지 않습니다. 그래서 이렇게 헐벗은 채 믿음이 드러나게 되면, 거기서 벗어날 것이라고 여기지 않기에, 끝까지 나아갈 생각을 하지 않습니다. 이것은 용기없는 자들의 속성입니다. 그들은 아주 작은 장애물에도 넘어져

성공할 수 없을 거라고 생각하며 좌절합니다.

7. 여호와께서 모세에게 말씀하여 이르시되
8. 지팡이를 가지고 네 형 아론과 함께 회중을 모으고 그들의 목전에서 너희는 반석에게 명령하여 물을 내라 하라 네가 그 반석이 물을 내게 하여 회중과 그들의 짐승에게 마시게 할지니라
9. 모세가 그 명령대로 여호와 앞에서 지팡이를 잡으니라

하나님은 이 백성에게 헐벗음의 단계를 통과할 힘이 없음을 보시고, 모세에게 '반석을 향해 말하라'고 명령하십니다. 앞서 말씀하신 것처럼(창 29:3), 다른 단계들로 넘어가기 전에 모두가 이 반석에서 나는 생명수를 마셔야 합니다. 그래서 이 백성을 위해 반석에서 물을 내야 했던 것입니다. '반석에서 나온 이 생명수'는 예수 그리스도의 공로로 얻게 된 은혜입니다. 그 분은 광야에 있는 자들이 자신과 동일한 단계들을 따르게 하심으로 원기를 회복시켜 주시는데, 인식할 수는 없지만, 생각이나 판단이나 관점이 일치되는 것이 아니라 실제로 닮게 하십니다. 하나님은 영혼이 더 큰 믿음, 더욱 정결한 모습으로 행하게 하시려고 그것을 숨기십니다.

여기서는 지팡이를 사용하여 내려칠 필요가 없습니다. 여기서 물을 내려면 말씀을 선포하는 것으로 충분합니다. 그 말씀은 바로 예수 그리스도이시기 때문입니다. 아버지의 말씀을 선포하는 것이기에, 이 영혼들에게 이 말씀만 전해야 했습니다.

이런 이유로 사도적인 사람들이 지팡이(지휘봉)가 아니라 말씀을 선포

함으로 영혼 안에서 결과를 내는 것입니다. 이제 여기에서 역사하는 것은 그들의 권위가 아닙니다. 다만 사도적인 사람들이 말씀을 통해 선포하면서 신령한 공급이 부어집니다. 이런 이유로 예수 그리스도는 최후의 만찬에서 말씀 외의 다른 수단으로 자신을 표현하려 하지 않으신 것입니다. 말씀이 선포될 때에만 말씀(Word)을 낳을 수 있는데, 이 말씀(Word)은 아버지께서 선언하신, 즉 증언하여 낳으신 분입니다.

바로 이때 믿음 안에서 영혼은 예수 그리스도와 하나되기 시작합니다. 그분을 자기와는 다르게 여기거나 그 관계를 무시하지 않습니다. 빛을 받아들이면서 예수 그리스도에 대한 많은 지식을 얻게 되는데, 그것이 영혼을 양육하고 거듭나게 합니다. 그런데 지금 영혼에게는 예수 그리스도의 빛이 없습니다. 그래서 결코 그분을 더 닮은 것이 아닌데도, 그렇다고 그분을 덜 인식하는 것은 아닙니다.

영혼은 참된 순종을 통해 지속적으로 그분의 단계로 들어갑니다. 자기에 대해 생각하지 않고 예수 그리스도를 통해 하나님 안으로 들어갈 때까지 그 모든 단계들을 온전히 감당해 냅니다. 그리하여 예수 그리스도를 그대로 표현하게 될 때까지, 다시 말해 영혼들 가운데 그분을 새롭게 자기의 말로 구현하게 될 때까지, 하나님 안에 예수 그리스도와 함께 숨겨질 것입니다. 이런 식의 참여로 하나님이 된 영혼은 그분의 말씀을 선포할 수 있게 되는데, 말씀(Word)이 다른 사람들 안에서 태어나게 하시려고 그에게 맡기신 것입니다.

선포된 말씀(speech)의 본질은 하나님 안에서 말씀이신 하나님(Word-God)을 낳고, 영혼 안으로 들어간 말씀(speech)의 실체는 다른 사람들 안에서 말씀(Word)을 낳습니다. 하나님은 영원 전에 말씀하심으로 말씀(Word)을 낳으셨고, 때가 되어 예수 그리스도 안에 있는 그 말씀이 거룩한 예식 가운데 그분을 보여 주었습니다. 따라서 내적 전달을 위해 제사장직을 수행하는(그것이 간접적일 뿐 실질적이지 않아도) 자기가 소멸된 영혼의 입에서 나오는 하나님의 말씀은, 그것을 듣는 영혼 안에서 말씀(Word)을 낳습니다. 그래서 그토록 많은 이들이 이런 사람들의 단순한 말(speech)에 돌이키는 것입니다. 이것은 "나의 자녀들아 너희 속에 그리스도의 형상을 이루기까지 다시 너희를 위하여 해산하는 수고를 하노니"(갈 4:19)라고 한 사도 바울에게서 분명히 드러납니다. 또 다른 곳에서는 "그리스도 예수 안에서 복음으로써 내가 너희를 낳았음이라"(고전 4:15)고 분명하게 말했듯이, 의심의 여지없이 말(speech)을 통해 구세주께 그들을 낳아 드렸습니다. 그러므로 바로 이 말(speech)을 통해 우리 안에 예수님의 형상이 이루어집니다. 하나님은 그분을 마음에 새겨 순종하게 하시려고 선포되는 말씀(speech)을 강력하고 효력 있게 하셨습니다.

10. 모세와 아론이 회중을 그 반석 앞에 모으고 모세가 그들에게 이르되 반역한 너희여 들으라 우리가 너희를 위하여 이 반석에서 물을 내랴 하고
11. 모세가 그의 손을 들어 그의 지팡이로 반석을 두 번 치니 물이 많이 솟아나오므로 회중과 그들의 짐승이 마시니라

이것은 하나님의 단순한 말씀에 만족하지 않는 지도자들이 흔히 범하는 잘못입니다. 하나님의 말씀은 영혼들이 조언을 구할 때, 그들의 필

요대로 지도자들에게 주어집니다. 그들은 늘 하던 대로 옛 방식과 보편적인 지도 원리를 지침으로 사용하려 합니다. 그것이 좋은 결과를 가져오는 것을 목격했다면 더욱 그것을 고수합니다. 그러나 이것은 하나님의 심기를 지극히 거스르는 일입니다. 영혼들에 대한 계획을 가지고 계신 하나님만이 그들의 필요를 아시기에, 그만큼 지도자들을 확고하게 이끌기 원하시기 때문입니다. 그러므로 사도적 지도자는 모든 일을 하나님의 영의 운행하심에 맡겨야 합니다.

모세에게 부족한 것이 바로 이것임이 드러납니다. 하나님은 다른 지도자들에게 가르침을 주시기 위해 그토록 온전한 사람이었던 모세가 이런 불신앙에 빠지게 내버려 두셨습니다. 그는 지팡이를 내려치며 기적을 일으키곤 했고 실패한 적이 없었기에, 여기서도 똑같이 행하여 반석에서 물을 내려 했습니다. 그러나 하나님은 지도자의 권위를 상징하는 지팡이를 손에 잡으라고 하셨을 뿐, 내려 치라고 명령하시지 않았습니다. 그런데 그는 하나님이 말씀하지도 않으셨는데, 스스로 반석을 내려쳤습니다. 심지어 지팡이로 내려치지 않으면 반석에게 명하는 정도로 기적을 행할 수 없을 거라고 의심했습니다. 그는 자기가 옳다고 생각하면서 하나님의 역사에 개입해 버렸습니다.

모세의 잘못은 이렇습니다. 하나님은 지팡이를 잡고 반석에게 명령하라고 하셨을 뿐인데, 그는 명령하는 대신 반석을 내려침으로 하나님을 영화롭게 하지 않았습니다. 그가 말씀을 선포하기만 해도, 그 일은 이루어졌을 것입니다. 그래서 하나님의 마음이 상하신 것입니다. 그는 온 백성의 눈앞에서 옛것은 사라져야 한다는 것을 보여 줌으로써 이 기적의 지팡이의 모든 지지와 후원을 그들에게서 제거해야 했습니다. 사실 이때부터 모세의 지팡이는 더 이상 기적을 행하지 않았습니다.

또한 하나님은 말씀(word)이신 예수 그리스도가 말씀(아버지의 말씀)을 선포하심으로 모든 기적을 일으키실 것을, 그리고 살아 있는 반석이신 그분에게서 은혜의 폭포가 흘러나와 사람들에게 쏟아부어질 것을 알려 주고 싶으셨습니다. 기적은 새 계명보다는 옛 계명에 속한 것입니다. 예수 그리스도는 기적에 익숙한 사람들의 믿음이 주로 기적에 좌우되는 것을 보시고, 온전히 그분의 말씀만을 의지해야 한다는 믿음의 비밀을 가르쳐 주기 위해 오셨습니다.

12. 여호와께서 모세와 아론에게 이르시되 너희가 나를 믿지 아니하고 이스라엘 자손의 목전에서 내 거룩함을 나타내지 아니한 고로 너희는 이 회중을 내가 그들에게 준 땅으로 인도하여 들이지 못하리라 하시니라

이상한 일입니다. 하나님이 작은 잘못, 곧 성숙된 영혼들이 무엇을 의지하는 것을 그토록 가혹하게 벌하시고 분노하셔야 했을까요! 그러나 하나님은 그들에게서 은혜를 거두시거나, 그들의 단계에서 벗어나게 하지 않으십니다. 그들에게 '너희가 약속의 땅으로 들어가지 못할 것'이라고 말씀하지 않으십니다. 가장 중요한 전달자, 하나님을 대면하여 본 모세에게는 자기 자신을 위해 소유한 것이 없었기 때문입니다. 그는 탁월한 방식으로 하나님 안에 거했기에 열등한 단계로 들어갈 수 없었습니다. 다만 하나님은 그에게 "너는 이 사람들을 내가 그들에게 준 땅으로 인도하여 들

이지 못하리라" 말씀하십니다. 하나님은 이렇게 이때부터 탁월한 은혜와 온전한 지도력을 거두어 가십니다. 그는 이 땅에서 가장 온전한 최고의 경지에 들어갔지만, 온전한 근원으로 회중을 이끄는 유익을 누리지 못하게 되었습니다.

하나님은 그분의 말씀에 자기의 노력을 끼워 넣으려 하는 지도자들을 이와 같이 벌하십니다. 사실 이런 노력으로 은혜의 물이 흐르게 할 수는 있지만, 예수 그리스도의 생명수를 주어 영혼들 안에서 생성시키지는 못합니다. 이런 노력은, 오직 하나님의 말씀만이 일으킬 수 있는 거룩한 생성을 방해합니다.

또한 하나님은 이런 불신앙 때문에 사람들 앞에서 영광 받지 못하셨다고 한탄하십니다. 만일 반석을 치지 않고 말씀만 의지했다면, 하나님은 영광을 받으셨을 것입니다.

25. 너는 아론과 그의 아들 엘르아살을 데리고 호르 산에 올라
26. 아론의 옷을 벗겨 그의 아들 엘르아살에게 입히라…

하나님은 아론의 제사장직을 거두시려고 그 옷을 벗겨 물러나게 하십니다. 그런데 이것은 지도의 영(spirit)을 빼앗기는 것을 상징합니다. 다른 사람들을 이끌다가 죄를 범한 자들은 보통 이런 벌을 받습입니다. 지도의 영은 결코 사라지지 않기 때문에 하나님은 나중에 이 영을 다른 사람들에게 주십니다. 아론은 불신앙으로 지도의 영을 상실하게 되었습니다. 하나님은 그것을 거두어 곧바로 다른 사람에게 입히시는데, 그의 영적 자녀

들 중 한 사람인 경우가 많습니다.

14. 모세가 가데스에서 에돔 왕에게 사신을 보내며 이르되…

17. 청하건대 우리에게 당신의 땅을 지나가게 하소서…

18. 에돔 왕이 대답하되 너는 우리 가운데로 지나가지 못하리라 내가 칼을 들고 나아가 너를 대적할까 하노라

21. …아니하므로 이스라엘이 그들에게서 돌이키니라

내적 영혼들은 어떤 지역(땅)에서 선을 행하는 경우가 많은데, 그것을 위해 거기 거하거나 지나가기도 합니다. 그런데 마귀가 이들이 교류하는 자들에게서 많은 열매를 맺는 것을 보고, 힘을 다해 길을 막습니다. 길을 막으려고 모든 무장을 하고, 사람들의 눈을 가려 자기 복을 거부하게 만듭니다. 이런 영혼들이 수도원에서 아무것도 전하지 못하게 가로막는 일이 얼마나 많은지 놀라울 지경입니다. 교회 지도자들(princes)은 그들을 알지도 못하면서 그들에게 맞서 무장합니다. 중상모략의 화살이 배치되고, 단지 선을 행하려 할 뿐, 스스로를 방어할 생각조차 하지 않는 이 사람들에게 세상은 무기를 들고 나옵니다. 그래서 하나님은 종종 백성들을 다른 길로 가게 하시거나, 때로는 친히 무장하시고 그들에게 길을 내 주시려고 싸우십니다. 심지어 먼저 있던 자들을 설교단과 왕좌에서 쫓아내시고 그분의 종들을 대신 세우십니다.

21장

1. 네겝에 거주하는 가나안 사람 곧 아랏의 왕이 이스라엘이 아다림 길로 온다 함을 듣고 이스라엘을 쳐서 그중 몇 사람을 사로잡은지라

"그중 몇 사람을 사로잡은지라." 하나님이 예상치 못한 섭리로 피조물들을 사용하여 이 영혼들에게서 '전리품'을 취하시는 것은 자주 그리고 거의 항상 있는 일입니다. 여기서 전리품은 그들이 스스로에게 그리고 다른 사람들이 그들에게 품고 있는 명예와 자부심을 말합니다. 그리하여 그들은 피조물들의 모든 존경을 잃어버립니다. 그것은 좋은 것이지만, 반드시 파괴되어 합니다. 하나님께 수없이 약한 모습을 보이는 죄를 지을 정도는 아니지만, 그런 모습은 이 백성이 수차례 그랬던 것처럼, 하나님은 물론 우리 눈에도 죄인처럼 보이기 때문입니다. 그러나 그들의 모습이 사람들의 눈에도 죄인처럼 보여서 우리의 악행이 모두에게 알려져야 합니다.

이런 일은 피조물들이 우리의 패배에 기뻐하며 약탈해 갈 때 일어납니다. 바로 그때 사람들은 말합니다. "하나님이 붙들어 주시던 이 사람들, 자기를 내어 드린 자들을 보라! 그분이 이들을 원수의 손에 넘겨주셨다." 이렇게 중상모략으로 내적 백성을 제압하는 피조물들은 전리품으로 부유해져서 자기들의 길이 훨씬 더 우월하다고 뽐내는 기회로 삼습니다. 이렇게 자기를 포기하며 나아가는 것보다, 힘있고 신중하게 자기들처럼 행하는 것이 훨씬 낫다는 것입니다.

2. 이스라엘이 여호와께 서원하여 이르되 주께서 만일 이 백성을 내 손에 넘기시면 내가 그들의 성읍을 다 멸하리이다
3. 여호와께서 이스라엘의 목소리를 들으시고 가나안 사람을 그들의 손에 넘기시매 그들과 그들의 성읍을 다 멸하니라…

그러나 '이스라엘', 즉 자기를 내어 드린 영혼들은 즉시 다시 한 번 자기를 내어 드리면서 하나님께 결단을 보여 드립니다. 그들은 처음 명성을 회복하게 되면 자기 자신을 위한 것은 절대로 간직하지 않을 것이며, 제 것으로 삼는 것이 없도록 각별히 조심할 것입니다. 오히려 자기애의 견고한 진이 있는 '성읍들을 멸할' 것입니다. 그들이 이렇게 할 준비가 되었음을 증명해 보이자, 하나님은 곧바로 그들을 원수보다 우세하게 해 주십니다. 그분은 일격에 적들을 멸하시면서, 악한 중상모략과 백성들의 무죄를 드러내십니다.

4. 백성이 호르 산에서 출발하여 홍해 길을 따라 에돔 땅을 우회하려 하였다가 길로 말미암아 백성의 마음이 상하니라
5. 백성이 하나님과 모세를 향하여 원망하되 어찌하여 우리를 애굽에서 인도해 내어 이 광야에서 죽게 하는가 이곳에는 먹을 것도 없고 물도 없도다 우리 마음이 이 하찮은 음식을 싫어하노라 하매

믿음의 광야에서 보내는 거의 모든 여정 가운데 동일하게 연약한 모습들이 나타나는데, 그곳이 어둡기 때문입니다. 연약한 영혼들은 마음이 상하고 괴롭습니다. 그들은 계속해서 말합니다. "하찮은 음식", 다시 말해

영적인 음식이 싫다고 말입니다. 그러나 하나님은 이 백성을 멸망시키지 않고 구원하고 싶으셨습니다. 그래서 그들의 연약함을 즉시 벌하십니다.

6. 여호와께서 불뱀들을 백성 중에 보내어 백성을 물게 하시므로 이스라엘 백성 중에 죽은 자가 많은지라

하나님은 독을 머금은 '뱀들을 보내어 백성을 물게 하시므로' 치명적인 상처를 입히십니다. 독뱀에 물리는 것은 견디기 힘든 고통입니다. 그러므로 뱀에 물려 고통 받으며 많은 일들에 훨씬 더 끔찍하게 가책을 느끼는 만큼, 안팎으로 하나님과 사람 앞에서 모든 혼란을 견디게 됩니다.

7. 백성이 모세에게 이르러 말하되 우리가 여호와와 당신을 향하여 원망함으로 범죄하였사오니 여호와께 기도하여 이 뱀들을 우리에게서 떠나게 하소서 모세가 백성을 위하여 기도하매

그때 이 가련한 영혼들은 모든 혼란 가운데 '자신들이 범죄하였고' 그에 합당한 벌을 받게 되었다고 솔직하게 인정합니다. 원망하며 거역하는 죄를 범하지 않았다면, 다른 많은 것으로 죄를 지었을 것이라고 말입니다. 그 후 그들은 지도자에게 가서 자기들의 비참함을 알고 있다면서, 자기들에게 일어난 모든 일과 자기들이 마땅히 감당해야 할 것에 대해 말합니다. 그런데 약한 모습에서 벗어나거나 이런 상처에서 구원받는 일에 아무것도 할 수 없다고 합니다. 그러나 그(지도자)는 원하는 것을 하나님과 함께 성취할 수 있습니다. 그래서 그는 이들 고통받는 영혼들을 위해 '기

도합니다.' 그러자 하나님이 그에게 그들의 상처를 치료하는 방법을 가르쳐 주십니다.

8. 여호와께서 모세에게 이르시되 불뱀을 만들어 장대 위에 매달아라 물린 자마다 그것을 보면 살리라

하나님은 놋뱀을 만들라고 명령하십니다. 이런 재난은 그 자체에서 해결책을 찾아야 하기 때문입니다. 이 뱀은 불처럼 빛나는 놋으로 만들었는데, 이스라엘 자손들에게 치명적인 상처를 입힌 불뱀을 닮았습니다. 영혼은 자기의 무력함을 보고 그 길에 대해 무슨 말을 들었는지 기억해내면서, 자기 자신에 대해 죽게 됩니다. 그리하여 그 길의 억울함과 무료함에서 대대적으로 벗어나게 됩니다. 이것이 영혼의 죽음을 크게 앞당깁니다. 약한 모습에 비방이 따르지 않으면, 조금 더 쉽게 통과하지만, 비방이 우리가 견디고 있는 끔직한 상황에 대한 기억을 일깨우면, 고통이 되살아나서 견딜 수 없게 됩니다.

하나님의 명령으로 높이 들린 '뱀을 보는 것'이 그분의 뜻입니다. 영혼이 이 뱀을 보면, 예수님이 겪으신 것과도 연합되기에 고통이 사라지고 '살게' 됩니다. 그런데 하나님은 갑작스럽게 섬광처럼 지나가는 믿음의 빛으로 십자가에 못 박혀 고난당하는 아들의 모습을 간결하게 보여 주시는 경우가 있습니다. 또 영혼의 중심에 십자가 사랑을 일깨워 주셔서 생명을 회복시켜 주시는 경우도 있습니다. 누구든지 이런 경험이 있는 사람은 그것이 진실되고 아름답다고, 겉보기에는 전혀 상관없는 것처럼 보여도 이런 비유들로 묘사된 것처럼 실제로 영혼들 안에서 경험된다고 고백

할 것입니다.

33. …바산 왕 옥이 그의 백성을 다 거느리고 나와서 그들을 맞아 에드레 이에서 싸우려 하는지라

34. 여호와께서 모세에게 이르시되 그들을 두려워하지 말라 내가 그와 그의 백성과 그의 땅을 네 손에 넘겼나니…

35. 이에 그와 그의 아들들과 그의 백성을 다 쳐서 한 사람도 남기지 아니하고 그의 땅을 점령하였더라

하나님은 귀신인 옥과 '그의 모든 백성'을 이 영혼들에게 넘겨주십니다. 그들이 옥의 지배를 받는 것이 아니라 오히려 그를 다스리게 하십니다. 그러므로 그들은 지옥 전체가 그들에게 맞서 무장하더라도 두려워하지 않을 것입니다. 그를 점령할 능력이 있다고 믿어서가 아닙니다. 그들은 그런 생각은 하지 않습니다. 다만 그들을 위해 그를 몰아내신 분이 우리 주님이시기에, 그분 안에서 승리했다고 생각합니다. 그리하여 이제는 스스로 아무 노력도 하지 않았는데 심지어 등을 보이며 달아나는 이 적들에게서 벗어났음을 깨닫게 됩니다. 이 영혼들은 말 한마디로, 다가가는 것만으로 마귀를 쫓아내는데, 주께서 그들의 손에 넘겨주셨기 때문입니다.

22장

5. 그가 사신을 브올의 아들 발람의 고향인 강가 브돌에 보내어 발람을 부르게 하여 이르되…
6. 우리보다 강하니 청하건대 와서 나를 위하여 이 백성을 저주하라…
12. 하나님이 발람에게 이르시되 너는 그들과 함께 가지도 말고 그 백성을 저주하지도 말라 그들은 복을 받은 자들이니라

사람들이 선지자, 즉 하나님을 대신하는 자들에게 내적 백성들을 대적하는 말을 하게 하려는 것은 오늘의 일이 아닙니다. 그리고 이런 사람들 가운데 설득되어 넘어갈 정도로 나약한 자들이 있는 경우가 상당히 많습니다. 그러나 모든 것의 주인이신 하나님은 그것을 막는 법을 잘 알고 계십니다. 이런 내적 백성들은 다른 어떤 민족들보다 강합니다. 무기나 방어력이 아니라 하나님이 그들의 힘이시기 때문입니다.

28. 여호와께서 나귀 입을 여시니 발람에게 이르되…

사람이 내적 백성들에게 비열한 짓을 하려고 마음먹어도, 그것을 실행하려는 순간 하나님은 정반대로 되라고 말씀하십니다.

31. 그때에 여호와께서 발람의 눈을 밝히시매 여호와의 사자가 손에 칼을

빼들고 길에 선 것을 그가 보고 머리를 숙이고 엎드리니

그때 동물적이고 외적인 부분은 영혼에게 원하는 대로 행할 수 없다는 것을 깨닫습니다. 그로 인해 영혼의 눈이 밝아져 자신이 노출되어 있는 위험을 보게 됩니다. 그래서 자신이 결심했던 바에 정반대로 행할 수밖에 없게 됩니다.

23장

7. 발람이 예언을 전하여 말하되…

8. 하나님이 저주하지 않으신 자를 내가 어찌 저주하며 여호와께서 꾸짖지 않으신 자를 내가 어찌 꾸짖으랴

자기 잘못으로 깨달음을 얻은 자들은 이렇게 말합니다. 마치 발람이 나중에 자기가 넘어져서 눈이 열렸다고 말한 것처럼 말입니다. 그 후 그들은 대범해져서 하나님이 명령하신 그대로, 저주하려던 대상을 축복하면서, 진리를 위해 자신의 생명을 내어놓게 됩니다.

9. …이 백성은 홀로 살 것이라 그를 여러 민족 중의 하나로 여기지 않으리로다

그들은 세상 속에 있지만, 항상 '홀로 살 것입니다.' 그들의 마음이 세상과 분리되어 항상 하나님과 함께하기 때문입니다. 그러므로 그들은 세상 사람이 아니기에 여러 민족 중의 하나로 여겨지지 않습니다. 다만 하나님이 택하신 백성으로 오직 그분을 위해 예비된 자들입니다.

10. 야곱의 티끌을 누가 능히 세며 이스라엘 사분의 일을 누가 능히 셀고 나는 의인의 죽음을 죽기 원하며 나의 종말이 그와 같기를 바라노라 하매

죄 가운데 진리 안에 세워진 이 사람은 내적 백성의 유익에 대해 잘 알고 있습니다. 그는 일탈했다가 돌아온 영혼의 유익을 그의 화법으로 잘 표현하고 있습니다. 또한 자신이 괴롭히려던 저들을 진심으로 높여 주고 있습니다. 그는 "야곱의 티끌을 누가 능히 세겠는가?"라고 하는데, 야곱에게 약속된 셀 수 없는 무리 때문에 동일하게 티끌에 비유하는 것입니다.

그런데 이것은 또한 이 백성이 견뎌야 하는 굴욕을 의미합니다. 그들은 보기에는 '띠끌'에 불과하겠지만, 셀 수 없는 띠끌이 되어 하나님의 백성들을 이루게 될 것입니다. 하나님이 그들에게 베풀어 주시는 모든 가치와 은혜를 '누가 헤아릴(셀) 수 있겠습니까?'

그들은 이제 낮아지는 만큼 영광 안에서 훨씬 더 높임 받게 될 것입니다. 그러니 그들에게는 죽는 것이 너무나 큰 행복일 것입니다! 오 나는 '의인의 죽음을 죽기 원합니다!' 이것은 아무것도 두려워하지 않는 죽음입니다. 그들이 하나님의 의로 의롭기 때문에, 그분이 자기 안에 두신 것을 자기 것으로 여길 수 없습니다. 다만 모든 것을 버리고, 오직 하나님 안에서 바라볼 뿐입니다. 이사야는 "우리의 의는 다 더러운 옷 같다"고 분명하게 말했습니다. 인간의 모든 의는 하나님 앞에서 더러운 것에 불과합니다.

'오, 나의 종말이 그와 같기를 바라나이다!' 아, 나도 그들처럼 모든 자기 의를 벗어 버리고 오직 하나님의 의만 얻기를 바라나이다! 그러면 모든 의가 제거되어 사람이 그 목적지에 이르는 모습을 보면서 나의 죽음이 그들과 같아질 것입니다.

19. 하나님은 사람이 아니시니 거짓말을 하지 않으시고 인생이 아니시니 후회가 없으시도다 어찌 그 말씀하신 바를 행하지 않으시며 하신 말

씀을 실행하지 않으시랴

20. 내가 축복할 것을 받았으니 그가 주신 복을 내가 돌이키지 않으리라

앞서 한 이야기에 이 말을 덧붙이면서 사람의 의가 얼마나 다양하게 변화될 수 있는지 보여 줍니다. 그러나 하나님의 의는 그렇지 않습니다. 그분은 거짓말을 하실 수 없습니다. 그러므로 하나님이 그분의 의를 입혀 주신 자들은 결코 저주 받을 수 없습니다. 그것은 하나님이 그분의 것을 저주하시는 것이기 때문입니다. 하나님의 저주를 받으려면, 먼저 그분의 의를 상실해야 합니다. 본질적 특성을 되찾아야 합니다. 그런 게 아니라면, 그들은 축복 안에서 확고히 머물게 됩니다.

21. 야곱에게는 우상이 없고, 이스라엘에게는 새긴 상이 없도다(야곱의 허물을 보지 아니하시며 이스라엘의 반역을 보지 아니하시는도다) 여호와 그들의 하나님이 그들과 함께 계시니 왕의 승리를 외치는(왕을 부르는) 소리가 그중에 있도다

'우상'(허물)을 통해 내적 백성들에게서 제거된 본질적 특성을 이해하게 됩니다. '새긴 상'은 진리의 옷으로 가장한 거짓입니다. 따라서 이 내적 백성에게서 본질적 특성이 제거되는 만큼 거짓과 이중성이 제거됩니다. 자기 자신에 대한 사랑은 거짓을 낳지만, 순전한 사랑은 진리의 어머니입니다. 그래서 이 순전한 백성들에게는 본질적 특성이나 거짓이 없습니다. 그리하여 '여호와 그들의 하나님'이 그들과 함께 계십니다. 그분은

더 이상 본질적 특성이 없는 영혼과 떨어지실 수 없습니다. 영혼이 자신의 본질적 특성을 버림으로 생겨난 빈 공간을 하나님이 친히 채우시기 때문입니다.

그래서 '왕의 승리를 외치는(왕을 부르는) 소리'가 그들 안에서 울려 퍼집니다. 더 이상 자기 자신은 존재하지 않고 오직 하나님만 그들 가운데 계시는데, 그분은 아무도 거역할 수 없는 최고의 왕이십니다. 그래서 왕을 부르는 소리가 그들 안에서 들리게 되는 것입니다. 보십시오. 이것은 왕의 승리이지 백성의 승리가 아닙니다. 그러므로 왕은 이 백성과 떨어져 계신 것이 아니라, 그들 가운데 계십니다.

아, 너무나도 아름다운 변화입니다! 사람이 자기 힘으로 일하고 싸울 수 있다면, 그 승리는 그의 공로입니다. 하나님은 앞서 가시면서 그를 위해 싸우시겠다고, 선두에서 행하시겠다고 하셨습니다. 이때까지는 능력과 기능만 연합된 상태입니다. 여전히 하나님이 친히 물리쳐 주시는 적들이 남아 있고, 영혼은 하나님의 역사에 순순히 따릅니다.

그런데 여기서 왕의 승리를 외치는 소리가 영혼 안에서 지속적으로 들립니다. 하나님이 영혼의 중심을 차지하셨기에 승리하신 왕이고, 그 중심은 왕의 승리를 끊임없이 찬양합니다. 더는 계속할 싸움이 없기에 심지어 그 노래가 큰 소리로 울려 퍼지게 합니다. 아직 기능과 능력으로만 연합되어 있으면, 하나님이 선두에서 군대를 이끌며 승리하셔도, 영혼은 항상 어떤 대가를 치릅니다. 그래서 어느 정도 상처가 있어야 승리를 얻게 됩니다. 그러나 여기서는 그렇지 않습니다. 전쟁 없이 승리합니다. 그리고 이 영혼 안에 하나님의 주권이 견고히 자리잡고 있기에 그 승리가 확고하고 영원합니다.

23. 야곱을 해할 점술이 없고 이스라엘을 해할 복술이 없도다 이때에 야곱과 이스라엘에 대하여 논할진대 하나님께서 행하신 일이 어찌 그리 크냐 하리로다

'복술과 점술'을 행하는 자들은 아직 자기 자신을 소유하고 있기에 훨씬 열등한 빛의 단계에 있는 자들을 나타냅니다. 오, 그것은 믿음과 온전한 자기 포기의 단계에서 너무나도 멀리 떨어져 있습니다! 동일한 믿음의 날 가운데 또는 영원 가운데서 그것을 깨닫게 될 때, (믿음과 자기 포기의 길로 인도 받은) 이 백성은 하나님이 그들 안에서 '행하신' 기적에 경탄하며 말할 것입니다. 그것은 마치 지혜서에서 의로운 자들이 충만한 영광으로 구원받는 것을 본 악한 자들이 크게 놀라고 두려워하며 괴로워하다가 속으로 "우리가 미쳤구나!" 하는 것과 같습니다. 그들의 삶은 어리석어 보였고, 그들의 죽음은 수치스러워 보였습니다. 그러나 그들이 하나님의 자녀로 들어 올려져 거룩한 자들과 그 몫을 함께하는 것을 보십시오.

24a. 이 백성이 암사자같이 일어나고 수사자같이 일어나서

자기를 다시 맡겨 드린 이 백성은 '암사같이 그리고 수사자같이' 담대하게 일어납니다. 그들은 믿음과 내적인 단계로 이동하며 높이 올라갑니다. 그것이 그들이 다다를 수 있는 가장 높은 위치에 계신 하나님 위에 세워졌기 때문입니다. 그들은 승리를 확신하며 아무것도 두려워하지 않

습니다. 그들의 모든 힘이 사자, 그것도 유다 지파의 사자 안에 있기 때문입니다. 그분과 하나가 되었기에 그들은 그분처럼 하나님의 능력을 입고 일어납니다.

24b. 움킨 것을 먹으며 죽인 피를 마시기 전에는 눕지 아니하리로다 하매

'그는 움킨 것을 먹기까지', 다시 말해 그가 마주하게 될 모든 고통과 장애물들을 삼켜 버리기 전까지는 죽어서 또는 무력함 때문에 '눕지 않을' 것입니다. 영혼이 신령한 삶에 성숙되어 많은 것들과 자기 힘의 속성을 벗어 버렸어도, 여전히 또 다른 본질적 특성이 남아 있습니다. 하나님의 힘을 자기의 것으로 여기는 것인데, 흔히 있는 일입니다. 우리는 우리의 힘을 빼앗긴 것을 알지만, 여전히 하나님 안에서 강하다는 것을 깨닫습니다. 그래서 우리의 무가치함을 깨닫고 자기에게는 아무것도 기대하지 않기에 빈 공간을 하나님으로 채워야 한다는 이해하기 어려운 갈망에 사로잡혀 그분께 많은 것을 구하게 됩니다. 그러나 철저하게 소멸되어 자기가 더 이상 존재하지 않는 사람에게는 자기 자신은 물론, 하나님의 힘도 없습니다. 다만 하나님만 강하고 위대하시며 모든 것이 되십니다. 이것이 훨씬 더 성숙된 단계입니다.

이제 이 영혼은 부활하여 다시 일으켜져서 하나님의 능력을 덧입었기에 더는 죄로 인해 '눕지 않을' 것이며 '움킨 것을 먹기'까지는 죽지도 않을 것입니다. 즉 하나님의 능력을 얻기 위해 그분의 능력으로 차례대로 통과해야 하는 단계들 가운데 계속 겪게 되는 것들을 먹어치우기 전까지는 죽지 않을 것입니다. 더 이상 얻을 승리가 없습니다. 먹고 삼켜야 할 것들

만 있습니다. 그것은 더는 파괴해야 할 것이 아닙니다. 우리 안으로 들어와 반드시 삼켜져야 하는 것입니다.

우리는 피를 마지막 한 방울까지 남김없이 마셔야 합니다. 아! 사람이 그 의미를 표현할 수 있다면! 그러나 그것을 이해할 수 없습니다. 나는 이 단계에 있는 영혼들이 몸을 사리지 않기를, 그리고 무슨 일이 있어도 물러나거나 자기 자신을 되찾지 않기를 기도합니다. 피를 마시는 것처럼 무섭고 끔찍해 보이는 일이라도 모두 하나님의 뜻을 완수해야 합니다. 그러면 예수 그리스도를 본받아 "거룩하신 아버지여, 아버지께서 맡기신 일을 내가 이루었나이다"라고 하게 될 것입니다. 그러므로 이들이 이런 것들을 먹고 마실수록, 하나님이 그들을 그분 안에서 삼키고 먹어 치우실 것입니다.

하나님께 삼켜져 변화된 상태로 그분의 일부가 되기 전에, 반드시 그분의 모든 뜻을 먹어 치우고, 기꺼이 모든 쓴잔을 마셔야 합니다. 하나님이 우리를 먹어 치우시기 전에, 그분의 뜻이 온전히 우리의 일부가 되어 (먹고 마시는 것이 우리의 체질로 변화되는 것처럼) 당연하고 자연스러운 것이 되어야 합니다. 하나님이 먹어치우신다는 것은 영혼을 그분 안으로 받아들이신다는 의미입니다. 마치 먹은 것이 소화되는 것처럼, 영혼이 그분 안으로 들어가 하나되면서 자기 소멸이 마무리됩니다. 그러므로 이렇게 삼켜져서 소화되어 철저하게 자기가 소멸된 영혼은, 하나님으로 완전히 변화되어 그 본질로 들어가는데, 거기서 영원히 사라져 그분 안에 거합니다. 그리하여 전에 말한 바(16:3)와 같이 본질적으로 온전한 연합체이신 삼위일체 하나님만 남아 그 안에서 내외적으로 역사하시게 됩니다.

24장

1. 발람이 자기가 이스라엘을 축복하는 것을 여호와께서 선히 여기심을 보고 전과 같이 점술을 쓰지 아니하고 그의 낯을 광야로 향하여
2. 눈을 들어 이스라엘이 그 지파대로 천막 친 것을 보는데 그때에 하나님의 영이 그 위에 (격렬하게) 임하신지라

수동적인 길의 유익을 깨닫고 이미 그 길에 있는 사람들은 한동안은 계속 '징조들', 즉 눈에 띄는 빛들을 구합니다. 그들은 마치 미래에 대한 어떤 지식을 원하는 것처럼 보입니다. 그러나 하나님의 가장 충만한 복은 믿음으로 행하는 사람들을 위한 것임을 이해하게 되면, 더 이상 이런 빛들을 구하지 않고 스스로 믿음의 '광야로 향하게' 됩니다. 사실 은혜를 힘입어 자아의 광야로 향할 수는 있습니다. 그러나 하나님이 인도해 주시지 않으면 우리는 그 안으로 들어갈 수 없습니다. 하나님의 뜻이라면 들여보내 달라고 자아를 하나님께 내어 드려야만 자아를 광야로 향하게 할 수 있습니다. 그리하여 헐벗음과 자기 포기 가운데 있으려고 하나님이 기뻐하시는 일을 하시기를 기다리며 애써 손에 넣은 모든 빛들을 버리는 것입니다.

바로 그때 이 영혼의 눈이 열려 헐벗은 채 적나라한 믿음의 광야에 있는 믿음의 백성의 모습을 보게 됩니다. 그들은 자기 장막(천막)에서, 즉 이렇게 믿음이 드러난 상태로 쉬고 있습니다. 장막 안에 있는 것과 거기서

안식하는 것은 크게 다릅니다. 믿음의 광야로 인도받을 때, 우리는 장막 안에 있게 됩니다. 그러나 바로 그 믿음이 크게 성숙될 때에만 거기서 쉬게 됩니다. 그리하여 그곳에서 편히 거하며 만족을 얻습니다.

그래서 이 백성은 '지파대로', 즉 각자의 단계에 따라 자기의 장막 안에서 쉬었습니다. 여러 단계들로 이루어진 상태가 없는 것으로 보아 하나님의 계획과 그들의 신실함에 따라, 더 성숙된 자들도 있고 덜한 자들도 있었습니다. 같은 길을 걷는 많은 영혼들 가운데 다른 이들보다 훨씬 더 성숙된 자들이 있는 것은 분명하기 때문입니다.

여기서 발람이라는 인물로 묘사된 내적 백성이 믿음의 길에 들어서기 위해 자신을 포기하고 선명하게 인식할 수 있는 모든 빛들을 버리자, 즉시 하나님의 영이 격렬하게 임하셨습니다. 즉, 자연적으로 습득한 빛과 초자연적 지식들을 추구하던 것을 모두 박탈당하고 기꺼이 자신을 내어드리려 하는 이 영혼을 이끌어 주시려고 하나님의 영이 맹렬히 임하셨습니다. 그 순간부터 하나님의 영이 영혼을 사로잡으셔서 유일한 주체자가 되십니다.

4. 하나님의 말씀을 듣는 자, 전능자의 환상을 보는 자, 엎드려서 눈을 뜬 자가 말하기를

사람은 자기의 빛을 벗고 하나님의 영을 입자마자 진리 안에 있게 됩니다. 그러므로 바로 그때가 '하나님의 말씀을 들을' 수 있는 상태입니다. 하나님의 말씀은 피조물에게서 모든 것을 빼앗아 그분께 돌려 드리는 진리의 말씀입니다. 그 후 그는 또한 '전능자의 환상'을 보게 됩니다. 그는 환상 가운데 전능자를 보았다고 하지 않고, 전능자의 환상을 보았다고 말합니다. 이것은 환상보다 높은 차원이며, 하나님 안에서 능력이 나오는 것을 보는 것보다 훨씬 높은 단계입니다. 그런데 그는 '전능자의 환상'을 보았습니다. 이것은 하나님이 보시는 것처럼 그분의 진리 안에서 상황을 보았다는 의미입니다. 그분은 자신의 탁월함과 능력을, 그리고 피조물의 한없는 나약함을 아십니다. 결국 그는 어렴풋이 하나님이 모든 것 되심과 피조물의 무가치함을 깨닫습니다.

본문은 또한 그가 '엎드려서 눈을 뜨고 있다'고 말합니다. 아, 선한 것들을 많이 맺는 행복한 넘어짐입니다. 그것은 영혼들을 교만에서 벗어나게 하기에 그들의 눈을 열어 자기들의 나약함과 하나님의 강하심을 보게 합니다!

5. 야곱이여 네 장막들이, 이스라엘이여 네 거처들이 어찌 그리 아름다운고

그는 계속해서 자신이 얼마나 진리에 눈떴는지 보여 줍니다. "야곱이여 네 거처들이 어찌 그리 아름다운고." 그는 마치 이렇게 말하는 것 같습니다. "(야곱으로 표현된) 오 온전한 자기 포기여, 네 거처가 얼마나 사랑스러운지!" 이 거처, 곧 장막들은 바로 철저한 빈곤과 결핍, 즉 자기 포기 안에서 안식하는 것이기 때문입니다. 오, 그것을 아는 자들에게 이러한 결핍의 상태는 너무나도 아름다운 것입니다!

우리가 반드시 통과해야 하는 극심한 시련 가운데 중요한 것은, 자기 포기에서 벗어나지 않는 것이 아닙니다. 이런 일들이 벌어질 때, 이렇게 자기를 포기하며 안식하는 것이, 거기서 벗어나지 않는 것이 하나님을 기쁘

게 해 드리는 것입니다. 이것은 하나님의 종들에게 알맞은 것입니다. 안식 가운데 있기는커녕 오히려 의심하고 염려하면서 깊은 슬픔에 빠져 자기 포기 가운데 머물러 있을 가능성이 크기 때문입니다. 하지만 자기 포기 자체에 머물러 있는 것은 물론 그 가운데 안식하며 있는 것도 보기 드문 온전함입니다.

그러나 야곱의 장막이 그토록 아름답다 하여 '이스라엘의 장막(거처)'이 그보다 못하다는 것은 아닙니다. 앞서 이야기했듯이 '이스라엘'은 하나님의 능력입니다. 다름 아닌 우리의 연약함을 경험하게 되면서 우리의 모든 힘을 상실하는 것, 그렇게 하여 하나님의 능력으로 들어가는 것은 아름다운 일입니다! 그러나 우리의 모든 나약함 가운데 이 능력으로 안식하며 거하는 것은 훨씬 더 아름다운 일입니다. 영혼은 자신의 비참함을 보면서 하나님만이 강한 분이라는 것을 더욱 깨닫게 됩니다. 이것은 아름다운 일입니다. 그러나 오직 하나님만 강하시다는 사실에 만족하며 모든 능력을 빼앗기고 완전히 연약한 모습으로 있는 것, 자신의 연약한 모습을 보고 그것을 제거하려고 안식에서 벗어나지 않는 것, 그렇게 하여 자신의 한없는 연약함으로 하나님의 무한한 능력을 영화롭게 하는 것, 이것은 칭찬받아 마땅합니다.

6. 그 벌어짐이 골짜기같고 강가의 동산같으며 여호와께서 심으신 장막(침향목)들같고 물가의 백향목들같도다

또 그는 이 영혼들을 '골짜기'에 비유하는데, 그들의 자아가 소멸되었기 때문입니다. 그런데 그들이 자기 자신을 비울수록 하나님이 그분의 고

귀한 것들로 채워 주시기에 그 골짜기는 펼쳐져(벌어져) 있습니다. 하나님의 은혜의 강물을 공급 받는 아내(the Spouse)의 '동산' 같습니다. 그들은 강가에 있는데, 유일한 근원이자 공급처이신 하나님과 가깝기 때문입니다. 그들은 안식을 누리고 있기에 '장막(침향목)'과 같습니다. 그러나 '주께서 세우신' 장막입니다. 이것은 하나님이 친히 만드셨고 지속적으로 만드시는 안식이요, 무엇보다도 오직 하나님 안에서만 얻는 안식이기 때문입니다. 그러므로 이것은 더 이상 쉽게 변하는 것을 의지하지 않고, 오직 하나님의 변함없는 속성으로 확고해져서 변하지 않습니다. 오직 하나님만이 목적인 그들의 곧은 마음과 순전함의 향기 때문에 그들은 한마디로 백향목 같습니다. 완벽하게 곧고 기분 좋은 향이 백향목의 특징이기 때문입니다. 그리고 그들은 '물가에 심겨져' 있는데, 솔직함과 순전함에는 항상 온유하고 신선해서 기분 좋은 기운이 있기 때문입니다.

7. 그 물통에서는 물이 넘치겠고 그 씨는 많은 물가에 있으리로다 …

근원에서 공급받아 가득 채워질 이 영혼의 '저수지'에서 차고 넘치는 은혜가 열등한 다른 이들에게 흘러가서 마치 물을 대주듯 힘이 되어 줄 것입니다. 그리고 '그 씨', 하나님이 그에게 주실 은혜의 자녀들은 많은 물처럼 퍼져 나가서 수많은 지류를 이루며 이 땅에서 수많은 선을 성취하게 될 것입니다.

8. 하나님이 그를 애굽에서 인도하여 내셨으니 그 힘이 들소와 같도다 그의 적국을 삼키고 그들의 뼈를 꺾으며 화살로 쏘아 꿰뚫으리로다

'애굽에서 인도하여 내셨다는 것'은 세속적인 땅을 강력하게 다스리고 있는 본질적 특성에서 해방되었다는 의미입니다. '들소'는 시편에서 "우리가 주를 의지하여 우리 대적을 누르고 우리를 치러 일어나는 자를 주의 이름으로 밟으리이다"(시 44:5)라고 말씀한 것처럼, 하나님의 힘을 상징합니다.

하나님은 이 영혼에게서 모든 본질적 특성을 제거하시고 친히 그 안에 거하시면서, 그를 상하게 하거나, 최종 목적지에 이르지 못하게 방해하는 것들을 능력으로 모두 소멸하십니다. '그들의 뼈를 꺾는 것'은 (영혼의 가장 위험한 적인) 자기애를 깨뜨리는 것입니다. 그리고 '화살'로 적들을 '꿰뚫는다는 것'은, 심지어 가장 학대 받을 때조차 그들을 향해 아낌없이 사랑을 베푸는 것입니다. 영혼이 악을 더 큰 선으로 돌려주는 만큼, 적들은 더 큰 수치를 당하게 됩니다. 이것은 "어린 자녀들의 화살이 그들의 상처가 되었으니, 그 혀의 악독이 자기들을 대적했다"고 기록된 바와 같이, 오직 선행의 빛으로 그들을 꿰뚫는 것입니다.

9. 꿇어앉고 누움이 수사자와 같고 암사자와도 같으니 일으킬 자 누구이랴

바로 그때 영혼은 안식하며 '수사자같이' 그리고 '암사자같이' 눕습니다. 하나님의 능력으로 안식 안에서 자리잡습니다. 그리고 영원히 거기 거하며 다시는 나오지 않습니다. 그곳에 완전히 자리잡으면, 귀신이나 사람이나 죄나 어떠한 피조물도 '오직 하나님 안에서 안식하고 있는 그를 감히 깨우지' 못하기 때문입니다.

16. …엎드려서 눈을 뜬 자가 말하기를

17. 내가 그를 보아도 이때의 일이 아니며 내가 그를 바라보아도 가까운 일이 아니로다 한 별이 야곱에게서 나오며 한 규가 이스라엘에게서 일어나서 모압을 이쪽에서 저쪽까지 쳐서 무찌르고 또 셋의 자식들을 다 멸하리로다

'엎드려서 눈을 떴다'는 이 사람은 내적 백성들에게 일어날 먼 일을 보고 있다고 고백합니다. 이해할 수 없는 단계들을 통과해야만 그들의 온전함이 이루어질 것이기에, 오직 하나님 안에서만 그것을 알 수 있기 때문입니다. 쉽게 말해 지금은 그것을 깨닫는 때가 아닙니다. 자기 자신에 대해 죽는 때가 이를 것인데, 그때 그것을 보게 될 것입니다.

이렇게 자기를 포기하여 하나님이 원하시는 위치로 옮겨지면, '야곱의 별이 떠오를 것입니다.' 앞서 언급한 바와 같이 이것은 하나님이 선포하신 말씀으로, 영혼이 하나님 안에서 변화되면서 말씀(word)을 낳습니다.

그리고 '한 규가 이스라엘에게서 일어날 것입니다.' 이것은 하나님의 강하고 절대적인 권능입니다. 이것이 영혼들 안에서 예수 그리스도가 열매 맺지 못하게 가로막는 모든 것을 파쇄할 것입니다.' 규요, 별이요, 선포된 말씀(speech)이요, 말씀(word)이요, 고치는 분이요, 모든 반대 세력을 파쇄하시는 바로 이 예수 그리스도께서 이 일을 행하실 것입니다. 또 그분은 피조물의 능력을 의지하는 모든 것을 뒤엎고 파괴하실 것입니다. 그리하여 오직 하나님의 힘만이 확고하게 보존되고, 모든 것을 이룬 그 말씀을 통해 영혼들 가운데서 지속될 것입니다.

23. …슬프다 하나님이 이 일을 행하시리니 그때에 살 자가 누구이랴
24. 깃딤 해변에서 배들이 와서 앗수르를 학대하며 에벨을 괴롭힐 것이나
그도 멸망하리로다 하고

이 사람은 이러한 내적 기적들이 자기에게서 여전히 먼 일이라는 것을 깨닫습니다. 그래서 그 일이 하나님의 능력으로 자기 안에서 이루어지는 모습을 보려면 생명을 걸어야 한다는 것을 알고 슬퍼하며 탄식합니다. 오, 그는 말합니다. '아직도 자아의 호흡, 그 생명이 남아 있는데, 영혼들 가운데 말씀을 선포하여 열매를 맺는 하나님의 역사를 볼 자가 누구인가?' 이것은 완전히 불가능한 일입니다. 오직 하나님의 통치만 남게 하려면, 여호와의 히브리인들('에벨'), 곧 가장 거룩한 영혼들도 결국 멸망해야 하기 때문입니다.

25장

1. 이스라엘이 싯딤에 머물러 있더니 그 백성이 모압 여자들과 음행하기를 시작하니라
2. 그 여자들이 자기 신들에게 제사할 때에 이스라엘 백성을 청하매 백성이 먹고 그들의 신들에게 절하므로

가장 성숙된 영혼들이 하나님 안에 영원히 거하기까지는 언제라도 죄를 범할 수 있다는 것은 이상한 일입니다. 이처럼 거룩한 영혼들 사이에서 여전히 우상숭배로 돌아갈 정도로 비겁한 자들이 발견됩니다. 앞서 말했듯이, 우상숭배는 그들이 범하는 (거짓과 더불어) 유일한 죄입니다. 그러나 주목할 것은 이 일이 단지 이방인들과의 교류 때문에, 즉 다양화된 사람들은 물론, 사악한 자들과 거리낌없이 어울리면서 벌어졌고 그들을 같은 길로 이끌었다는 사실입니다.

4. 여호와께서 모세에게 이르시되 백성의 수령들을 잡아 태양을 향하여 여호와 앞에 목매어 달라 그리하면 여호와의 진노가 이스라엘에게서 떠나리라

이것이 자발적으로 범한 죄이기에 하나님은 '모든 수령들'에게 벌을 받게 하십니다. 다름 아닌 상위 영역이 벌을 받아야 하기 때문입니다. 상

위 영역은 반드시 '교수형'에 처해야 합니다. 하나님은 그를 즐거이 받지 않으십니다. 그가 이미 자기 땅에서 나왔지만 의심과 불신으로 자기 자신을 되찾은 뒤 하늘과 땅 사이에 '매달려' 있기 때문입니다. 하나님이 거기서 안식하는 것을 허락하지 않으시기에 그는 이 땅에 그를 붙들어 주는 것이 아무것도 없다는 사실을 깨닫게 됩니다. 더욱이 그에게 안식과 평화의 처소였던 천국에 접근할 수 없습니다. 그는 천국과 이 땅 사이에 매달려 있으면서 끔찍한 지옥의 고통을 경험합니다. 그로 인해 영혼은 자기 자신에게서 벗어나게 되는데, 자기를 받아 주신 하나님을 찾지 못해 교수대에 매달려 있는 것처럼 끔찍하게 고통 받다가 숨이 막혀 죽을 듯이 괴로워합니다.

백성의 수령들은 '태양을 향해' 매어 달립니다. 태양은 더 이상 그들에게 자비롭지 않을 것입니다. 그들은 자기의 빛이 눈을 시리도록 아프게 하면서 고통을 가중시킬 뿐이라는 사실을 깨닫게 될 것입니다. 이런 일이 이들 넘어진 자들에게 일어납니다. 그들은 자기들에게 남아 있는 진리의 흔적과 은총을 받았던 기억으로 인해 훨씬 더 고통스러워합니다.

이런 단계에서 자기 자신을 되찾고 본질적 특성을 회복하는 영혼들이 처벌 받는 모습을 보십시오. 앞에서(출 32장) 우상숭배로 처음 벌을 받던 것과는 매우 다릅니다. 이렇게 처벌해야만 하나님의 진노를 가라앉힐 수 있고, 심지어 이 영혼을 더 높은 단계로 들어가게 할 수도 있습니다.

6. …이스라엘 자손 한 사람이 모세와 온 회중의 눈앞에 미디안의 음녀를 (한 여인을) 데리고 그의 형제에게로 온지라

7. 제사장 아론의 손자 엘르아살의 아들 비느하스가 보고 회중 가운데에

서 일어나 손에 창을 들고

8. …이스라엘 남자와 그 여인의 배를 꿰뚫어서 두 사람을 죽이니 염병이 이스라엘 자손에게서 그쳤더라

이런 식으로 타락하는 이유는 자발적 반응으로 자아를 되찾기 위해 하나님과 멀어지려 하기 때문입니다. 성경은 이것을 '간음, 음행'이라 부르는데, 자아를 되찾으려면 하나님에게서 빼앗아 와야 하기 때문입니다. 그리하여 이렇게 본질적 특성을 지닌 나(ME)는 형편없이 썩은 고기이자 사악한 '음녀'요 하나님께 반역하는 자입니다. 그러나 고결한 지도자가 와서 '창'으로 이 죄를 소멸시키면서 영혼을 그의 본질적 특성에서 끄집어 냅니다. 그러자 모든 것이 '그칩니다.' 본질적 특성이 파괴되었기 때문에 이 사람들은 더 이상 그로 인한 고통, 그 강약에 따라 경험하는 고통 같은 것이 없습니다.

10. 여호와께서 모세에게 말씀하여 이르시되

11. 제사장 아론의 손자 엘르아살의 아들 비느하스가 내 질투심으로 질투하여 이스라엘 자손 중에서 내 노를 돌이켜서 내 질투심으로 그들을 소멸하지 않게 하였도다

12. 그러므로 말하라 내가 그에게 내 평화의 언약을 주리니

13. 그와 그의 후손에게 영원한 제사장 직분의 언약이라 그가 그의 하나님을 위하여 질투하여 이스라엘 자손을 속죄하였음이니라

하나님은 백성 가운데서 그들의 형제요 동포에 불과한 몇 사람을 세

우셔서 지도자의 직분을 수행하며 재앙의 이유를 알려 주고 본질적 특성을 제거하게 하시는 경우가 많습니다. 그런데 헛된 열심(질투심)이나 지도자가 되고 싶은 갈망으로 이렇게 하는 것이 아닙니다. 오로지 하나님의 영광을 위해서입니다. 성경은 비느하스에 대해 특별한 방식으로 선언하며 그를 구별합니다. 그래서 전체를 직접적으로 인도하는 은혜를 받을 만한 것입니다. 여호와께서 말씀하셨습니다. "내가 그에게 제사장 직분을 줄 것이다. 다시 말해 그를 지도자요, 사도로 택한다. 왜냐하면 그가 자기 열심이 아니라 나의 열심(질투심)에 감동되었기 때문이다. 그렇게 하여 내가 질투심으로 이스라엘 자손들을 소멸하지 못하게 막았다. 그러므로 비느하스는 내 편에 서서 본질적 특성을 소멸함으로 내 영광을 위해 일한 것이다."

하나님은 고라와 그 일당들을 처벌하셨습니다. 그들이 자기애를 확실하게 보호하려고 자기 영광만을 구하며, 지도자직에 관여하려 했기 때문입니다. 그러나 비느하스는 보상을 받았습니다. 그가 오로지 하나님의 영(spirit)에 감동되어 그분을 위해 자기애를 소멸하려고 손을 대어 바로잡았기 때문입니다.

27장

12. 여호와께서 모세에게 이르시되 너는 이 아바림 산에 올라가서 내가 이스라엘 자손에게 준 땅을 바라보라
13. 본 후에는 네 형 아론이 돌아간 것같이 너도 조상에게로 돌아가리니

하나님은 모세를 이 세상에 한동안 남겨 두셔서 백성들을 광야에서 인도하게 하셨습니다. 그러나 자신의 불의로 인해 백성들이 무사히 그 땅에 정착하는 모습을 보지 못하고 단지 멀리서 약속의 땅을 바라보는 것만 허락되었습니다. 하나님께 충성하지 않았기 때문에 아론뿐만 아니라 그도 죽어야 했고, 지도자의 영(spirit)은 그들을 떠나 다른 사람들에게 부어졌습니다.

15. 모세가 여호와께 여짜와 이르되
16. 여호와, 모든 육체의 생명의 하나님이시여 원하건대 한 사람을 이 회중 위에 세워서
17. …여호와의 회중이 목자 없는 양과 같이 되지 않게 하옵소서

모세는 자기 유익은 생각하지 않고 하나님께 기도합니다. 그는 모든 것에 무관심한데, 백성들을 약속의 땅으로 인도하지 못하고 죽는 것에 완전히 만족합니다. 이런 영혼은 하나님의 뜻을 벗어난 것은 보지 못합니다.

모든 이기심이 제거되어 오로지 주의 영광과 그분의 자녀들을 위한 것만 생각합니다. 그래서 이 백성이 그분 안으로 들어갈 때까지 남은 길을 인도할 하나님의 영(spirit)이 있는 자를 세워 달라고 간구합니다. 그렇게 하지 않으면 이 영혼들이 목자 없는 양같이 유리방황할 것이라고 말합니다.

> 18. 여호와께서 모세에게 이르시되 눈의 아들 여호수아는 그 안에 영이 머무는 자니 너는 데려다가 그에게 안수하고

하나님은 모세에게 지도자의 영을 받을 자를 데리고 가서 백성을 인도하게 하라고 말씀하십니다. 또 일종의 수임식으로 그에게 손을 얹고 안수하게 하시는데, 그를 통해 은혜와 분별에 대해 전해 주고 싶으셨던 것을 알려 주시기 위함이었습니다.

> 19-20. … 그들의 목전에서 그에게 위탁하여 네 존귀를 그에게 돌려 이스라엘 자손의 온 회중을 그에게 복종하게 하라
>
> 22. 모세가 여호와께서 자기에게 명령하신 대로 하여

"너는 그에게 나의 뜻을 다 설명해 준 뒤, 네 존귀와 영광을 물려주어 그가 이끌게 될 온 회중이 청종하게 할 것이라."

모세는 기꺼이 순종하여 권위뿐 아니라 그가 얻었던 영광도 내려놓습니다. 크게 성숙된 많은 영혼들이 자신의 권위는 쉽게 다른 사람에게 위임하지만, 자기들의 통치 가운데 얻은 영광을 다른 사람을 위해 기꺼이 포기하는 모습은 찾아보기 어렵습니다. 만일 후임 지도자들이 큰 성공을 거

두면, 전임 지도자들은 그 공을 자기들의 것으로 여기며 단지 시작이 좋았던 것이 꾸준히 이어진 것으로 여겨 주기를 바랍니다. 그러나 만일 좋지 않은 일이 생기면, 후임자에게 떠넘기며 선임 지도자의 발자취를 잘 따르지 못한 탓이라고 말합니다. 오, 스스로 권위를 벗으면서 그 영광도 벗는 자들이 얼마나 드문지요! 이런 점에서 모세는 가장 신실함으로 모든 믿음의 사람들의 본이 됩니다. 그래서 모세가 '여호와께서 자기에게 명하신 대로 했다'고 하는 것입니다.

DEUTERONOMY

신명기

1장

30. 너희보다 먼저 가시는 너희의 하나님 여호와께서 애굽에서 너희를 위하여 너희 목전에서 모든 일을 행하신 것같이 이제도 너희를 위하여 싸우실 것이며
31. 광야에서도 너희가 당하였거니와 사람이 자기의 아들을 안는 것같이 너희의 하나님 여호와께서 너희가 걸어온 길에서 너희를 안으사 이곳까지 이르게 하셨느니라 하나

영혼이 수동적인(passive) 길에 있는 동안에는 하나님이 그의 인도자가 되어 앞서 가시며 그 뒤를 따라오게 하십니다. 또 이런 단계에서는 하나님이 '그를 위해' 모든 적들과 맞서 '싸우시며' 길을 만드십니다. 하지만 우리는 믿음의 광야에서 그분을 만난 적이 없습니다. 지금 광야에 있거나 그곳을 통과한 모두가 그렇습니다. 그분은 마치 (다정하고 사랑이 넘치는) 아버지가 (속도를 내게 하려고) 어린 자녀들을 안는 것처럼, 영혼을 친히 팔로 안고 가십니다. 영혼이 하나님 안으로 '들어가서' 그분께 받아들여지려면 반드시 통과해야 하는 어둡고 고통스러운 길들이 있습니다. 그런데 이것은 (그들이 하나님의 손에 자기를 온전히 내어 드릴 때) 하나님이 사랑과 자비로 그를 안고 헤쳐 나가신다는 것을 가장 온전히 표현해 주고 있습니다.

또 자기 포기의 다양한 단계에 따라 하나님이 어떻게 보호하고 도우시는지 놀랍게 보여 줍니다. 영혼이 태어나고 있을 뿐인데, 하나님은 마치

멀리 있는 것처럼 그를 부르기 시작하십니다. 그가 애굽에서 벗어날 때까지 하나님의 휘하에 사람을 세워 지시하시면서 이 백성을 인도하십니다. 자기 포기가 더 성숙되면, 하나님이 친히 오셔서 인도자가 되어 주십니다. 백성들이 광야로 들어서자, 여호와께서 구름으로 그들보다 앞서 행하신 것처럼 말입니다. 그러나 자기 포기가 막바지에 이르러 온전해지면, 하나님이 친히 이 사랑스런 백성들을 팔로 안으셔서 참된 약속의 땅, 곧 그분 안으로 안전하고 빠르게 데려가십니다.

그리고 확신과 증거들이 많은 곳일수록 믿음과 자기 포기가 적은 것이 당연하기에, 오히려 믿음과 자기 포기가 더 있어야 한다면 반드시 확신과 증거들이 적어야 합니다. 그래서 자기 포기가 아직 나약하고 온전하지 않을 때, 하나님은 영혼들을 위해 그리 많은 것을 행하지 않으십니다. 그들이 하나님 외에 많은 증거들을 찾기 때문입니다. 그러나 오직 하나님만 신뢰하기 위해 철저하게 모든 것을 떠날수록, 그분은 그들을 더 생소한 길들로 걷게 하십니다. 그리하여 훨씬 더 많은 믿음을 행사하게 하시면서 동시에 더 기적적으로 돌보아 주십니다. 쉽게 말해, 스스로 완전히 길을 잃은 것처럼 여겨질 때, 희망 한 점 없이 광활하고 무시무시한 광야에 있기에 어떤 것도 그들에게 도움이 되지 않는다고, 이해할 수 없는 길들에서는 파멸할 수밖에 없다고 말하는 순간에도, 하나님은 그들을 팔로 안으셔서 빠르고 안전하게 그분 안으로 데려가십니다. 그들이 소망 없는 상황에도 하나님께 소망을 두고, 성공할 것 같지 않아도 그분을 신뢰하는 것을 너무나도 기뻐하시기 때문입니다.

4장

7. 우리 하나님 여호와께서 우리가 그에게 기도할 때마다 우리에게 가까이 하심과 같이 그 신이 가까이함을 얻은 큰 나라가 어디 있느냐

영혼이 이처럼 하나님을 '가까이할' 수 있는 다른 길이 없는 것은 확실합니다. 하나님이 영혼 자신보다도 그 안에 더 많이 거하시기에, 그 단계에 맞는 사랑과 믿음에 대한 단순한 관심으로 그분께 향할 뿐 그는 자기 의견을 피력하려 하지 않습니다.

12. …너희가 그 말소리만 듣고 형상은 보지 못하였느니라

우리는 실제로 하나님의 말씀, 심지어 그 음성까지 '들을' 수 있습니다. 그러나 그분이 어떤 '형상'이나 모양으로 나타나시는 것은 '볼' 수 없습니다. 형상으로 나타나는 것은 무엇이든 하나님일 수 없습니다. 그래서 빛과 환상의 길에 그토록 많은 오류가 있는 것입니다.

이것은 또한 순전한 묵상과 친밀한 연합에 이르려면, 감각적이든 지적이든 모든 모양과 형상을 제거할 필요성이 있다는 것을 보여 줍니다. 인간의 영으로 감지되거나 뚜렷이 인지할 수 있는 것은 영혼을 하나님께 데려갈 만한 것이 아닙니다. 하나님은 그 모든 것보다 훨씬 뛰어나신 분이

기 때문입니다.

15. 여호와께서 호렙 산 불길 중에서 너희에게 말씀하시던 날에 너희가 어떤 형상도 보지 못하였은즉 너희는 깊이 삼가라
16. 그리하여 스스로 부패하여 자기를 위해 어떤 형상대로든지 우상을 새겨 만들지 말라 남자의 형상이든지, 여자의 형상이든지

참된 환상 하나에 수많은 거짓 환상들이 있습니다. 사람의 생각은 많은 것들을 상상해 내는데, 상상력은 지금까지 본 것들과 유사한 형상을 만들어 냅니다. 그러므로 믿음의 길에서 이런 것들을 더 이상 언급하지 않는 것은, 영혼을 더 순결하게 하려고 모든 감각적인 것을 제거하기 때문입니다. 또 이것들은 영혼을 즐겁게 하여 나아가지 못하게 가로막습니다. 그리하여 믿음에 반대되는 감각적이고 눈에 띄는 것에 계속 머물러 있게 합니다.

24. 네 하나님 여호와는 소멸하는 불이시요 질투하시는 하나님이시니라

'하나님은 소멸하는 불이십니다.' 그래서 피조물을 잿더미로 만들지 않고도 그 안에 있는 본질적 특성을 제거하십니다. 하나님이 마음에 들어오실 때, 그 안에 있는 모든 것을 파괴하고 소멸하고 제거하셔야 합니다. 그분은 또한 '질투하시는 하나님'입니다. 오, 백성들이 하나님의 질투가 어떠한지, 아무리 위대하고 거룩한 것이라도 그분과 함께할 다른 존재를

원치 않으신다는 것을 알았다면, 그들은 두려움에 떨었을 것입니다! 하나님은 절대적인 주가 되시기 위해 아무것도 하시지 않는 것이 아닙니다. 그분은 그분이 홀로 계시지 못하게 가로막는 모든 방해물을 파괴하십니다. 하나님은 그게 무엇이든 인정하실 수 없습니다. 선행이나 거룩함도 그분과 함께 있을 수 없습니다. 그분은 그게 무엇이든 질투하십니다. 하나님은 가장 사랑받을 만하고 모든 이들의 신뢰를 받기에 합당하신 분이기에 그만큼 맹렬하게 질투하십니다. 그래서 자신을 '소멸하는 불'이라 부르시며, 그분을 반대하는 모든 것들을 재로 만들어 버리십니다.

28. 너희는 거기서 사람의 손으로 만든 바 보지도 못하며 듣지도 못하며 먹지도 못하며 냄새도 맡지 못하는 목석의 신들을 섬기리라

모세는 백성들에게 공표합니다. 만일 그들이 이 불에 기꺼이 소멸되지 않고 증거와 형상에 의지하여 살아가려 한다면, '사람의 손으로 만든 신들을 섬기게 될 것'이라고 말입니다. 즉 선하고 거룩한 것들을 손에 넣기 위해 행동하며 애쓰는 삶에 매이게 될 것입니다.

29. 그러나 네가 거기서 네 하나님 여호와를 찾게 되리니 만일 마음을 다하고 뜻을 다하여 그를 찾으면 만나리라

그럼에도 불구하고 그는 확실히 말합니다. 그렇게 애쓰다가 하나님이 원하시는 그곳, 곧 그들의 '마음으로 그분을 찾으면, 만날 것'이라고 말입니다. 그런데 그곳은 오직 이 단계에 수반되는 모든 십자가와 고통 사이

에 있을 것입니다. 하지만 가장 달콤하고 아름다운 십자가입니다. 우리는 하나님을 구하되 마음을 다해야 하며, 그렇게 할 때 마음속에서 하나님을 만나게 됩니다.

32. 네가 있기 전 하나님이 사람을 세상에 창조하신 날부터 지금까지 지나간 날을 상고하여 보라 하늘 이 끝에서 저 끝까지 이런 큰 일이 있었느냐 이런 일을 들은 적이 있었느냐
33. 어떤 국민이 불 가운데에서 말씀하시는 하나님의 음성을 너처럼 듣고 생존하였느냐

성경은 내적인 길 외에 다른 길은 없으며 '하나님의 음성을 들은 적이 있는' 자들은 자기를 내어 드린 백성들밖에 없다는 것을 확증해 줍니다. 이 음성은 말씀(Word)으로 '불 가운데에서' 들려옵니다. 그것이 자비와 순전한 사랑의 화로에서 나오기 때문입니다. 오직 영혼만이 이 신성한 불 가운데서 형성된 이 음성(speech)을 들을 수 있는데, 그 불이 마음을 태우면서 거룩한 진리들을 가르치십니다.

35. 이것을 네게 나타내심은 여호와는 하나님이시요 그 외에는 다른 신이 없음을 네게 알게 하려 하심이니라

하나님의 음성을 듣고도 살 수 있는 이 사람들은 누구입니까? 이들은 신비롭게 죽은 뒤 하나님께 다시 들어올려져 되살려진 더 이상 죽지 않는 자들입니다. 그때 그들은 죽지 않고 이 말씀을 들었습니다. 그런데

이전에 그들을 죽게 했던 이 말씀이 이제는 그들에게 생명을 전달합니다. 지금 이 모든 상황이 일어나고 역사하는 이유는 영혼에게 '하나님 외에는 다른 신이 없음'을, 그분을 떠나서는 참된 생명이 없다는 것을 깨닫게 하려는 것입니다.

5장

2. 우리 하나님 여호와께서 호렙 산에서 우리와 언약을 세우셨나니

3. 이 언약은 여호와께서 우리 조상들과 세우신 것이 아니요 오늘 여기 살
아 있는 우리 곧 우리와 세우신 것이라

이 언약은 하나님이 '조상들과 맺으신 것이 아니라', 모세 그리고 이스라엘 백성과 '세우신' 것으로, 하나님의 크신 능력과 놀라운 풍성함을 보여 줍니다. 하나님은 아브라함과 이삭과 야곱을 지극히 큰 은혜와 온전함의 위치에 세우셨고, 그들은 믿음과 사랑의 확실한 증거들까지 보여 드렸지만, 그럼에도 그리 확고한 언약을 받지 못했습니다. 이것이 우리 하나님이 위대하신 이유입니다. 그분은 한 피조물을 그렇게 높여 주실 수 없습니다. 그러나 다른 피조물들에게 여전히 자신을 더 드러내실 수 있습니다. 하나님은 그분의 은혜들을 그들의 공로에 따라 셈하지 않으십니다. 누가 이 존경할 만한 족장들보다 거룩했습니까? 이 이스라엘 백성들은 훨씬 못 미치지 않았습니까?

아, 하나님은 그분의 능력을 더 많이 보여 주시려고, 항상 더 크고 많은 은혜를 남겨 두었다가 의로운 삶을 사는 위대한 성인들보다 죄인들에게 베푸시는 것을 훨씬 기뻐하시는 경우가 많습니다.

4. 여호와께서 산 위 불 가운데에서 너희와 대면하여 말씀하시매

5. 그때에 너희가 불을 두려워하여 산에 오르지 못하므로 내가 여호와와 너희 중간에 서서 여호와의 말씀을 너희에게 전하였노라…

모세가 일종의 조난, 물의 위험에서 구출되어 큰 백성의 지도자가 된 것처럼, 하나님은 죄의 깊은 구덩이에서 끄집어 낸 사람들을 영혼의 훌륭한 지도자로 세우십니다. 하나님이 야곱, 이삭, 아브라함이 아니라, 모세에게 이렇게 특별한 호의를 베푸시고 친밀한 언약을 세우신 데는 또 다른 이유가 있습니다. 이 조상들, 족장들은 단순히 영적인 세대로 부름 받았을 뿐, 목자의 직분을 받은 것은 아니었습니다. 따라서 그들에게는 그토록 친밀한 연합이 필요하지 않았습니다. 내면의 길을 그토록 광범위하게 경험할 필요가 없었습니다.

세 부류의 영혼들이 있는데, 첫 번째는 하나님이 수많은 자녀들을 주시는 이들입니다. 하지만 그리스도인들이 순교자들의 핏속에 있었듯이, 먼 훗날의 일이기에 아직은 씨앗의 형태에 불과한 자녀들입니다. 이들은 하나님이 그분 안에서 성별하신 자들이며, 최대한 늦게 나타나게 되어 있습니다. 그래서 하나님은 그분의 선하심으로 이들에게 수많은 자녀들을 주십니다. 그런데 그들은 이 자녀들에 대해 아는 것이 거의 없습니다.

그리고 예수 그리스도 안에서 낳지 않는데도 지속적으로 설교자의 직분을 수행하며, 하나님이 보내 주시는 이미 형태를 갖춘 영혼들을 돕는 자들이 있습니다. 이들은 이런 영혼들에게 이 계획에 필요한 빛과 지식을 전달하고 할 말을 가르칩니다.

마지막으로 영혼들을 낳고 기르고 모든 길로 인도하여 가장 완전한 단계에 이를 때까지 품게 되어 있는 사람들이 있습니다. 하나님은 이들을 만능 사도들이 되게 하여 낳고 침례를 베풀고 문답식 교육을 하고 우유와 빵을 주고 필요에 따라 약을 먹이며, 모세처럼 믿음의 광야의 여정을 지나 하나님께 인도하게 하십니다.

이 위대한 영혼들에게 하나님은 갑절의 은혜를 부어 주셔야 합니다. 그래서 그들의 잘못이나 부족함을 보지 않으시고 모든 것을 실질적으로 경험하게 하십니다. 그리하여 그들의 빛으로 다른 사람들을 도울 뿐 아니라, 심지어 태에 그들을 품는 실질적인 경험을 하기도 합니다. 태에 한 영혼을 품는다는 것은 그가 겪게 되는 모든 것을 경험해 본다는 말입니다. 그래서 모세는 여호와께 "이 모든 백성을 내가 배었나이까?"(민 11:12)라고 말한 것입니다.

그때 하나님은 이 백성과 가장 특별하고 친밀한 '언약'을 맺으십니다. 왜냐하면 이들이 출산하고 교육하여 완전에 이르도록 품게 되어 있기 때문입니다. 출산은 영혼들을 애굽, 즉 다양성에서 이끌어내면서 성취되고, 교육은 그들을 믿음의 광야로 인도하는 것입니다. 그리고 완전함은 그들을 목적지인 약속의 땅으로 인도합니다. 하나님은 바로 이때 이 영혼들에게 직접 나타나셔서 가장 친밀한 방식으로 자신과 연합하게 하십니다. 다시 말해 그들과 하나되십니다. 즉 본질적으로 하나님과 연합되게 하시면서 동시에 그분의 본질인 진리 안에 두어 다른 사람들을 돕다가 속지 않게 하십니다.

그러나 이렇게 본질적인 연합을 이루셨음에도, 하나님은 이 아버지이자 목자인 자도 계속해서 다른 사람들이 인도받는 길로 행하게 하셔서 결코 예외를 두지 않으십니다. 그리하여 그들은 경험적인 빛으로 아무런 의심이나 주저함도 남지 않게 됩니다. 왜냐하면 사람이 아무리 거룩한 빛으로 깨달음을 얻었을지라도 모든 길을 지나가 보지 않으면, 결코 그게 어떤지 알 수 없기 때문입니다. 사람은 사물이나 상황에 대한 이야기에 속기 쉽고, 말로는 영혼이 경험하는 것을 충분히 나타낼 수 없습니다. 게다가 다른 사람들의 경험은 온전히 이해할 수 없을 뿐만 아니라, 전해 듣는 영혼을 진리 안에 둘 수도 없습니다. 사람마다 다르기에 하나님은 결코 그들이 자기에 대해 전부 알도록 허락하시지 않기 때문입니다. 그래서 그들은 (특히 신비한 단계에서) 자기 자신을 잘 깨닫지 못합니다. 그들의 내면이 거의 가려져서 그것에 대해 할 말이 없습니다.

서로 비슷한 악의를 품고 있는 사람은 그것을 경험해 보지 않고 드러내기만 하는 사람보다, 그것이 어떤지 훨씬 잘 이해할 것입니다. 경험의 빛은 단순히 보기만 하는 것과 완전히 다릅니다. 또한 동일한 불행을 경험해 본 자들이 그에 대한 예방책과 해결책을 제시하고, 그에 대해 들은 것, 그 시작과 과정과 끝을 알려 주는 편이 더 좋습니다. 즉, 현재의 상태도 결정자(arbitrator)이자 중개자(mediators)의 역할을 한다는 것입니다. 결정자는 하나님의 뜻에 속한 것을 명확히 결정하고, 중개자는 영혼을 그들의 최종 목적지까지 인도합니다.

24. 말하되 우리 하나님 여호와께서 그의 영광과 위엄을 우리에게 보이시매 불 가운데에서 나오는 음성을 우리가 들었고 하나님이 사람과 말씀하시되 그 사람이 생존하는 것을 오늘 우리가 보았나이다

하나님은 수동적인 빛의 길에 있는 영혼들에게 '그분의 영광'을 보여 주십니다. 심지어 '말씀도 하시는데', 그들에게 붙어 있는 내적인 불 가운

데에서 그분의 음성이 들립니다. 그러나 이 모든 일은 그들이 생명을 버리면서 일어나게 됩니다. 그들은 이 모든 것을 보고 들었는데도 '여전히 살아 있습니다.' 이런 단계들은 영혼의 죽음을 요구하지 않고, 그가 수용하는 만큼 은혜가 되기 때문입니다.

그러나 그들은 여기에 있기에 내면의 모든 단계들을 통과했다고 생각합니다. 그래서 현재의 빛에 기뻐하며 엄청난 은혜 가운데, 그들이 듣는 죽음의 모든 단계들이 이미 지나갔거나 망상에 불과했다고 확신합니다. 심지어 마음이 상해서 무시무시한 광야와 그들이 들어 본 적 있는 가장 끔찍한 시련을 통과하지 않았는데도 하나님 안으로 들어갔다고 서슴없이 말합니다. 아, 그들은 자신을 크게 속이고 있습니다. 생명을 버리는 정보와 사망을 가져오는 정보는 완전히 다릅니다!

하나님의 첫 번째 '말씀'(speech)과 거기에 수반되는 정보들은 능력과 기능 안에서 역사하는데, 그 뜻 가운데 사랑의 불을 유지시켜서 치명상을 입히는 것이 아니라 '생명'을 번성케 합니다. 그러나 두 번째 말씀(word)은 그 중심에서 들려오며 사망을 가져왔습니다. 그 말씀은 "너희는 주의 길을 준비하라 그가 오실 길을 곧게 하라"고 광야에서 외치는 자의 소리입니다. 이제 은사가 아니라 그분, 곧 하나님이 친히 오실 것이기 때문입니다. 그러므로 그분은 능력으로 오시는 것이 아니라, 본질적인 연합으로 중심에 오셔야 합니다. 이처럼 위대한 단계에 이르기 전에 임하게 될 이 말씀은 죽음의 말씀으로, 영혼이 자기 자신에 대해 철저하게 죽게 해야 합니다. 우리가 천국에 가려면 육신이 죽고 썩어서 마지막 날에 다시 일으켜져야 하는 것처럼, 영혼도 천국, 곧 하나님 안으로 들어가려면 모든 것에 죽어야 합니다.

바로 그때 이 빛 안에서 내적 백성들은 하나님의 첫 번째 말씀이 그들의 생명을 거두어가지 않으셨다고 말하는데, 그들이 그것을 들을 수 있고, 그것으로 '하나님의 영광'을 볼 수 있는데도 살아 있기 때문입니다.

25. 이제 우리가 죽을 까닭이 무엇이니이까 이 큰불이 우리를 삼킬 것이요 만일 우리가 우리 하나님 여호와의 음성을 다시 들으면 죽을 것이라

사랑이 상당한 수준에 이르러 그 불길이 커졌다면, 이 영혼은 반드시 '이 불'이 가장 뜨겁게 타오를 때 죽어야 합니다. 그런데 이 불은 이제 전처럼 태워 없애지 않고도 뜨겁게 할 수 있는 적당한 불이 아닙니다. 모든 것을 소멸시켜야 하기에 엄청나게 큰 불이 되었습니다. 그래서 아무도 이 불을 피할 수 없습니다. 피난처는 없습니다. 반드시 죽어야 합니다. 그러므로 하나님이 뜨겁게 타오르는 두 번째 말씀으로 말씀하시면, 영혼은 (결혼한 사람들은 한 번쯤 느껴 봤을 것입니다) 자신을 녹일 뿐 아니라 죽이고 소멸시키는 불꽃에 죽어야 합니다. 베드로는 이 비유를 상당히 명확하게 표현해 놓았습니다. 그는 "세상 끝 날에 물질이 뜨거운 불에 풀어지고 땅과 그 중에 있는 모든 일이 불에 탈 것이라"(벧후 3:10)고 말합니다. 이 불은 영원이 열리는 날을 위해 사람들을 준비시켜야 합니다.

신생아가 빛을 분별하려면 생명 안에서 성장해야 하지만, 눈을 뜨는 순간부터 낮을 보고 느끼게 됩니다. 그러므로 빛나고 아름답게 하려고 영혼을 낳으면, 눈을 뜨면서부터 그 아름다움을 누리게 됩니다. 그러나 영혼은 성장하고 발전한 후에 비로소 이 은혜의 빛을 구별할 수 있습니다.

세상의 날은 모두 죽음이나 절정의 불을 요구하지 않습니다. 그러나 하나님 자신, 곧 영원한 날에 들어가려면 불이 모든 것을 소멸시켜야 합니다. 이것은 논쟁의 여지가 없는 사실입니다. 그러므로 하나님이 자신을 주시고 우리가 그분 안으로 들어가려면, 그분에게서 받는 온전한 성결이 있어야 합니다. 이것은 피조물 안에 있는 부정한 것이나 자아에 속한 것, 또는 궁핍한 것을 모두 흡수하여 소멸시킵니다. 이런 것들 때문에 그의 순결하고 거룩한 것이 하나님 안으로 흘러가지 못하기 때문입니다. 그래서 사도 바울은 '죽을 것이 생명에 삼켜지게 하려고 생명으로 우리 안에 있는 모든 죽을 것을 흡수한다(없어지게 한다)'고 한 것입니다(고후 5:4). 아무리 고귀한 것이라도 창조된 은사인 은혜는 죽음을 가져오지 않습니다. 그러나 은혜의 주요, 영원한 날이며, 영광의 빛이요, 생명의 근원이자 본질이신 하나님은 영혼을 그분 자신, 곧 영원한 날로 받아들이시기 전에 반드시 사망을 가져오셔야 합니다.

31. 너는 여기 내 곁에 서 있으라 내가 모든 명령과 규례와 법도를 네게 이르리니 너는 그것을 그들에게 가르쳐서 내가 그들에게 기업으로 주는 땅에서 그들에게 이것을 행하게 하라 하셨으니

사람이 죽지 않고 하나님의 음성을 들을 수 있는 때가 또 있습니다. 그것은 사람이 이미 죽은 경우입니다. 성도들이 천국에서 하나님을 뵙게 될 것처럼 말입니다. 그들은 일으켜져서 더 이상 죽지 않습니다. 그리하여 천사들과 같아졌습니다. 그래서 모세는 하나님과 대면하여 말하고 그분

의 계시를 받고도 계속 그분 곁에 머물 수 있었습니다. 그는 죽어서 신비롭게 다시 일으켜졌기 때문입니다.

6장

5. 너는 마음을 다하고 뜻을 다하고 힘을 다하여 네 하나님 여호와를 사랑하라

하나님은 우리에게 '마음을 다해 그분을 사랑하라'고 명령하십니다. 이것은 아무리 거룩하고 고결한 것이라도, 하나님을 위하거나 그분 안에 있는 것이 아니라 자아에 속하거나 외부의 것에 대한 애정은 허락하지 않으신다는 의미입니다. 선행이든 구원이든 영원이든, 다른 모든 유익보다 하나님을 사랑하지 않는 한, 마음을 다해 그분을 사랑할 수 없는 것은 분명합니다. 그분을 더 사랑할 수 있기 때문입니다. 그러므로 자기의 사랑으로 자아의 것을 추구하기보다 사심 없이 사랑하는 것이 더 많이 사랑하는 것이라는 사실을 누가 의심하겠습니까? 오직 자연의 빛만이 이것을 모두에게, 아무 유익도 구하지 않고 사심 없이 선의만 보일 때 더 사랑 받는다고 여기는 이들에게 가르쳐 줍니다. 따라서 이해 관계에 의해 사랑하는 사람은 마음을 다해 하나님을 사랑하지 않습니다. 그는 진심으로 하나님을 사랑한다 해도, 자기 유익도 함께 사랑하는 것이기 때문입니다.

누구든지 하나님과 더불어 자기 영혼을 사랑하여 잃어버릴까 두려워하는 자, 자기를 소중히 여기기에 하나님의 은사로 치장하여 자기애로 위대한 공로가 넘치는 모습을 보기 좋아하는 자는, '하나님을 마음을 다해 사랑하지 않습니다.' 그는 여전히 자기 영혼을 거룩하게 보이려고 신

경 쓰면서 하나님께 온전히 드려야 할 사랑의 일부를 자기에게 쏟기 때문입니다.

예외를 두며 하나님을 위해 모든 것을 잃어버리지 않는 사람은 '힘을 다해' 그분을 사랑하는 것이 아닙니다. 그는 진심으로 철저하게 자신을 내어 드리며 하나님을 더욱 열렬히 사랑할 수 있기 때문입니다. '힘을 다하라'는 것은 영혼이 할 수 있는 최고의 사랑을 드리라는 말씀입니다. 그러므로 영원한 생명과 능력도 올려 드리지 않는 한, 순수한 사랑으로 세속의 생명과 능력을 하나님께 바치는 것이면 충분하다고 여겨서는 안 됩니다.

오, 온전한 사랑의 가르침이 하늘 아래 당신의 모든 영역에서 성취되는 것을 보지는 못할 것입니다! 그런데도 당신은 천국에 들어가기 전에 모든 온전함을 이루어야 합니다. 이렇게 온전하게 성취된 모습은 보통 이 땅에서나 죽은 뒤 영혼이 철저하게 정결해진 후에 일어나기에 오직 천국 문에서만 보게 됩니다. 그러므로 이 땅을 벗어나 이렇게 온전하게 완성되는 순간, 낙원의 입구가 열려야 합니다. 이제 이렇게 순결하게 사랑하는 영혼이 영원히 하나님 안으로 흘러가지 못하게 아무도 막을 수 없습니다. 하나님이 진실로 그의 하나님이 되시고 전부가 되십니다. 그분이 영혼이 사랑하는 전부이시기 때문입니다.

6. 오늘 내가 네게 명하는 이 말씀을 너는 마음에 새기고

더 이상은 그것들을 돌 위에 새기지 않습니다. 돌은 그것들을 담기에 너무도 단단하고 물질적입니다. 이 가르침을 받아들일 수 있는 것은 오직 마음뿐이기에, 그것들을 '마음에 새겨야' 합니다. 사랑의 언어는 사랑 자체에서 배우고, 사랑이 사랑을 가르칩니다.

오, 사랑하는 하나님! 주님만이 우리가 주님을 순결하게 사랑하는 법을 가르쳐 주실 수 있습니다. 주님만이 자기애가 완전히 배제된 순결한 사랑의 법을 신실한 영혼에게 가르치십니다. 따라서 자신을 사랑하는 자들은 그 법을 이해할 수 없습니다. 진실로 그것은 돌의 법이 아니라, 마음으로만 아는 마음의 법입니다. 그러나 돌은 그 저항성 때문에 그게 무엇이고 어떤 대가를 치르든 하나님의 모든 뜻에 영혼을 청종하게 만드는 법을 담을 수 없습니다. 사랑하는 마음은 오직 친구를 생각하느라 모든 이기심을 잊어버리기 때문입니다. 우리의 모든 마음을 이기심에서 뜯어내어 온전히 하나님께 드리고 오직 그분 안에서 안식하게 하는 것이 바로 이 법입니다. 세상의 사랑은 자기 법으로 이것을 이해하며 말하기를, 마음은 두근거리는 곳보다 사랑하는 곳에 있다고 말합니다. 하나님은 그분의 사랑을 증거하시려고 사람에게 자신을 주셨고, 사람은 자기의 사랑을 입증하려고 모든 것을 하나님께 내어 드립니다. 그리고 이렇게 온전한 단계에 이르면, 우리는 더 이상 하나님이 우리의 마음인지 우리의 마음이 하나님인지 구별할 수 없게 됩니다.

15. 너희 중에 계신 너희의 하나님 여호와는 질투하시는 하나님이신즉…

뭐라고요? 하나님이 사람의 마음을 '질투하신다'고요? 그렇습니다. 그분은 사람의 마음 전부를 원하시지, 절반만 원하지 않으십니다. 질투는 심지어 상대가 왕이라도 용납할 수 없습니다. 하나님은 아무도, 가장 좋은 것들도 인정하지 않으실 것입니다. 그러므로 하나님이 영혼을 헐벗게 하셔서 수많은 낯선 단계들을 통과하게 하시는 것은 바로 이 질투 때문입니다. 그리하여 영혼은 모든 자연적인 선과 도움을 빼앗겨 아무것도 없기에 하나님의 사랑이 머물 수 있는 상태가 됩니다. 오직 자기 자신을 위해 선행과 은사와 하나님의 호의를 사랑하는 것은 그분께 합당하지 않습니다. 오! 하나님은 우리의 마음 전부를 드려 사랑할 만한 분이며, 그분과 다른 존재를 함께 마음에 품으려 하지 않고 온전히 우리의 마음을 차지하실 만큼 위대하신 분이 아닌가요?

하나님이 '우리 가운데 거하시는 것'은, 이렇게 최고의 사랑으로 그분을 사랑하게 하여 친히 우리의 마음을 지키시려는 것입니다. 따라서 우리 마음에 하나님과 함께 머물려 하는 모든 것을 가차없이 뜯어내며 하나님을 위해 질투해야 합니다.

거룩한 사랑의 관대함을 아는 자가 복됩니다! 그가 그것에 대해 아무리 위대하고 아름다운 것들을 알고 있다 여기며 널리 전한다 해도, 경험하지 않는 한 결코 깨닫지 못할 것입니다. 그러므로 그 사랑이 그를 자기 자신에게서 끄집어내어 신비하게 하나님 안으로 옮길 때에만 그것을 경험하게 되는데, 그것이 역사를 일으킨 자들만 알 수 있습니다. 그들은 오래 전에 깨달았다고 여기던 참된 무사공평(無私公平)과 사랑의 전적인 관대함을 깨닫기 시작하는 그때 크게 놀랍니다.

누구든지 진리 안에 있는 자는, 하나님의 질투를 익히 알고 경험하였기에, 작고도 쓸모없는 것을 소유하려 합니다. 만일 그가 가장 작은 것을 제것으로 삼아 간직했다면, 오 이 불신앙은 너무나도 무시무시한 징계를 받게 될 것입니다! 하나님의 질투를 경험한 자들이 두려움에 떨게 될 그런 상황들을 말해 줄 것입니다. 그러므로 그분은 자신에 대한 마음을 원하실수록, 더 질투하십니다. 신랑은 몸종보다는 신부를 질투하십니다. 그래서 영혼을 신방으로 들이실 때, 오 하나님은 세상의 것을 소유하지 못하게 모든 것을 가차없이 뜯어내십니다.

7장

6. 너는 여호와 네 하나님의 성민이라 네 하나님 여호와께서 지상 만민 중에서 너를 자기 기업의 백성으로 택하셨나니

오직 사랑과 진실된 믿음의 탁월한 단계로 나아간 사람들만 이렇게 순수하고 온전한 사랑의 언어를 듣게 됩니다. 그래서 성경은 이 사랑의 백성이 '하나님의 성민'이라고 말합니다. 이들은 결코 자기 자신을 위한 거룩이나 선행을 바랄 수 없습니다. 그래서 자기 자신이 아니라 하나님을 위해 거룩한 백성입니다. 그들은 무엇이든 제것이 되어 있는 것을 발견하면, 그것이 속히 뜯겨 나가기를 바랄 것인데, 마치 마귀의 것을 가지고 있는 것처럼 질색할 것입니다.

오, 거룩은 하나님 안에만 있고 하나님을 위한 것입니다! 다른 모든 거룩이 제거된 성도들은 이 진리를 보고 천국에서 하나님의 거룩함만 보게 될 것입니다. 그리하여 영원토록 "거룩하다, 거룩하다, 거룩하다" 외치게 될 것입니다. 이 영광의 처소에서는 무엇이든 순결하고 분명한 진리 가운데 있을 것이기에, 모든 것이 그와 같이 온전히 연합될 것이기 때문입니다. 그러므로 이 순수한 진리와 온전한 연합은 오직 하나님 자신이며, 그것을 이루는 거룩이기에 더는 그분을 떠나서 볼 수 없습니다. 하늘의 모든 성도들이 하나님의 아들 예수 그리스도를 통해 그분의 거룩을 받았을 것입니다. 마찬가지로 그들 모두는 그것을 티끌만큼도 보존할 수 없기에

가장 신실하게 (하나님께 그분의 아들을 통해) 돌려 드릴 것입니다. 사도 바울은 이것을 다음과 같이 표현했습니다. "예수 그리스도는 모든 통치와 모든 권세와 능력을 멸하시고 나라를 아버지 하나님께 바칠 때라 만물을 그에게 복종하게 하실 때에 아들 자신도 그때에 만물을 자기에게 복종하게 하신 이에게 복종하게 되리니 이는 하나님이 만물의 주로서 만유 안에 계시려 하심이라."(고전 15:24, 28)

이렇게 순결한 사랑의 불이 붙은 영혼이 거룩을 입은 것을 깨닫게 되면, 그것을 제거하기 위해 진리 안에 있다가 지옥 깊은 곳까지 갈 것입니다. 그는 본질적 특성을 용납할 수 없는 지경이 되었습니다. 그래서 조금이라도 본질적 특성에 더렵혀지느니, 차라리 다른 모든 것을 받아들이려 할 것입니다. 바로 이런 이유로 '이 백성이 여호와께 거룩한' 것입니다. 더 이상 본질적 특성을 지니지 않았기에 그들의 모든 거룩함은 하나님을 위한 것입니다. 이로 인해 전부를 하나님께 드리면서 피조물의 모든 것을 제거하여 온전한 사랑의 열매를 맺게 됩니다. 그러나 드문 일이기에 성경은 이렇게 말합니다. "이 사랑의 백성은 (은혜, 은사, 호의가 아니라) '하나님이 택하신' 백성으로, '이 땅의 모든 백성들보다 특별히' 사랑하시는 백성으로 삼으실 것입니다."

7. 여호와께서 너희를 기뻐하시고 너희를 택하심은 너희가 다른 민족보다 수효가 많기 때문이 아니니라 너희는 오히려 모든 민족 중에 가장 적으니라
8. 여호와께서 다만 너희를 사랑하심으로 말미암아…

하나님은 내적 백성이 '더 크거나 다른 백성들보다 많아서' 그들과 '연합하신' 것이 아닙니다. 오히려 그들은 빼앗기고 자기가 소멸되어 가장 적고 사람의 견해가 가장 적습니다. 그러나 '그들을 사랑하셨기에' 하나님은 그들과 연합하셨습니다. 그렇습니다. 보기에는 너무 작고 보잘것없는 이 백성이 하나님의 사랑을 받습니다. 그들은 아무 이유 없이, 그들의 가치와 상관없이 그분의 사랑을 받습니다. 그들도 모든 것을 드려 하나님을 사랑해야 공평하지 않습니까?

> 9. 그런즉 너는 알라 오직 네 하나님 여호와는 하나님이시요 신실하신 하나님이시라 그를 사랑하고 그의 계명을 지키는 자에게는 천 대까지 그의 언약을 이행하시며 인애를 베푸시되

성경은 정말 놀랍습니다. 하나님은 구원이나 거룩, 그 외 모든 유익을 빼앗긴 이 영혼이 오직 그분만 사랑하기 위해 모든 것을 잃어버리는 모습을 지켜보는 것을 좋아하신다는 것을 알려 주고 싶어 하십니다. 그래서 자신을 내어 드린 이 영혼에게 그분의 전능하심(하나님이시요)과 신실하심을 확인시켜 주십니다. 그분은 전능하심으로 영혼을 위험에서 벗어나게 해주시고 그가 넘어지지 않게 해주십니다. 그리고 신실하심이 크셔서 영혼이 주저없이 자기를 내어 드리다가 오직 그분을 기쁘게 해 드리고 싶은 마음에 그분의 심기를 거스르게 될 때, 속임을 당하게 내버려 두지 않으십니다. 영혼의 사랑은 질서에서 벗어나지 않습니다. 영혼이 모든 규칙을 초월하여 사랑하는 경우가 아닌 한은 그렇습니다. 그러므로 하나님은 그분을 사랑하는 이들에게 끝까지 신실하십니다.

8장

2. 네 하나님 여호와께서 이 사십 년 동안에 네게 광야 길을 걷게 하신 것을 기억하라 이는 너를 낮추시며 너를 시험하사 네 마음이 어떠한지 그 명령을 지키는지 지키지 않는지 알려 하심이라

믿음의 광야는 얼마나 무시무시하고, 그 여정은 얼마나 지루한지요! 모세는 그 길 끝에 이 백성에게 일어났던 일을 '상기'시키며 잊지 말라고 말합니다. 그렇게 하여 그들의 단계를 한 번 더 확인시켜 줍니다. 모세는 그들이 걸어온 '길을 기억하기'를 바랍니다. 오랫동안 하나님이 그들을 어떻게 '낮추시고 시험하셨는지' 상기시켜 주려 합니다. '그들의 마음이 어떠한지' 보시려고 하나님은 마치 이렇게 말씀하시는 것 같습니다. "나는 내가 그들의 마음에 거하지 못하게 가로막는 게 무엇인지 알아보고 싶었다." 이 영혼들은 오직 그들의 마음을 비워 하나님으로 다시 채우려고 모든 고통과 비참함을 통과하게 됩니다.

3a. 너를 낮추시며 너를 주리게 하시며 또 너도 알지 못하며 네 조상들도 알지 못하던 만나를 네게 먹이신 것은…

광야에 있는 이 영혼에게 가장 큰 고통 중 하나는 '기근과 굶주림'입니다. 전에는 배불리 먹었는데, 여기서는 배가 고픕니다. 무엇이든 세상에

서 가장 쓴 것을 주어 먹게 해도, 달게 여길 것입니다. 영혼은 자기애가 야기한 이 굶주림의 실체가 믿기지 않습니다. 그것은 영혼을 파괴하고 멸망시켜 버립니다. 그래서 그는 고통 받으면서 안심하게 됩니다. 고통 가운데 깨달으면서 성장하기에 도움이 되기 때문입니다.

욥은 이런 의미에서 "이렇게 굶주린 영혼은 쓴 것들을 달게 여기고, 한때 끔찍하게 여겼을 것을 음식으로 삼는다"(욥 30:3-4)고 말한 것입니다. 하나님은 믿음의 광야에서 이 영혼을 굶주림으로 고통받게 하시지만, 동시에 '만나를 먹여' 주십니다. 그런데 너무나도 영적인 양식이기에 영혼은 거기에 자신을 만족시켜 주는 것이 아무것도 없다는 것을 깨닫게 됩니다. 이 만나는 그 순수함 때문에 영혼이 알아차리지 못하는 미지의 음식입니다. 그럼에도 불구하고 영혼이 죽지 않게 보호하는 양분입니다. 만일 (알아차리지는 못해도) 그렇게 모든 것을 빼앗긴 상태에 있으면서 만나를 공급받지 않았다면, 영혼은 모든 것을 중단하게 될 것입니다.

3b. 네 조상들도 알지 못하던 만나를 네게 먹이신 것은 사람이 떡으로만 사는 것이 아니요 여호와의 입에서 나오는 모든 말씀으로 사는 줄을 네가 알게 하려 하심이니라

영혼은 믿음의 여정이 계속되는 동안, 보이지 않는 도움에 대해 깨닫지 못하는 것이 분명합니다. 아무리 거룩해도 '조상들'도 그것에 대해 알지 못했기에 이야기해 줄 수 없었습니다. 하나님이 영혼들에게 그것이 선포되는 것을 허락하지 않으셨기 때문입니다. 그러므로 만일 이 단계의 중요성을 그들에게 알려 줄 수 있다면, 그들은 결코 자신이 방황하게 내버

려 두거나, 자기 자신에게서 벗어나지 않을 것입니다.

그러나 그들이 잠깐이라도 그것을 경험했다면, 하나님은 가장 극단적인 반전으로 그것에 관한 모든 확신을 빼앗아 가셔서 더 이상 그것을 의지하지 못하게 하십니다. 그런데도 성경은 말합니다. 하나님은 이 영혼에게 '사람이 떡으로만 사는 것이 아니라는 것'을 알려 주시려고 이토록 끔찍하게 헐벗는 단계들을 통과하게 하신다고 말입니다. 즉 감각적이고 눈에 띄는 음식으로 공급되는 은사와 인지할 수 있는 은혜가 아니라, '하나님의 입에서 나오는 모든 말씀', 즉 그분으로 인해 훨씬 더 많은 것을 누리게 된다는 것입니다.

단순히 하나님의 말씀, 곧 그분에 대해 알려지고 파악된 모든 것으로서의 말씀(word)이 아니라, 하나님의 입에서 나오는 모든 말씀(word)이라고 해야 합니다. '하나님의 입에서 나오는 이 말씀(speech)'은 본질적으로 연합된 그분 자신으로 전하는 도구나 수단이 없습니다.

쉽게 접하는 하나님의 말씀(speech)은 간접적인 말씀(speech)입니다. 그것은 어떤 도구처럼 능력이나 기능으로, 형상과 이미지로 받아 분명히 이해할 수 있습니다. 그러나 하나님의 입에서 나오는 말씀은 하나님으로부터 직접 나오는 본질적이고 직접적인 말씀(word)입니다. 전자는 하나님으로부터 받은 하나님의 말씀이고, 후자는 하나님 안에 거하시는 하나님의 말씀입니다. 그리하여 오직 하나님만 나타나게 됩니다.

지금까지 이야기한 모든 것에 대한 증거로, 성경에는 하나님의 입에서 '나온' 모든 말씀이라고 하지 않습니다. 하나님의 입에서 나와 그분을 떠난 말씀은 도구이며 창조된 은사이기 때문입니다. 다만 하나님의 입에서 '나오는' 모든 말씀이라는 현재 시제를 사용하여, 이것이 바로 그분의 직접적인 말씀임을 보여 주면서 말씀(Word)이 생성되는 영원하고 항상 있는 실제적인 순간을 나타냅니다. 말씀은 아버지의 입에서 끊임없이 나오는데, 결코 그분을 벗어나지 않습니다. 마치 아버지께서 그분에게 항상 "너는 내 아들이라 오늘날 내가 너를 낳았도다"라고 말씀하시는 것처럼 말입니다. 하나님은 창세전에 말씀(Word)을 낳으셨으며, 직접적인 말씀으로 끊임없이 영원토록 낳으십니다. 멈출 수 없기에 선포된 말씀이신 하나님(Speech-God)의 본질에 맞게 그 아들 안으로 끝없이 돌아가게 됩니다. 즉 하나님으로부터 나와서 하나님 안으로 돌아가는 직접적인 말씀은, 말씀하시는 아버지와 아버지에게서 나와 선포되신 말씀, 곧 그 아들 사이에서 사랑으로 반응하며 성령 하나님(Holy Spirit-God)을 낳습니다.

이렇게 될 수밖에 없는 것은, 시작하시는 분도, 마치시는 분도 하나님이시고, 그런 분이 바로 하나님이신 것이 분명하기 때문입니다. 그러므로 하나님이 온전히 그분 자신으로부터 말씀을 낳으시는 것은 분명합니다. 또한 하나부터 열까지 자신과 같기에 광대하신 하나님 안에서 마무리 됩니다. 그런데 하나님은 무한하시기에 그 본질에 합당하게 무한히 주시는 만큼 받으십니다. 그러므로 광대하고 무한하신 하나님이 동일한 속성을 지니신 하나님 안으로 들어가고 나가는 이 모든 과정도 동일하게 위대하고 광대하신 하나님을 낳게 될 것이 분명합니다. 이렇게 하나님이 선포하신 말씀은 온전히 그분 자신이기에, 그 끝이 하나님이어야 합니다. 만일 그 끝이 하나님이 아니라면, 그로 인해 소멸될 것입니다. 하나님은 오직 그분의 말씀(Word)으로 주고 받으신 것만 남겨 두시기 때문입니다. 그리하여 모든 것이 연합된 본질 가운데 다시 나타나게 되는데, 바로 이것이 거룩한 본질의 연합으로 삼위를 이룹니다.

하나님이 온전히 하나님 안으로 받아들여져서 동일한 하나님께 온전히 다시 돌려 보내지는 모든 과정과 결과가 형언할 수 없는 삼위일체의 신비입니다. (말하자면) 내적으로 보내셔서 온전히 전해 주시는 하나님을 아버지라 부르고, 하나님 자신으로부터 그분의 전부를 받으시는 하나님을 아들이라 부릅니다. 그리고 하나님의 전부를 받아 하나님에 대해 열정적으로 전하며, 받으신 것을 전부 동일한 하나님께 다시 돌려 드리며 하나님께 나아가는 분을 성령님이라 부릅니다. 이 모든 것이 진실로 하나의 동일한 본질이니, 스스로 소통하고(communicating), 받고(receiving), 돌려 보내고(sending back), 내보내시는(proceeding) 동일한 하나님이시기에 그럴 수밖에 없습니다.

이것은 자아가 소멸되면서 하나님과 직접적으로 소통하는 호의를 받는 영혼에게서 나타납니다. 영혼은 더 이상 하나님이 주시는 것을 자기의 것으로 취하지 않습니다. 그래서 하나님이 직접 그와 소통하십니다. 또 이와 같은 자아 소멸로 중간에 아무것도 없기에, 하나님은 그분이 전달하신 것을 돌려받으시는데, 나왔을 때처럼 순전한 상태로 그분 자신에게 돌려 보내십니다. 그리고 바로 여기서 이 온전한 사랑의 성령이 나타나십니다. 하나님이 광대하고 무한하시기에 아무것도 그분을 제한할 수 없고, 그분의 광대하심으로 모든 공간을 채우신다는 것을 알려야 하기 때문입니다. 하나님은 한계가 없고 무한하신 분입니다(무엇이든 제한 받으시는 것이 있다면, 그분은 하나님이 아니실 것입니다). 그래서 이렇게 끊임없이 말씀을 발하지 않으시는 공간도 없습니다. 그게 아니라면, 하나님을 가둬 둘 수 있는 공간이나 말씀이신 하나님이 계시지 않는 공간이 필요할 것입니다. 그렇다면 하나님이 무한하지 않으신 것이니 이것도 말이 되지 않습니다.

그러므로 하나님은 반드시 모든 피조물 안에서 이와 같이 그분의 말씀(Word)을 나타내십니다. 그러나 죄가 이렇게 거룩한 결과들이 나타나지 못하게 완전히 가리고 방해합니다. 그래서 하나님은 죄로 더러워진 이성적인 피조물들 안에서 기쁜 마음이 아니라 어쩔 수 없이 그 일들을 이루시는데, 그들은 그들 안에서 일어나는 이 영원한 신비를 전혀 깨닫지 못합니다. 이 신비는 오직 의로운 영혼들에게 그들이 비워지고 자기가 소멸되는 만큼 계시됩니다. 그러므로 삼위일체 하나님이 천국뿐 아니라 지옥에도 계시긴 하지만, 다른 방식으로 거하십니다. 즉 광대하심으로 모든 것을 채우시는 본질 때문에 어쩔 수 없이 지옥에 계시는 것이지 사랑과 기쁨으로 계시는 것이 아닙니다. 그러나 하나님에 대해 들은 이 영혼들 안에서 그분이 기뻐하시는 영원한 결과들이 나타납니다. 그들은 저항하지 않고 천국의 복된 성도들처럼 기꺼이 받아들이는데, 결과로, 즉 선명하지만 부족한 모습들로 그것을 알 뿐입니다.

4. 이 사십 년 동안에 네 의복이 해어지지 아니하였고 네 발이 부르트지 아니하였느니라

놀랍게도 이 영혼이 이러한 낯선 단계들을 통과하는데, 그 '의복이 결코 해어지지 않았습니다.' 이 의복은 자기 포기(내어드림)이며 하나님의 인도입니다. 포기는 그의 의복과 같습니다. 그래서 영혼이 자신의 비참함을 깨닫고 하나님이 그를 파괴하실수록, 그는 다른 도리가 없기에 더욱 자신을 하나님께 내어 드리게 됩니다. 이제 다른 모든 것이 사라져도 자기 포기는 온전히 남아 '해어지지 않습니다.' 영혼이 자기를 내어 드릴수록 하나님이

그를 돌보시기에 겉옷은 하나님의 인도입니다. 그것이 영혼을 덮어 무겁게 짐을 지우는 경우가 적지 않지만, 믿음의 길에 머물며 거기서 벗어나지 않는 한, 이런 것들은 우리와 평생을 함께해도 '결코 해어지지 않습니다.' 이것들이 영혼을 그 길로 인도하며 아무리 멀고 오래 걸려도 낡거나 약해지지 않고 끝까지 함께하기 때문입니다.

모세는 또한 이 백성에게 '그들의 발이 부르트지 않았다고' 말합니다. 종종 넘어질 수는 있지만, 그들이 자기 포기에서 벗어나지 않는 한, 자기 포기 가운데 머물면서 어떤 고난을 당해도 자기 자신을 되찾지 않으면, 헐벗음으로 이 무시무시한 광야에서 연약함에 빠지더라도 그들의 발이 상하지 않습니다. 그러므로 남아 있는 감각들이 연약함이나 뜻밖의 일에 수많은 죄를 범해도, 이 모든 것들은 그 발을 상하게 하지 않습니다. 그런 것들은 결코 영혼의 사랑에 해를 가하지 못합니다. 영혼은 변함없는 그리고 침범할 수 없는 애정과 신뢰로 하나님 안에 확고하게 항상 머물러 있는데, 이것이 광야에서 해어지지 않은 '신발'이며, 외부에서 일어나는 모든 일에 불안해하지 않는 것입니다.

5. 너는 사람이 그 아들을 징계함같이 네 하나님 여호와께서 너를 징계하시는 줄 마음에 생각하고

하나님은 이 소중한 영혼들, 자기를 내어 드린 자들을 마치 '아버지가 아들을 징계하심과 같이' 경험으로 '가르치십니다(징계하십니다).' 그래서 그들이 성장하면, 이 탁월한 교훈을 '마음에 생각하게 됩니다.' 그런데 영의 빛으로는 그것을 알지 못합니다. 다만 마음이 기울면서 경험을 떠올리

게 되는데, 그것이 그들 안에 선명하게 새겨져 있어서 의심의 여지도 없습니다. 사람은 사실 그 길에 있는 동안에는 고통과 그 길에 대한 의심으로 그것을 깨닫지 못할 수도 있습니다. 그러나 도착하게 되면, 바르게 인도받았음을 깨닫고 자신이 걸어온 길이 참된 길이었음을 의심하지 않게 됩니다. 바위 투성이 낭떠러지와 눈에 보이는 수많은 위험들을 지나며 떨어지지 않으리라는 보장은커녕, 오히려 항상 어둠에 싸여 있어 언제든지 떨어질 수 있는 아슬아슬한 길을 걸어야 하지만 말입니다.

6. 네 하나님 여호와의 명령을 지켜 그의 길을 따라가며 그를 경외할지니라

영혼은 이렇게 하여 지체 없이 하나님의 뜻 가운데 행하게 됩니다. 그리고 무슨 대가를 치르더라도 절대적으로 충성하며 그분께 복종할 수밖에 없게 됩니다. 그리하여 이렇게 자기 자신, 특히 이기심을 하나님의 뜻에 내어 드림으로 그의 목적인 하나님께 인도받게 될 것입니다.

7. 네 하나님 여호와께서 너를 아름다운 땅에 이르게 하시나니 그곳은 골짜기든지 산지든지 시내와 분천과 샘이 흐르고

본질적 선이신 하나님 때문에 이곳은 '아름다운 땅'입니다. 이 땅에는 '시내, 분천, 샘'이 있는데, 모든 원천(수원)이 그분 안에 있습니다. 그러므로 하나님 안에 있다는 것은 그 원천 안에 있는 것입니다. 그것은 하나님과의 소통과 교제가 풍부한 급류가 흐르는 강들과, 잔잔하고 고요한 물

들과, 유용한 샘들의 근원으로 기분 좋은 상쾌함을 줍니다. 성경은 이 세 종류의 물로 모든 샘들을 표현합니다. 모든 선을 비우고 상실하면서, 즉 이 메마르고 건조한 광야에서 다른 모든 물을 고갈시키면서 하나님 안으로 들어간 영혼은 바로 물들, 그들의 샘과 근원으로 온전히 그분의 충만하심으로 충만해진 자신을 깨닫게 된다는 것을 보여 주는 것입니다. 따라서 모든 은사와 은혜, 선을 행하는 능력과 기능, 힘겹게 얻은 덕을 잃어버리고, 나중에 목적지로 돌아온 영혼은, 그 근원에서 모든 것을 발견합니다. 그것은 작은 시냇물 같은 소통이나 교제가 아니라 근원의 충만함입니다. 하나님을 위해 모든 것을 잃어버리고 그분만의 놀라운 방식으로 돌려받습니다. 하나님의 은혜와 모든 위대하심이 그 모든 것에 함께하시는데, 더 이상 거기서 아무것도 취하지 않는 그 영혼을 위해서가 아닙니다. 오직 하나님을 위해 하나님의 부요와 풍성으로 부요하고 풍성해지는 것입니다.

하나님 안에는 샘들만 있는 것이 아니라, 바닥 없는 깊음들과 거대한 강들도 있는데, 그중에는 이 영혼에게 보이는 것들도 있습니다. 빠지면 결코 벗어날 수 없는 깊음들이 있습니다. 이것들은 심연의 일부이기에 영혼은 그 안에서 하나가 됩니다. 그러므로 이러한 본질적 연합 가운데 심연에서 (영혼은 더 이상 존재하지 않지만 하나님이 그 안에 그리고 그를 위해 계시기에, 마치 하나님으로부터 나오는 것처럼) 강들, 물들, 샘들이 흘러나와 각각의 필요에 맞게 외부로 퍼져 나갑니다. 그러나 이렇게 되려면 영혼은 반드시 그 땅, 곧 하나님 –거기 거하며 그곳의 샘물을 마시는 것처럼– 안으로 들어갔어야 합니다. 뿐만 아니라 영혼을 통해 하나님의 강들, 물들, 샘들이 흘러나오도록 그분 안에 잠기고 사라져 그분으로 변화되어야 합니다. 왜냐하면 이 모든 것이 거룩하신 분의 광활한 '산지', 곧 그분의 능력과 위엄의 산에서 나오기 때문입니다.

8. 밀과 보리의 소산지요 포도와 무화과와 석류와 감람나무와 꿀의 소산지라

성경은 여기서 이 영혼이 하나님 안에서 소유하게 된 거룩한 온전함들, 곧 그분 안에 있는 탁월한 열매들을 나열합니다. 사람의 선은 중요하지 않지만, 하나님 안에 있는 선함은 탁월합니다. 하나님과 상관없는 사랑은 시시하고 제한적이며 인색하지만, 하나님 안에 있는 사랑은 하나님 자신입니다. 쉽게 말해 우리가 그분을 위해 잃어버린 모든 선은, 온갖 열매와 나무들, '기름과 꿀'로 표현된 모든 능력들과 마찬가지로, 그분 안에 있습니다.

9. 네가 먹을 것에 모자람이 없고 네게 아무 부족함이 없는 땅이며 그 땅의 돌은 철이요 산에서는 동을 캘 것이라

영혼이 그 근원에 이르면 '부족함이 없이 양식을 먹습니다.' 하나님으로부터 직접 오는 모든 것과 그분 안에 있는 모든 능력들(그분 자신)이 조금도 부족함 없이 모두 완전하기 때문입니다. 그래서 영혼은 부족함이나 결핍 없이 그것들을 '누리게' 됩니다. 그뿐 아니라 그 땅의 모든 것이 유용합니다. 그 땅 밖에서는 아무 쓸모없을 '돌'이 가장 강하고 가장 필요한 '철'을 내고, 모든 금속들과 부요가 그 산에서 나옵니다. 이것은 다양한 비유로 말하며 확증하는 것입니다.

10. 네가 먹어서 배부르고 네 하나님 여호와께서 옥토를 네게 주셨음으로 말미암아 그를 찬송하리라

경험으로만 이것을 알 수 있습니다. 그래서 모세는 말했습니다. "네가 먹어서, 즉 경험하여, 영혼을 온전히 만족시키는 하나님의 충만함으로 배부르게 될 것이다. 오, 그때 너는 네 하나님 여호와께서 네게 주신 아름다운 땅으로 인해 그분을 찬송하리라."

14. 네 마음이 교만하여 네 하나님 여호와를 잊어버릴까 염려하노라 여호와는 너를 애굽 땅 종 되었던 집에서 이끌어 내시고

이런 단계들에서 일어날 수 있는 유일한 위험은, 영혼이 스스로 부요가 넘쳐흐른다고 여기면서 그중 일부를 자기 것으로 여기며 이전의 포로됨과 비참함을 '잊어버릴' 정도로 즐거워하는 것입니다. 그들은 이 모든 것을 두려워해야 합니다. 다름 아닌 이 죄로 천사가 천국에서 지옥으로 떨어졌고, 이 영혼이 하나님을 벗어나 지옥에 떨어질 수도 있습니다. 그래서 모세는, 이렇게 성숙된 백성이 스스로 '높일' 정도로 부정해지면, 곧바로 하나님이 그분의 절대적인 능력으로 이끌어 내시지 않았다면 결코 빠져나올 수 없었을 이전의 노예 상태를 보기를 바랍니다.

15. 너를 인도하여 그 광대하고 위험한 광야 곧 불뱀과 전갈이 있고 물이 없는 간조한 땅을 지나게 하셨으며 또 너를 위하여 단단한 반석에서

물을 내셨으며

모세는 또한 하나님이 어떻게 '불뱀'이 가득한 '광대하고 위험한 광야'를 지나가게 인도하셨는지 상기시켜 주고 싶어 합니다. 이 광야에 있는 영혼들을 파괴시키려고 귀신들이 다 불(fire)과 분노(fury)에 차 있기 때문입니다. 영혼들은 이 길을 가는 내내 죄와 원수의 맹렬한 분노에 둘러싸여 있습니다. 그러니 하나님이 그들을 이끌어 내시지 않았다면 어떻게 그들이 거기서 벗어날 수 있었겠습니까?

이 광야는 너무도 메마르고 건조해서 '하나님이 단단한 반석에서 내신 것 외에는 물이 한 방울도 없었습니다.' 광활한 광야에서 발견되는 이 물은 드러난 믿음의 견고함과 둔감함으로, 이 영혼이 많은 위험에 대해 생각하거나 마치 굳건히 버티며 요동하지 않는 바위같다고 인식하게 허용하지 않습니다. 그러나 피할 수 없는 위험 가운데서 생명을 유지시켜 주는 이 물은 오직 하나님만 주십니다. 오직 그분만이 영혼들을 위험과 모든 적들에게서 구해내실 뿐만 아니라, 이렇게 유익한 견고함을 주셔서 괴로워하거나 겁에 질리지 않게 하십니다.

16. 네 조상들도 알지 못하던 만나를 광야에서 네게 먹이셨나니 이는 다 너를 낮추시며 너를 시험하사 마침내 네게 복을 주려 하심이었느니라

이 모든 것이 실제로 이와 동일한 순서로 일어납니다. 하나님은 모든 귀신들과 괴로움, 죄 그리고 (독이 있는 짐승들로 표현되는) 모든 적들을 통해 영혼을 시험하십니다. 이 기간 내내 영혼은 모든 음료와 양식, 곧 감각적이

고 확실하게 감지할 수 있는 은혜의 도움을 빼앗기고, 최후의 영벌과 뉘우침의 기미가 없어 보이는 자기의 확고함과 무감각(둔감함)의 물을 지원받을 뿐입니다. 그러면서 하나님은 '만나'도 주시는데, 그것은 은밀하게 숨겨진 도움으로 영혼에게는 보이지 않습니다. 그러나 그것으로 영혼이 완전히 멸망하지 않게 보호십니다. 그분은 그분의 신령한 몸도 먹게 해주십니다. 그것은 영혼의 생명을 유지시켜 주기는 하지만, 아무 위안도 주지 못합니다. 오히려 영혼은 그것이 완전히 자신을 부정하게 만든다고 여기면서 차라리 그것을 빼앗기려 합니다. 그리하여 이런 종류의 양식에서 발견하는 결핍과 혐오로 영혼의 고통은 훨씬 더 가중됩니다. 그러나 내적 감각과 능력(기능)에는 그렇게 보여도, 이 거룩한 빵은 여전히 계속해서 가장 훌륭한 양식입니다. 온전히 영적이고, 이해할 수 없고, 영혼에게 가려져 있어도 말입니다.

이 모든 시험이 끝나면, 하나님이 친히 오셔서 이 영혼을 괴롭게 하시면서 그에게 무거운 손을 얹으실 것입니다. 오, 그 고통이 얼마나 끔찍한지요! 그것은 말로 표현할 수 없습니다. "주께서 어찌하여 날리는 낙엽을 놀라게 하시며 마른 검불을 뒤쫓으시나이까"(욥 13:25). 아! 이것은 무어라 표현할 수 없습니다. 이 성급한 낙엽은 잘하고 있다고 생각하면서 강한 팔을 가지신 그분일 거라고는 상상도 하지 못하고 자신을 변호하려 하는 경우가 많습니다. 이런 변명들은 그에게 설명할 수 없는 슬픔을 야기할 뿐입니다. 따라서 이 불쌍한 낙엽은 결국 무릎 꿇고 항복하며 땅에 엎드려져서 하나님께 소멸되어야 합니다. 이전의 다른 모든 시험들은 이것에 비하면 아무것도 아니었습니다. 알지도, 알아차릴 수도 없는 방식으로 이 영혼을 붙들어 주시던 하나님이 악한 영들의 불화살과 죄의 찌르고 쏘는 것을 물리치셨기 때문입니다. 그분이 영혼을 매우 확고하고 둔감하게 하셨기에, 이런 것들이 영혼을 스치고 지나가기만 하거나 아무 해도 가하지 않고 기껏해야 겁만 주었을 뿐입니다.

그러나 내가 여기서 말하는 다른 '시험'은 자연이나 귀신에게서 올 수 없습니다. 가차없이 이 반석을 나뭇잎처럼 구부러뜨리시는 분은 오직 하나님이셔야 합니다. 또 그분은 그것을 뒤엎으셔서 결국 제거하고 소멸하십니다. 그러므로 이것은 오직 하나님의 역사입니다. 뱀들은 중독된 상처로 죽일 수 있지만, 오직 하나님만이 그분의 넓은 품안에서 이 영혼을 파괴하고 소멸시키고 멸절시키셔서 결국 그분 자신으로 변화키십니다.

이 역사는 가장 섬세하고 강력하기에 감지할 수는 있는데, 내적 감각이나 능력(기능)이 아니라, 영혼의 가장 깊은 중심과 중요한 부분에서 일어나기 때문입니다. 그 일을 수행하실 수 있는 분은 하나님밖에 없습니다. 그분은 중심이 고통 당하게 하셔서 모든 본질적 특징과 다른 점들을 철저하게 제거해 버리십니다. 영혼을 소멸시켜 하나님 안에서 사라지게 하시려는 것입니다. 그러면 가장 알아차리기 어렵지만 가장 견디기 힘든 역사가 일어나게 됩니다.

하지만 하나님은 이 영혼을 이와 같이 괴롭게 하셔서 자신의 무게로 압도하신 후에, 즉 그를 파괴하고 소멸하신 후 '마침내 위로하시는데'(복을 주시는데), 이것은 영혼이 목적지, 곧 하나님 안에 있을 때에만 그분이 그를 위로하신다는 의미입니다. 그러므로 영혼이 그곳에 들어가면, 전에는 엄격한 정의처럼 보이던 것이 놀라운 자비였다는 것을 깨닫게 됩니다.

17. 그러나 네가 마음에 이르기를 내 능력과 내 손의 힘으로 내가 이 재물

을 얻었다 말할 것이라

18. 네 하나님 여호와를 기억하라 그가 네게 재물 얻을 능력을 주셨음이 라 이같이 하심은 네 조상들에게 맹세하신 언약을 오늘과 같이 이루려 하심이니라

성경 어디에도 이 모든 것을 표현하거나 확증하는 곳이 없습니다. 하나님이 이와 같이 당신을 파괴하시기에, 당신이 어떠한 능력도 자신의 것으로 여기지 못할 것이라는 말입니다. 그러므로 '내 손으로 이 모든 일을 했다.' 즉 내 노력, 수고, 성실로 "이 큰 재물을 얻었다" 말하지 못할 것입니다. 다만 모든 능력은 하나님 안에 있고 당신에게는 약한 모습만 있다는 것을, 따라서 이 위대한 역사를 이루신 분은 오직 하나님밖에 없다는 것을 기억하게 될 것입니다. 이 영혼은 이처럼 아무것도 자신의 것으로 여길 수 없습니다. 하나님이 이렇게 위대한 것들을 흙으로 만든 그릇에 담으셨기에, 능력은 사람이 아니라 그분의 것입니다. 사람은 제 몸의 흙과 더러움만 보기에 아무것도 자기의 것으로 여길 수 없습니다.

9장

1. 이스라엘아 들으라 네가 오늘 요단을 건너 너보다 강대한 나라들로 들어가서 그것을 차지하리니…
3. 오늘 너는 알라 네 하나님 여호와께서 맹렬한 불과 같이 네 앞에 나아가신즉 여호와께서 그들을 멸하사

'요단으로 가는 이 길'은 하나님 안으로 들어가기 위해 영혼이 자기 자신에게서 벗어나는 것을 상징합니다. 영혼은 그의 적들을 통과해야 합니다. 하나님은 그들의 모든 힘을 소멸시키고 파괴하기 위해 '맹렬한 불'처럼 앞서가십니다.

4. 네 하나님 여호와께서 그들을 네 앞에서 쫓아내신 후에 네가 심중에 이르기를 내 공의로움으로 말미암아 여호와께서 나를 이 땅으로 인도하여 들여서 그것을 차지하게 하셨다 하지 말라 이 민족들이 악함으로 말미암아 여호와께서 그들을 네 앞에서 쫓아내심이니라

무엇보다도 하나님은, 영혼이 자신의 결백과 신실함 때문에 하나님이 그를 위해 그토록 많은 기적들을 행하셨고, 다른 사람들은 그들의 죄 때문에 그것들을 빼앗겼다고 믿거나 상상하기 시작하는 것을 기뻐하지 않으십니다. 아! 하나님은 우리의 자기 의를 신경 쓰지 않으시고 많은 자비

를 베풀어 주시는데, 그분의 목적은 우리의 자기 의를 파괴하시는 것입니다. 그러나 영혼은 아무것도 살피지 않고 하나님의 능력 안에서 모든 것을 보면서, 자기 안에서는 아무것도 보지 않고 변함없이 자기 자신을 중요하게 여기지 않아야 합니다. 이런 수준에 이르려면 모든 자기 의가 반드시 파괴되어야 하기 때문입니다. 우리가 그 안으로 들어가는 것은 우리의 의 때문이 아닙니다. 그러므로 하나님이 우리 안에서 모든 자기 의를 파괴하시는 것은, 오직 그것을 통해 하나님 안으로 들어갈 수 있다고 믿지 않게 하시기 위함입니다.

5. 네가 가서 그 땅을 차지함은 네 공의로 말미암음도 아니며 네 마음이 정직함으로 말미암음도 아니요…

모세는 이 모든 것을 반복하면서 '행위'나 '정직함'이나 자기 의로는 그런 큰 선을 얻을 수 없다는 것을 잘 보여 주지 못하는 것 같습니다. 만일 그런 선을 얻을 수 있는 것이 있다면, 다른 무엇보다도 '정직함'과 고결함일 것입니다. 그러나 이것도 사라집니다. 그러므로 하나님을 어떠한 선이나 중간에 있는 도구로 소유할 수 없기 때문입니다.

6. 그러므로 네가 알 것은 네 하나님 여호와께서 네게 이 아름다운 땅을 기업으로 주신 것이 네 공의로 말미암음이 아니니라 너는 목이 곧은 백성이니라
7. 너는 광야에서 네 하나님 여호와를 격노하게 하던 일을 잊지 말고 기억하라 네가 애굽 땅에서 나오던 날부터 이곳에 이르기까지 늘 여호와

를 거역하였으되

모세는 다시 한 번 하나님이 그들을 능동적인 상태에서 이끌어 내시던 때부터 그들이 끊임없이 범죄하여 '하나님을 격노하게' 했다는 사실을 잊지 말라고 특별히 강조하며 충고합니다. 그래서 이 장의 나머지 부분에 그들이 기나긴 광야 길에서 범한 모든 죄들을 구체적으로 지적합니다.

오, 지혜여, 심오한 하나님의 말씀이여! 셀 수 없는 우리의 죄와 불신앙을 보면, 하나님이 내적 단계들과 그분의 순전한 사랑을 위해 우리를 택하신 것은 우리의 공로 때문이 아니라는 것을 납득할 수밖에 없게 됩니다. 하나님이 가장 밝은 빛을 비추셔서 신비한 광선으로 채워 주셨기에 더욱 그렇습니다. 우리는 끊임없이 그분의 은혜를 저버리고 반역했습니다. 그래서 하나님은 영혼을 그분 안으로 들여 보내시기 전에 이와 같이 행하십니다. 영혼을 넘어뜨려 깊은 심연으로 던져넣는 모든 불신앙과 죄들을 구체적으로 보여 주시는 것입니다.

마지막으로 모세는 26절에서 하나님의 영광만을 고백하며 결론을 맺습니다. 그분이 백성들에게 이와 같이 많은 선을 행하신 것은, 그들이 그분의 소유이며 '기업'이기 때문입니다. 그래서 하나님은 '크신 능력과 펴신 팔'로 그들을 '속량'하시고 인도하셨습니다. 다시 말해 그분은 아무 이유 없이 (은혜로) 그들을 택하셔서 그분의 능력과 지혜와 사랑을 나타내셨습니다.

10장

9. 그러므로 레위는 그의 형제 중에 분깃이 없으며 기업이 없고 네 하나님 여호와께서 그에게 말씀하심같이 여호와가 그의 기업이시니라

'하나님의 기업이 된다'는 것은, 자기를 내어 드린 이 백성처럼 그분께 자신을 내어 드리고 그분의 인도를 받는 것입니다. 그러나 '하나님이 우리의 기업이 되시는' 것은 영혼이 온전히 소멸된 때에만 일어날 수 있습니다. 그러므로 철저하고 확고하게 소멸된 이 영혼들에게는 감각적인 은혜나 다른 이들의 눈에 띄는 소유물들에 대한 '분깃이 없습니다.' '하나님만'이 그들의 '분깃이며 유업입니다.' 마치 다윗이 진실로 "오 하나님 당신은 내 마음의 하나님(반석)이시요 영원한 분깃이시라"고 노래할 때(시 37:26), 놀라운 신비를 경험한 것처럼 말입니다. 이것은 또한 레위 집안, 곧 대제사장들과 자기가 소멸된 사람들이 특별한 방식으로 경험했던 것입니다.

14. (보라) 하늘과 모든 하늘의 하늘과 땅과 그 위의 만물은 본래 네 하나님 여호와께 속한 것이로되

'하늘'은 높이 들어올려져서 하나님과 연합된 능력(기능)을, '모든 하늘의 하늘'은 하나님이 거하시는 중심을 의미합니다. 그래서 모세는 연합이 능력 안에서 이루어져서 그들이 하나님의 소유가 될 뿐만 아니라, 그 중

심, 곧 모든 하늘의 하늘도 본질적 연합으로 하나님께 속한다고 말합니다. 그래서 인간의 영을 하늘이라 부르는 것처럼, 그 영의 가장 중요한 부분도 모든 하늘의 하늘이라고 하는 것입니다. 그리고 '보라'는 말로, 이미 도달한 상태임을 나타냅니다.

> 17. 너희의 하나님 여호와는 신 가운데 신이시며 주 가운데 주시요 크고 능하시며 두려우신 하나님이시라 사람을 외모로 보지 아니하시며 뇌물을 받지 아니하시고

모든 하늘의 하늘이 하나님의 것이기에, '신 가운데 신'이신 하나님이 거하시는 곳도 거기에 있습니다. 마치 하나님이 그분을 위해 구별된 우뚝 솟은 시온에 거하시는 것처럼 말입니다. 이것은 거기에 존재한다는 이유로, 종종 하나님으로 여겨지는 것이 그분의 은혜에 불과하다는 것과, 모든 하늘의 하늘에 거하시는 분이 신 가운데 신이요, 모든 것의 하나님이시며 이 모든 거룩한 은사들의 주라는 것을 잘 보여 줍니다.

모세는 덧붙이기를, 하나님은 그분의 본질이 그러하듯이 '주 가운데 주시요, 크고 강하고 능하시며 두려우신 하나님'이라고 합니다. 그러나 자신을 온전히 주시는 하나님은 '사람의 외모나 은사를 보지 않으십니다.' 개인의 것은 모두 파괴되고 소멸시켜야 합니다. 마찬가지로 우리도 모든 은사들을 비우고 제거해야 합니다. 바로 그때 하나님은 아무것도 아닌 존재를 그분 안으로 받아들이십니다. 그러나 그렇게 하지 않으시면, 그는 결코 그분 안으로 들어가지 못할 것입니다.

21. 그는 네 찬송이시요 네 하나님이시라 네 눈으로 본 이같이 크고 두려운 일을 너를 위하여 행하셨느니라

하나님은 친히 이 영혼의 '찬송'이 되셨습니다. 영혼 안에서 스스로를 찬양하십니다. 그래서 영혼은 오직 그분만을 찬송합니다. 하나님은 영혼 안에서 '크고 두려운 일'을 행하신 후 결국 그의 찬송이 되십니다. 그분만이 모든 찬송을 받으시기에 합당하기 때문입니다. 그러므로 '그의 눈은 그 모든 것을 보며' 그것에 대한 온전한 지식을 얻게 됩니다.

11장

10. 네가 들어가 차지하려 하는 땅은 네가 나온 애굽 땅과 같지 아니하
니 거기에서는 너희가 파종한 후에 발로 물 대기를 채소밭에 댐과 같
이 하였거니와
11. …산과 골짜기가 있어서 하늘에서 내리는 비를 흡수하는 땅이요
12. 네 하나님 여호와께서 돌보아 주시는 땅이라 연초부터 연말까지 네 하
나님 여호와의 눈이 항상 그 위에 있느니라

'애굽 땅'과 약속의 땅은 완전히 다릅니다. 증식되는 단계인 애굽 땅은 '채소밭처럼 물을 댈' 필요가 있습니다. 여기서 물을 댄다는 것은 의로운 행위입니다. 이것이 없으면 이 땅은 아무것도 열매 맺지 못하게 됩니다. 그러나 약속의 땅은 그렇지 않습니다. '산'처럼 높여진 영혼들이 있고, '골짜기'처럼 쾌적하고 기름진 영혼들도 있지만, 둘 다 온전히 수동적이며 물을 대려고 애쓰지 않습니다. 그들은 오직 '하늘에서 내리는 비'를 흡수합니다. 땅의 물이 아니라 하늘의 물을 공급받습니다. 그래서 하나님은 잠시도 그 땅을 버려두지 않으시고 끊임없이 '내려다보십니다.' 그분의 눈은 처음부터 끝까지 그 위에 있어 한순간도 쉬지 않고 지켜보십니다.

오 자신의 모든 수고를 중단하고 하늘의 비를 받기 위해 드러낸 채 기다리는 영혼은 행복합니다. 그런 영혼은 결코 그 기대가 꺾이거나 좌절되지 않습니다. 하나님은 그분의 예비하심으로 그를 돌보고 지키시느라 여

념이 없으시기 때문입니다. 그분은 영혼이 쉬는 동안 지켜보십니다. 하나님이 일하시는 것이 피조물이 수고하는 것보다 낫지 않습니까? 내어 드리세요, 포기하세요. 그리고 하나님이 일하시게 맡겨 드리세요!

13. 내가 오늘 너희에게 명하는 내 명령을 너희가 만일 청종하고 너희의 하나님 여호와를 사랑하여 마음을 다하고 성품을 다하여 섬기면

하나님이 우리에게 주시는 모든 은혜와 명령은 오직 '마음을 다해 그분을 사랑하게' 만듭니다. 하나님은 그분을 위해 모든 것을 원한다고 거짓말하는 이 마음을 질투하시는 분이기 때문입니다. 그분은 오직 사랑을 요구하십니다. 오, 순전한 사랑은 너무나도 드물고 귀합니다! 당신에게는 하나님의 모든 돌보심과 일하심이 필요합니다. 그래서 피조물이 모든 고통과 끔찍한 헐벗음을 당하게 합니다! 오 순전한 사랑, 당신을 어디에서 발견하게 될까요? 오직 하나님 안에서만 찾을 수 있습니다. 그러므로 영혼 안에 하나님이 거하지 않으시면, 당신은 그곳에 있을 수 없습니다. 당신은 그분 안에 있고, 그분에게서 나와 그분께 돌아갑니다. 그러나 이 사랑의 본질이자 중심이며 마지막이신 그분을 벗어나면 부정함만 있을 뿐입니다.

12장

8. 우리가 오늘 여기에서는 각기 소견대로 하였거니와 너희가 거기에서는 그렇게 하지 말지니라

모세는 자기를 내어 드린 이 귀한 영혼들이 약속의 땅에 도착하면, 더는 믿음의 광야에서와 같은 일들을 행하지 않을 것이라고 합니다. 자기 정직의 열매 같은 것들을 거두거나, 어려움 혹은 제한이 없을 것입니다. 그들이 죄가 없는 거룩한 단계에 이르렀기 때문에 의로운 일들을 온전히 행하게 될 것입니다. '그들의 소견이 그렇다거나' 그들의 의로움 때문이 아니라, 그들이 하나님의 의에 감동되어 온전한 자유 가운데 그렇게 행하게 될 것입니다.

모세가 이 장에서 하나하나 열거하며 선포한 바와 같이, 그들이 광야보다 약속의 땅에서 더 많은 일들을 행해야 할지라도, 하나님이 모든 일을 하시는 것처럼, 연합과 안식 가운데 행하게 될 것입니다. 하나님 안에서 그분의 사랑의 법에 부드럽게 충동되어 행하게 될 것이기 때문입니다. 그래서 그 법의 영향력이 다양하게 나타나도 그 본질 안에서 완전히 연합되어 평화롭습니다.

모세는 앞서 그들이 이 땅으로 인도받는 것이 그들의 의로움 때문이 아니라고 말했습니다. 그들의 의는 그 땅에 들어갈 수 있을 정도로 순전하지 않았습니다. 그들을 그 땅으로 인도하는 의는 거짓이 전혀 없는 하

나님의 의입니다. 이 영혼은 영원한 법인 진리 안에 있었기 때문에, (이스라엘 백성이 모세를 통해 받은 하나님의 법에 지배를 받던 것처럼) 오직 하나님이 판단하시는 대로만 판단할 수 있습니다. 따라서 하나님이 보시기에 의로운 것은 영혼의 눈에도 의롭게 보입니다. 이제 그는 하나님의 눈으로만 봅니다. 그래서 그는 잘못을 저지르지 않고 온전한 자유를 누리며 살아갑니다. 사람들은 그를 그렇게 여기지 않아도 말입니다.

9. 너희가 너희 하나님 여호와께서 주시는 안식과 기업에 아직은 이르지 못하였거니와

그들이 아직 이런 자유와 거룩한 의를 받지 못한 것은, 여전히 '여호와의 기업과 안식'에 이르지 못했기 때문입니다. 그러나 그들이 거기에 '들어가게 되면,' 오, 그는 아무것도 그들을 제한할 수 없다는 것을 깨달을 것입니다. 그들은 모든 것을 하나님 안에서 행하기 때문에 놀라운 자유와 지극한 순결함으로 행하게 됩니다.

10. …너희 주위의 모든 대적을 이기게 하시고 너희에게 안식을 주사 너희를 평안히 거주하게 하실 때에
12. 너희와 너희의 자녀와 노비와 함께 너희의 하나님 여호와 앞에서 즐거워할 것이요 네 성중에 있는 레위인과도 그리할지니 레위인은 너희 중에 분깃이나 기업이 없음이니라

그들은 거기서 심지어 '모든 대적들 사이에서' 놀라운 평안을 누리게

될 것입니다. 대적들은 감히 그들에게 접근하지 못할 것입니다. 그러므로 그들은 마치 영원한 단계에 있는 것처럼 '평안히 거하게 될 것입니다.' 철저하게 흠이 없는 즐거움과 자유를 누리게 될 것입니다. 그리하여 하나님 앞에서 즐거워하게 될 것입니다. '자녀들과 남녀 종들'이 모두 이 흠 없는 기쁨을 함께 누릴 것입니다. 또한 가장 탁월한 사람들이요 지도자들로, 그들과 '같은 성안에 거하는 레위인들도' 함께 기뻐할 것입니다. 그리고 그들은 당신과 이 기쁨을 나눌 것입니다. 당신과 나누는 것이 그들에게 남겨진 유일한 일이기 때문입니다. 다윗은 그것을 경험했을 때 다음과 같이 말했습니다. "오, 주여! 주님 안에 있는 모든 자들이 즐거움에 사로잡힌 자들과 같습니다."

17. 너는 곡식과 포도주와 기름의 십일조와… 네 각 성에서 먹지 말고
18. 오직 네 하나님 여호와께서 택하실 곳에서 네 하나님 여호와 앞에서 너는 네 자녀와 노비와 성중에 거주하는 레위인과 함께 그것을 먹고 네 손으로 수고한 모든 일로 말미암아 네 하나님 여호와 앞에서 즐거워하되

'성안(성중)에서', 즉 사람들 앞에서 '금지된 것들이' 너무나도 많지만, 그럼에도 어떤 것은 하나님 앞에서 흠 없이 행할 수 있습니다. 사도 바울은 그것을 충분히 경험했습니다(고전 9–10장). 모세가 '너는 십일조를 성안에서 먹지 말라'고 한 것은 바로 이런 의미입니다. 여기서 '너'는 여전히 자기 자신을 소유하고 있는 영혼들을, '성'은 마음이 상한 사람들을, '십일조'는 적법한 의식을 의미하는데, 이들은 모두 사랑 안에서 연합됩니다.

너무나 많은 것들이 나약하고 우매한 영혼들의 마음을 아프게 하는 것처럼 보입니다. 그러나 그럼에도 그것들은 율법을 성취하는 가장 순전한 방식일 뿐입니다.

그러나 이것은 거룩한 깨달음을 얻는 단계의 영혼들만 알게 됩니다. 약한 자들의 마음을 상하지 않게 하려면 스스로 약한 자들과 같이 되어야 합니다. 바울에게는 모든 것이 합당하지만, 모든 것이 유익한 것은 아니었습니다(고전 6:12). 모든 것이 허용되지만, 모든 것이 건설적인 것은 아닙니다.

또한 이 십일조를 '하나님이 택하신 곳에서 즐거이' 먹어야 합니다. 모든 일을 행하시는 하나님은 이 영혼에게 특정 법들을 주셔서 그를 그 법에서 해방시키십니다. 그러므로 이것은 '레위인들'로 상징되는 상위 영역과 남녀 '노비'로 나타나는 하위 영역을 아우르는 보편적인 즐거움이 될 것입니다. 다시 말해 우리는 되돌아갈 것을 염려하거나 고민하지 말고 하나님이 친히 베풀어 주시는 거룩한 자유로 행하며 주님의 소유들로 충만해져서 '우리가 하는 모든 것에 즐거워해야 합니다.'

20. 네 하나님 여호와께서 네게 허락하신 대로 네 지경을 넓히신 후에 네 마음에 고기를 먹고자 하여…

하나님은 영혼을 크게 '넓히고' 확장하셔서 새로운 자유 가운데 두십니다. 그로 인해 그는 이전에 죽음을 가져왔던 것을 무사히 '먹을 수 있게' 됩니다. 백성은 광야에서 '고기(육신)'를 갈망하다가 무시무시한 벌을 받았습니다. 그런데 여기에서는 마음껏 먹을 수 있는데, 그들에게 아무 재앙도 일어나지 않습니다. 오히려 그들은 여호와 앞에서 즐거이 먹으라는 권고를 받습니다.

성경은 처음에 그들이 고기를 '욕심냈다'고 말씀하면서 이렇게 결정했습니다(민 11:34). 그래서 그들이 벌을 받은 곳은 '탐욕의 무덤'(기브롯 핫다아와)이라 불렸습니다. 그러나 여기에서 먹는 것은 그것과 완전히 다릅니다. 이제는 허락하고 명령하셨기 때문에 먹습니다. 그들은 하나님의 뜻을 행하려고 그것을 먹습니다. 그들의 감각을 만족시키려고 먹는 것이 아닙니다. 따라서 그들은 그것을 즐거이 먹습니다. 그들에게서 모든 탐욕과 악의가 제거되었기 때문입니다. 이 영혼들은 더 이상 자신을 억제하려 하지 않습니다. 다만 모든 것을 하나님의 이름으로 악의 없이 그리고 거리낌 없이 사용합니다. "먹는 자는 먹지 않는 자를 업신여기지 말고, 먹지 않는 자는 먹는 자를 비판하지 말라"(롬 14:3). 주님은 그를 그분의 소유에, 온전히 그분의 것이기에 모든 것 가운데 그분의 기쁨을 발견하는 자들의 수에 포함시키셨습니다.

14장

1. 너희는 너희 하나님 여호와의 자녀이니 죽은 자를 위하여 자기 몸을 베지 말며…
2. 너는 네 하나님 여호와의 성민이라 여호와께서 지상 만민 중에서 너를 택하여 자기 기업의 백성으로 삼으셨느니라

모세는 이 백성에게 어린 '자녀'같이 되라고 말합니다. 이것은 악의가 없는 죄 없는 영혼들의 특징입니다. 더불어 그는 그들에게 몸에 상처를 내거나 '베지 말라'고 금합니다. 자녀들은 이런 일을 하지 않습니다. 다만 하나님의 뜻 가운데 살면서 자기들에게 일어나는 일을 받아들이기에 아무것도 구하지 않습니다. 모세가 이런 명령을 한 이유는 그들이 '그들의 하나님 여호와의 성민'이기 때문입니다. 마치 그는 그들에게 이렇게 말하는 것 같습니다. "너희 자신을 위해 거룩하지 마라. 너희는 그렇게 거짓된 거룩의 표시나 흔적과는 아무 상관이 없다. 다만 너희는 하나님을 위해 거룩하라. 너희는 그분이 원하시는 만큼 거룩해져야 한다. 즉 자녀가 되어라. 하나님은 이것을 가장 기뻐하신다고 말씀하셨다. 그분은 너희를 '지상 만민 중에서 그분의 보배로운 백성으로 택하여 자기 기업의 백성으로 삼으시려고' 자녀로 삼으신 것이다."

26장

18. 여호와께서도… 오늘 너를 그의 보배로운 백성이 되게 하시고 그의 모
든 명령을 지키라 확언하셨느니라
19. 그런즉 여호와께서 너를 그 지으신 모든 민족 위에 뛰어나게 하사 찬
송과 명예와 영광을 삼으시고 그가 말씀하신 대로 너를 네 하나님 여
호와의 성민이 되게 하시리라

하나님은 '오늘', 즉 그분의 영원한 날에, 앞에서 설명한 것처럼 '백성을 높여 주십니다.' 그리하여 그들을 '그분의 보배로운 백성이 되게 하십니다.' 하나님은 그들을 다른 무엇보다도 뛰어나게 하십니다. '지으신 모든 민족 위에 뛰어나게 하셔서 찬송과 명예와 영광을 얻게 하십니다.' 다른 모든 선하고 거룩한 길들은 하나님을 찬송하기 위해 지어졌습니다. 그래서 백성은 그 길에서 그분의 영광을 위해 그분의 거룩한 이름을 송축하려고 노력합니다. 그러나 (그분의) 찬송과 이름과 영광은 그분이 아닙니다. 그분을 벗어나는 순간 그것들은 그분이 아닙니다. 그러나 찬송이나 영광에 대해 생각하지 않는, 자기가 소멸된 이 영혼들은 '여호와의 성민'입니다. 그들이 자기들의 비천함과 비참함으로 그분의 거룩을, 자기들의 약한 모습으로 그분의 능력을, 자기 의의 상실로 그분의 의를 온전히 높여 드리기 위해 모든 것을 잃었기 때문입니다.

다른 이들은 힘을 다해 찬양함으로 하나님께 영광을 올려 드립니다.

그러나 이들은 자기들을 소멸시켜 하나님의 성도가 되었습니다. 하나님의 거룩만 남기려고 자기의 모든 거룩을 상실했습니다. 그들은 자기들을 알지 못하는 사람들을 위해 거룩한 것이 아닙니다. 스스로 죄로 얼룩져 있고, 죄악 자체라고 여기기에 자기 자신을 위해 거룩한 것도 아닙니다. 그들은 칭찬이나 명예, 영광을 위해 또는 꽤 중요해 보이는 일들을 위해 거룩한 것이 아닙니다. 그러기는커녕 그들의 몫으로 비참함과 경멸과 혼란만을 소유하고 있기 때문입니다.

27장

9. …이스라엘아 잠잠하여 들으라 오늘 네가 네 하나님 여호와의 백성이 되었으니

지금까지 하나님의 은혜로 살며 그분께 헌신했을지라도, 오직 자신 자신에게서 벗어나는 그 순간에, 진실로 '여호와의 백성'이 됩니다. 이날, 모든 본질적 특성을 잃은 영혼은 하나님이 자신을 받으셨음을 깨닫습니다. 그는 또한 자기 자신에게서 벗어났기에 더 이상 그분께 저항하지 않는다는 점에서 특별하게 그분의 백성이 되었습니다. 모든 영혼은 자기 자신이 남아 있는 만큼 하나님께 저항하고, 자기 자신에게서 벗어나는 만큼 그분께 순종하기 때문입니다.

28장

9. 여호와께서 네게 맹세하신 대로 너를 세워 자기의 성민이 되게 하시리니 이는 네가 네 하나님 여호와의 명령을 지켜 그 길로 행할 것임이니라

이들은 순식간에 여호와의 '백성'이 될 뿐만 아니라, 이 단계에 '세워지게' 될 것입니다. 만일 그들이 그분의 뜻대로 신실하게 '그분의 길로 행하면', 하나님은 자신을 위해 그분의 거룩함으로 그들을 견고하게 세우실 것입니다.

12. 여호와께서 너를 위하여 하늘의 아름다운 보고를 여시사…

'하늘의 아름다운 보고를 여신다'는 것은, 이 단계에 도달한 영혼들에게 하늘의 모든 것, 다시 말해 오직 하늘에서 부어지는 지식을 주셔서 그만큼 그분을 소유하게 해주신다는 말입니다.

15. 네가 만일 네 하나님 여호와의 말씀을 순종하지 아니하여…
19. 네가 들어와도 저주를 받고 나가도 저주를 받으리라

그러나 그렇게 아름다운 길을 버리고 무시무시한 불신앙에 빠져 하나님을 떠난 영혼은, 본질적 특성으로 '되돌아가는' 그 순간, '저주를 받

게 될 것입니다.' 또한 스스로 하나님을 버리고 '떠나면서' 루시퍼와 동일 한 재앙으로 저주를 받게 될 것입니다.

> 20. 네가 악을 행하여 그를 잊으므로 네 손으로 하는 모든 일에 여호와께서 저주와 혼란과 책망을 내리사 망하며 속히 파멸하게 하실 것이며
> 21. 여호와께서 네 몸에 염병이 들게 하사…
> 23. 네 머리 위의 하늘은 놋이 되고 네 아래의 땅은 철이 될 것이며
> 25. 여호와께서 네 적군 앞에서 너를 패하게 하시리니…
> 26. 네 시체가 공중의 모든 새와 땅의 짐승들의 밥이 될 것이나 그것들을 쫓아 줄 자가 없을 것이며
> 28. 여호와께서 또 너를 미치는 것과 눈머는 것과 정신병으로 치시리니

그때 당신은 모든 악한 것들에 압도당하게 될 것입니다. 이를테면 죄와 귀신이 보복하는 지옥에 있는 것 같을 것입니다. 죄가 '염병처럼' 당신에게 들러붙고, 다른 모든 재앙이 잇따를 것입니다. 당신은 모든 원수(적)들의 손에 넘겨져서 죄에 대한 모든 재앙과 처벌을 감당하게 될 것입니다. '하늘이 놋이 되어' 더 이상 당신에게 귀기울이지 않을 것입니다. 그래서 당신은 더 이상 기도하거나 회개하지 못하게 될 것입니다. 오, 화, 화로다! 이제 은혜의 이슬 대신 먼지밖에 없습니다. 그 후 이 영혼들은 모든 '적군 앞에서 패하여' 그들에게 끔찍한 죄로 죽임 당하게 됩니다. 모든 것이 점점 악화됩니다. 상처만 입어도 죽습니다. 나중에 이런 상태에 '눈이 멀고' 완고해질 뿐만 아니라 미치게 되는데, 이것은 절망입니다.

29장

4. 그러나 깨닫는 마음과 보는 눈과 듣는 귀는 오늘 여호와께서 너희에게 주지 아니하셨느니라

사람이 이 길을 걸을지라도 끝에 이르기 전에는 이 모든 것을 '알거나 깨달음을 얻거나 이해할 수' 없다는 것은 사실입니다. 그 길에 있는 동안에는, 이전에 혹시 그것들에 대해 들었을지라도 다 이해할 수 없습니다. 그러나 도착하자마자 어떻게 '눈'이 열리고, '마음'이 깨달아져서, 모든 것들을 이해하게 되는지 보면서 크게 놀랍니다.

26. 가서 자기들이 알지도 못하고 여호와께서 그들에게 주시지도 아니한 다른 신들을 따라가서 그들을 섬기고 절한 까닭이라
28. 여호와께서 또 진노와 격분과 크게 통한하심으로 그들을 이 땅에서 뽑아내사 다른 나라에 내던지심이 오늘과 같다 하리라

이들은 자기 자신을 되찾고 본질적 특성을 회복한 자들로 자기의 길로 행하려고 악한 행실로 하나님의 통치에서 벗어났을 것입니다. 그러므로 자기를 포기하고 내어 드리기보다 이기심을 채우고 싶어서 자기 자신을 돌보는 자리로 되돌아가기 위해 안식의 자리를 떠났을 것입니다. 그 순간부터 진노하신 하나님은 이들의 뜻을 '뽑아 내셔서' 더는 안식이 없는 '다른 나라에 내던져 버리실' 것입니다.

30장

2. 너와 네 자손이 네 하나님 여호와께로 돌아와 내가 오늘 네게 명령한 것
을 온전히 따라 마음을 다하고 뜻을 다하여 여호와의 말씀을 청종하면
3. 네 하나님 여호와께서 마음을 돌이키시고 너를 긍휼히 여기사 네 포로
에서 돌아오게 하시되 네 하나님 여호와께서 흩으신 그 모든 백성 중
에서 너를 모으시리니

그러나 모세는, 이렇게 범죄하여 버림받은 영혼들이 '하나님께로 돌아와 마음을 다하여 순종하기' 시작하면, 그분이 그들을 '포로에서 돌아오게 하실' 것이라고 단언합니다. 이런 사람들이 돌이키기 어려운 것은 하나님의 책임이 아닙니다. 사랑과 자비가 전부이신 그분은 "죄인의 죽음을 원치 않으시고, 오히려 그가 돌이켜 살기를 바라십니다." 다시 말하지만, 그들이 돌이키기 어려운 것은 하나님 때문이 아닙니다. 그분은 돌아오는 자들을 받아들이시려고 항상 팔을 벌리고 계십니다. 그러므로 어거스틴이 말한 것처럼, 하나님의 품안으로 뛰어들 때, 그분이 팔을 거두어 우리가 넘어지게 내버려 두신다고 생각하지 마십시오.

그런 생각은 그분을 모독하는 것입니다. 그분은 돌아오는 자들을 받아들이시려고 십자가에서 팔을 벌리고 죽으셨기 때문입니다. 그러나 이런 어려움이 영혼에게서 비롯되어 지속되는 단계에 이르면, 큰 어려움에 처할 수밖에 없습니다. 더욱이 긴밀한 연합으로 자신과 하나님을 구별할 수

없는 단계에 오랜 기간 머물러 있으면, 하나님을 저버리든지, 또는 그분께 돌아갈 수 없습니다. 오랜 습관이 되어 실제로 타락했는데도 이제는 그 행동을 바꿀 수 없습니다.

그래서 이런 종류의 타락과 회개가 똑같이 어려운 것입니다. 다시 말해 이렇게 세워져 하나님과 일치된 단계에서는 그 마음이 어느 한편을 따를 수가 없습니다.

영혼은 두 가지 방법으로만 거기서 빠져나올 수 있습니다. 루시퍼의 교만으로 하나님의 능력과 힘을 자기의 것으로 여기게 되어 그 상태에 안주하며 헛되이 자신을 높이는 것입니다. 심지어 하나님이 자신을 통해 하신 일을 자기 능력과 공로로 여기는 지경에 이릅니다. 그러므로 탁월한 은혜와 거룩함의 단계에서 추락하여 이렇게 불신에 빠진 사람들은 악한 천사들을 그대로 본받아 타락했기에 뉘우치지도 않습니다. 그래서 그들이 은혜와 자신의 무력함을 망각하면서 범죄할수록, 돌이키기가 훨씬 더 어려워지는 것입니다.

하나님으로부터 벗어나는 또 다른 방법은, 자기 행위로 되돌아가기 위해 자아를 되찾고 스스로 그분의 통치에서 빠져나와 결국 본질적 특성을 되찾는 것입니다. 보십시오, 이런 영혼들은 다음 두 종류의 죄악으로 재앙에 문을 열어 주게 됩니다. 교만과 어리석은 자기만족으로 마음이 산만하고, 자아를 본질적 특성에 넘겨주어 그 뜻이 나쁜 길로 빠지면서 하나님의 통치에서 벗어나는 것입니다. 그리하여 이것은 그들이 나중에 범하는 다른 모든 죄의 근원이 됩니다. 따라서 스스로 이렇게 하여 사라지는 것이 그들에게는 가장 어려운 일이라고 쉽게 생각할 수도 있습니다. 그래서 타락한 영혼들이 이런 수준에 이른 예가 거의 또는 아예 없는 것입니다.

그러나 우리가 깨어 있어도 충분히 일어날 수 있는 일입니다.

이런 영혼들이 타락한 후에 하나님께 돌아가기가 그렇게 어려운 것은, 일치된 단계에 세워져서 선한 것에 확고하던 것처럼 악한 것에도 만족하기 때문입니다. 또 이것은 루시퍼가 돌이킬 수 없었던 이유이기도 합니다. 그들은 하나님과 하나되면서 방향을 바꾸는 습성을 상실해 버려서 더 이상 하나님께 돌아설 수 없습니다. 그러나 그런 상황을 거의 불가능하게 만드는 것은, 그들이 전과 같이 능동적인 차원에서 회개하려 하기 때문입니다. 그리고 그들을 인도하는 자들도 그것을 원하는데, 무익하고도 불가능한 일입니다.

그러니 지도자들이여, 이와 같은 영혼들을 능동적인 회개로 괴롭게 하지 말고, 그들이 감당할 수 있는 만큼 굴욕과 수치를 당하게 하여, 하나님의 진노의 깊은 가뭄을 마시게 해야 합니다. 하나님의 공의에 복종하여 은혜 가운데 용서받고 다시 세워지게 될지 고민하지 말고, 하나님의 뜻이라면 결코 용서받지 못해도 만족하도록 가르쳐야 합니다. 그들이 높은 단계에서 추락하여 많은 은혜를 잃었기 때문에, 모든 이기심을 벗고 하나님의 공의의 강력한 폭풍에 노출된 상태로 있어야만 합니다. 그들은 타락 당시에 이미 도달해 있던 것보다 낮은 차원의 기도로 돌아가려 해서는 안 됩니다. 지도자들이 그것을 강요하더라도 그러면 안 됩니다. 그것은 사람을 어머니의 태에 다시 들어가게 하는 것만큼 불가능한 일입니다. 그들은 결코 성공할 수 없을 뿐만 아니라, 오히려 그로 인해 성장하는 데 방해 받게 될 것입니다.

이 영혼들의 아비들이여, 그들을 그런 상태에 두어 하나님의 공의에 가차없이 넘겨 버리십시오. 그들이 거기에서 조금이라도 벗어나거나 떠나지 못하게 하십시오. 오 무시무시한 회개에 자신을 내어 맡길 용기 있는 자가 얼마나 드문지요. 그러므로 자기들에게 맡겨진 영혼들을 회개에 맡길 용기 있는 지도자들은 더더욱 희귀하고 드뭅니다! 그래서 적절한 처방을 받지 못해 타락 이후의 영적인 삶이 그렇게 황폐해지는 것입니다. 사람들은 약한 자들에게 화를 내고, 가난한 자들의 절망은 타락한 자들에게 향합니다. 그러나 영혼들이 자신을 하나님의 공의에 불태워 소멸시킬 만큼 신실하고 담대하다면, 머지 않아 이전에 추락한 것보다 아마도 더 높여진 단계로 회복될 것입니다. 이렇게 회개하는 자들을 위로하시려고 하나님은 선지자를 통해 약속하셨습니다. "내가 넘치는 진노로 내 얼굴을 네게서 잠시 가렸으나 영원한 자비로 너를 긍휼히 여기리라"(사 54:8).

이런 회개가 수동적인 길에서 성숙된 영혼들에게 합당한 것은, (이미 성숙된 경우를 제외하고) 첫째, 아무것도 없는 상태가 초자연을 즉각적이고 직접적으로 임하게 하여 하나님의 충만함이 피조물의 빈 곳에 부어지기 때문입니다. 따라서 탁월한 초자연의 단계에 있었기에 높은 단계에서 추락한 사람들이 다시 그 자리에 세워지려면 가장 초자연적인 소통이 필요합니다. 그러므로 그들은 자신의 비참함을 받아들이고 사랑하면서 자신을 하나님의 처분에 영원히 내어 맡겨 아무것도 없는 상태로 있어야 합니다. 그래야 들어갈 수 있습니다. 그렇지 않으면 스스로 일구고 노력한 것들로 다시 자기 자신을 채우려다가, 그들을 일으켜 세워 본래의 단계로 돌아가는 데 필요한 풍성한 은혜를 가로막는 새로운 장애물을 놓게 될 것입니다. 마치 어떤 형상이든 비우거나 정결케 할 게 있는 곳에 들어가는 것보다, 아무것도 없는 텅 빈 곳에 들어가는 것이 더 수월한 것과 마찬가지입니다.

둘째로, 영혼이 하나님을 위해 희생하며 자기 이익을 포기할수록, 훨씬 더 빠르고 순조롭게 돌이키게 되는 것은 분명합니다. 가엾은 피조물이 자기를 위하거나 하나님의 영광에 온전히 헌신하지 않는 모습이 아니라, 그분의 공의의 폭풍을 온전히 받아들이는 모습을 보여 드리는 것만큼, 그분의 마음을 감동시켜 놀라운 자비를 베풀게 만드는 것은 없습니다. 실제로 이렇게 마음을 정하는 그 순간부터 영혼은 완전히 돌이키게 됩니다. 죄가 그렇게 위대한 사랑과 함께할 수 없기 때문입니다. 그러므로 그런 은혜는 순결한 사랑으로 타오르는 마음 안에서 발견되면 안 되는데, 영혼이 하나님의 뜻, 공의, 능력의 모든 영역에서 그분을 위해 받을 수 있는 모든 것을 받아들이기 위함입니다. 그러므로 이것이 가장 빠르고 온전하게 돌이키는 것이 분명합니다. 더욱이 이런 것들이 타락하기 전에 있던 단계의 열매들이기에 이 영혼은 돌이킬 수 있습니다.

또 그에게는 여전히 강도 높게 포기하고 희생할 수 있는 능력과 습성이 있기에, 이 길로 그를 이끌어 가르칠 필요가 있습니다. 즉 그의 고난에 필요한 해결책을 주셔서 그분의 영광을 보여 주실 하나님께 자신을 온전히 내어 드릴 뿐만 아니라, 심지어 치명상을 치료하기보다 하나님이 기뻐하시는 것을 택하여 이런 해결책조차 바라지 말라고 가르쳐야 합니다. 바로 이것이 큰 악의 가장 탁월한 해결입니다. 하나님께 온전히 맡겨 드리는 것만큼 확실하고 적절한 해결책은 없기 때문입니다.

이 글을 읽으면서 어쩌면 이런 뉘우침은 타락에 적합한 것이 아니라고, 그것은 고통과 슬픔이 아니기에 영혼을 괴롭게 하지도 않는다고 생각하는 사람도 있을 것입니다. 그러나 이것을 경험한 사람들은 세상에 이처럼 고통스러운 것은 없다고 고백할 것입니다. 이것은 하나님이 그들을 두신 위치나 수준에 맞는 온전한 징벌이요 심지어 지옥이며, 말로 표현할 수 없는 고통입니다. 오, 하나님은 어떤 피조물보다도 정결케 하는 데 뛰어나신 분이며, 보복하시는 그분의 징계는 인간의 정의가 고안한 모든 것과 너무나 다릅니다! 그런 영혼은 우리가 말한 바와 같이 하나님의 공의 아래 (신실하게 요동하지 않고) 머물러 있기보다, 차라리 가능한 모든 고통을 경험하려 할 것입니다. 영혼이 할 수 있는 속죄 행위는 심지어 가장 가혹한 것이라도, 그의 고통을 덜어 주고 원기를 회복시켜 줄 것입니다.

영혼에게 이런 일들이 행해지지 않도록 조심하고 경계해야 합니다. 이것이 영혼을 그의 단계에서 더 멀리 끌어내어 다시 그 자리에 세워지지 못하게 방해하기 때문입니다. 여정을 마치기 전에 넘어졌다면, 일어서기 위해 처음으로 돌아가거나 왔던 길을 되돌아가려 하지 말고, 당연히 넘어진 곳에서 일어나 계속해서 자기 길을 가야 합니다. 게다가 이 영혼에게는 고된 수행의 짐을 지는 것이 속죄 행위가 아닙니다. 오히려 그를 회복시켜 줍니다. 이것은 쉽게 이해됩니다. 금욕의 고통과 외적인 속죄 행위는 감각을 괴롭게 하지만 영에는 위안을 줍니다. 감각이 영과 분리되어 더는 힘이 없고, 할 수 있는 속죄 행위와 금욕을 다하여 그것들에 무감각해진 만큼, 이 영혼의 감각은 이제 거의 죽었습니다. 그리하여 그들은 기쁨도 고통도 느끼지 못합니다. 더 이상 감각으로 그들의 속죄 행위를 판단해서는 안 됩니다. 다만 그들에게는 징계가 더 고통스러울 수 있는데, 그들의 모든 죄가 영에 속한 것이기에 그들이 잘못한 만큼, 영이 징계 받아야 하기 때문입니다.

이제 영의 이러한 고통이 강하고 깊어서 죄에 합당한 것이 되어야 하는데, 오직 하나님만 그렇게 하실 수 있습니다. 이때 무엇이든 감각에 행해지는 것은, 영의 고통을 기쁨과 도움으로 바꿔 줄 것입니다. 그러나 영이 하나님의 공의에 압도될 때, 감각은 영혼에게 아무런 위로가 되지 않습니다. 아! 이 무시무시한 고통은 경험으로만 이해할 수 있습니다. 그것은 골수까지 꿰뚫는 불입니다. 타락한 수많은 사람들 가운데 자기 자신을 되찾지 않고, 특히 병에 걸렸거나 죽어가면서, 자기의 모든 것이 기꺼이 공의에 삼켜지게 내버려 둘 사람이 세 명도 없을 것이라 단언합니다. 왜냐하면 사람은 자기 행위로 구원의 확신을 얻기 위해 온갖 노력을 다하기 때문입니다.

그러나 확실한 것은 이런 영혼들은 다른 어느 때보다 죽은 뒤에 더 많은 것을 행할 필요가 없다는 사실입니다. 오히려 지금은 더 용기를 내어 자아를 하나님의 공의에 내어 맡겨 영원토록 그 무게를 견디게 해야 합니다. 오, 그것은 이기심 없는 사랑의 순결함, 자기애로는 깨달을 수 없습니다. 오직 순결한 사랑으로 깨닫고 가치 있게 여기며 받아들일 수 있습니다. 이와 같이 죽을 정도로 행복한 사람은 하나님께 말로 표현할 수 없는 영광을 드릴 것입니다. 그리하여 어떤 고난이나 징벌도 거치지 않고 (더 이상 본질적 특성을 지니지 않아 그 큰 사랑에 도달한 영혼에게 제거할 것이 남아 있겠습니까?) 천국에서 가장 높은 위치로 높여질 것입니다.

그러나 죽어 자기 자신을 되찾은 사람들 때문에 하나님은 위대한 영광을 잃어버리시고 그들도 엄청난 행복을 잃게 됩니다. 그 사람이 구원받지 않은 것은 아니지만, 사후에 비겁함에 대한 대가를 치러야 합니다.

이것은 말로 표현하기 어려울 만큼 중요합니다. 나는 이 글을 손에 넣는 분들이 특별히 그것에 주목하기를 기도합니다.

4. 네 쫓겨간 자들이 하늘 가에 있을지라도 네 하나님 여호와께서 거기서 너를 모으실 것이며 거기서부터 너를 이끄실 것이라
5. 네 하나님 여호와께서 너를 네 조상들이 차지한 땅으로 돌아오게 하사 네게 다시 그것을 차지하게 하실 것이며 여호와께서 또 네게 선을 행하사 너를 네 조상들보다 더 번성하게 하실 것이며

영혼이 오랜 기간 처참하게 타락하여 하나님께 버림 받고 그분을 떠나 있었어도, 우리가 조금 전 이야기한 상태로 들어갈 만큼 행복하다면, '끝과 끝'(가)이 서로 멀리 떨어져 있어도 하나님은 다시 그를 불러 그분과 연합하게 하실 것입니다. 그가 하나님께 사랑의 순결함으로 행했기 때문에 그분은 심지어 타락 이전보다 더 큰 축복과 풍성한 은혜를 베푸실 것입니다.

6. 네 하나님 여호와께서 네 마음과 네 자손의 마음에 할례를 베푸사 너로 마음을 다하며 뜻을 다하여 네 하나님 여호와를 사랑하게 하사 너로 생명을 얻게 하실 것이며

하나님은 친히 이 사람의 '마음에 할례를 베푸사' 타락의 원인이 되었던 모든 것을 제거하실 것입니다. 그리하여 이 사람은 더는 자기 자신을 되찾지 않고 '항상 마음을 다해 하나님을 사랑하게 되어', 영원히 그분 안에서 타락하기 전에 있던 위치보다 더 풍성한 생명으로 '다시 살게'(생명을 얻게) 될 것입니다.

10. …여호와께서 네 조상들을 기뻐하신 것과 같이 너를 다시 기뻐하사

네게 복을 주시리라

하나님은 돌아온 이 영혼을 '기뻐하셔서 기쁜 마음으로' 거기 거하십니다. 이 영혼이 어느 때보다도 더 자기애에서 벗어났기 때문입니다. 그리하여 타락이 자기 자신을 더욱 멀리하고 혐오하는 한편, 하나님을 더 많이 신뢰하고 더 사랑하게 되는 계기가 되었습니다.

11. 내가 오늘 네게 명령한 이 명령은 네게 어려운 것도 아니요 먼 것도 아니라

거의 모든 사람이 생각하는 것처럼, 이 길은 그렇게 '어렵거나 먼' 것이 아닙니다. 다시 말해 드물고 희귀해서 극소수의 사람들에게 제공되는 것이 아닙니다. 하나님께 순종하는 마음만 있으면 되기에, 누구나 갈 수 있습니다. 그러므로 이 과정에서 중요한 것은 그분의 은혜입니다. 그분의 은혜는 온전히 자기를 내어 드린 모든 자들 안에서 동일하게 그 일을 수행할 만큼 강력하고, 그들이 스스로 구하여 파괴하고 소멸시킬 만큼 신실합니다. 그러나 극소수의 영혼들만이 거기로 들어가려 하는 이유는 자기애 때문입니다. 자기애는 영혼이 스스로를 중시하게 만듭니다. 그래서 그는 자기 자신을 소중히 하려고 되찾게 되는데, 전적으로 하나님을 의지하기보다 스스로 처신하는 것이 더 낫다고 생각하며 하나님께 자신을 내어 드리기를 두려워합니다.

12. 하늘에 있는 것이 아니니 네가 이르기를 누가 우리를 위하여 하늘에

올라가 그의 명령을 우리에게로 가지고 와서 우리에게 들려 행하게 하랴 할 것이 아니요

거의 모든 사람들이 믿음의 길에 들어가지 않으려고 이렇게 변명합니다. 그들은 '이것은 우리에게 너무 높아서 천국에 있는 영혼들에게만 적절할 뿐이다'라고 합니다. 겸손을 가장하고 있기에 이것이 가장 위험한 유혹이라는 것을 잘 아는 모세는 분명하게 경고합니다. 왜냐하면 큰 선에서 멀리 떨어져 있는 사람들은 모두 '우리는 그럴 만한 자격이 없고, 감히 그것을 열망하지 않는다. 그것은 주제 넘는 것이다' 하면서 자기들이 철저하게 옳다고 생각하기 때문입니다.

그러나 그것은 참된 겸손이 아니라 비겁한 것입니다. 그러므로 이런 영혼들이 아무 위험도 감수하지 않고 다른 모든 유익을 누릴 수 있는 것이 사실이라면, 오, 얼마나 열린 마음으로 그것들을 받아들이려 하지 않겠습니까! 그들이 달아나는 것은 은혜도 아니고, 그들의 공로나 면류관도 아닙니다. 그러나 그것들을 얻으려면 고통과 불확실성을 견뎌야 할 뿐만 아니라, 그들이 잃을까 봐 두려워하는 감각적이고 빛나는 은사들을 빼앗겨야 합니다.

더욱이 겸손을 선으로 실천하는 사람들은 누구나 그것이 자기 소멸을 가져오는 겸손과는 거리가 멀다는 것을 깨닫게 될 것입니다. 겸손을 행하면서 자신을 낮추고 있다고 생각하는 사람은, 자신이 적극적으로 선을 행하며 살아가고 있다고 믿기에 스스로를 더욱 대단한 존재로 만드는 것입니다. 자아를 낮추려면 분명 높고 중요한 존재여야 하기 때문입니다.

스스로를 낮추거나 바닥에 엎드리는 사람은 반드시 서 있거나 일으켜져 있어야 합니다. 그러나 완전히 누워 있는 사람은 더 이상 자신을 낮출 수 없습니다. 바닥까지 낮아진 상태이기 때문입니다. 그러므로 이런 영혼들이 겸손을 행하면서 스스로를 낮추었다고 여길 뿐만 아니라, 한동안 그렇게 하는 것이 너무 좋다면, 여전히 다른 어떤 것도 할 수 없어 높은 곳에 있다고 더욱 확신하게 됩니다. 추락의 깊이가 그들이 얼마나 높은 위치에 있었는지를 보여 주고, 그들의 중심에서도 이러한 수치와 굴욕 가운데 구하는 것이 바로 영적 승진이기 때문입니다. 따라서 겸손을 선으로 행하는 것으로는 천국에 들어갈 수 없습니다. 오직 자기 소멸을 통과해야 하나님이 받으실 만한 존재가 되어 그분으로 충만해질 수 있습니다.

그러나 이 영혼들은 그렇지 않습니다. 그들은 수치를 당하거나 스스로를 낮추지 못합니다. 그들이 모든 것을 버렸기에 바닥까지 낮아져서 자신을 낮추는 능력이 다 제거되었기 때문입니다. 만일 그들이 그렇게 하려 한다면, 높이 올려 달라고 요구하여 그들의 단계에서 벗어날 것입니다. 그들은 확신에 차서 겸손해지기 위해 현재의 위치보다 높여 달라고 요구하게 될 것인데, 어떻게 그것을 바랄 수 있는지, 도대체 어떤 피조물이 그렇게 할 수 있는지 알지도 못합니다.

진실로 성육신하셔서 자신을 낮추신 분은 말씀이신 하나님(Word-God) 밖에 없습니다. 그래서 성경은 그분이 자기를 비우셨다(빌 2:7)고 말씀하는데, 어떠한 피조물에게도 그런 표현을 사용하지 않았습니다.

성경은 마리아에 대해 말하면서 하나님이 그녀의 비천함을 주목하셨다고 말씀합니다. 그러나 그녀가 철저하게 아무것도 아니었기에 자기 자신을 소멸시켰다고 말하지 않습니다. 그러므로 마리아가 모든 피조물 가운데 가장 온전한 자인 것은, 단순히 그녀가 다른 어떤 피조물보다 자기를 비웠기 때문입니다. 이렇게 비울수록 확장되고, 확장될수록 온전해집니다. 깊이 비워질수록 하나님과의 소통이 풍성해집니다. 그래서 더 비워낼 수 없는 피조물인 마리아 안에서 하나님의 말씀(Word)이 성육신하실 필요가 있었던 것입니다. 말씀의 성육신만이 이렇게 온전히 자아가 소멸된 만큼 채우실 수 있기 때문입니다.

빈 공간이 크고 깊을수록, 하나님이 그만큼 더 자신을 부어 주신다는 것을 알아야 합니다. 그러나 하나님의 선하심은 끝이 없기 때문에 그분은 항상 넘쳐흐르도록 충만을 베푸십니다. 기록된 바와 같이, 그분의 구속은 풍성하고 한이 없었습니다(롬 5:15-20).

이제 마리아는 자기를 소멸시켜 말씀으로 온전히 채우고 교체할 공간을 얻기 위해 하나님이 될 필요가 있었을 것입니다. 따라서 우리는 진실로 그녀가 한없이 풍성한 존재로 바뀌었다고 말해도 좋을 것입니다. 왜냐하면 그녀의 공간이 가장 깊었고 크게 확장되었기 때문입니다.

그러나 마리아의 공간과 성육신을 비교하면 이렇습니다. 마리아는 피조물로서 한계가 있지만 제한된 빈 공간의 밑바닥까지 떨어졌습니다. 그것은 하나님만 헤아리실 수 있을 정도의 한없는 빈 공간은 아니었습니다.

이것을 이해하는 데, 비워진 공간이 유한한지 무한한지는 중요하지 않습니다. 모든 존재를 빼앗기면 그 속성을 소유할 수 없지만, 어느 정도는 어떤 존재가 사라지고 소멸된 것인지 판단할 수 있어야 합니다. 그러므로 더 많은 존재와 높여짐이 있었거나 있을 수 있는 만큼, 자아가 소멸된다는 것이 적절한 표현일 것입니다. 따라서 군주의 죽음이나 종의 죽음이나 인간 생명의 상실에 불과하지만, 그럼에도 군주의 죽음이 종의 죽음보다 훨씬 더 많은 것을 소멸시킵니다. 그로 인해 훨씬 더 고귀한 생명을 잃어버리기 때문입니다.

이렇게 말할 수 있습니다. 마리아는 피조물로서 가장 온전히 비워진 상태에 이르렀고, 말씀은 하나님의 말씀(Word-God)으로서 하나님과 완전히 동일하심으로 아버지의 모든 위대함을 소진하셨는데, 아버지는 자신의 무한하심을 한없이 소진하는 아들에게 하나도 남김 없이 전부 넘겨주셨습니다. 예수님과 마리아를 비교하면 다음과 같습니다. 마리아가 피조물 안에서 전부를 비워 소진해 버린 것처럼, 예수님도 모든 위대함과 하나님의 전부를 비워 버리셨습니다. 말씀은 이 공간의 크기를 그분의 충만함으로 보셨습니다. 그래서 오셔서 친히 그분의 모든 위대함과 함께 마리아 안으로 들어가셨습니다. 그녀의 빈 공간을 채우실 분은 그분밖에 없었습니다. 또한 그 공간을 한없는 풍성함으로 채우셨습니다.

그러므로 자신을 낮추는 것이 피조물의 합당하고 온전한 겸손이 아닙니다. 자신의 비워짐을 사랑하여 계속 그 상태로 있으려고, 무엇이든 하나님의 뜻대로 행하시도록 맡겨 드리면서 그분이 그렇게 하실 수 있다고 믿는 것입니다. 마리아가 하나님의 어머니가 되는 것을 거절하여 성육신을 어렵게 하는 것이 겸손이었을까요? 절대로 그렇지 않습니다. 그것은 미묘하고 은밀한 교만으로, 그녀가 스스로 무언가 행하거나 하나님이 그녀에게 원하시는 것을 하지 못하도록 변명하게 만들었을 것입니다.

겸손에 대한 집착은 순전한 사랑에 반대되기 때문에 참된 겸손일 수 없습니다. 순전한 사랑은, 피조물에게 그게 무엇이든 자기 자신의 것을 남겨 두지 말라고 하면서 온전한 신뢰로 모든 것을 하나님의 주권에 바치라고 말합니다. 많은 사람들이 바로 이 시점에 그들의 겸손을 자기 의지로 유지하려는 잘못을 저지릅니다. 자기 자신에 대한 체념과 철저한 포기 없이, 겸손을 가치 있게 여긴다고 생각하면서 하나님의 사랑을 거스릅니다. 그러나 그것은 사랑에 부합하지 않기에 겸손이 아닙니다. 만일 그것을 분별할 수 있는 빛을 받았다면, 스스로를 낮추고 있다고 여기는 그곳에서 자신을 높이고 있는 모습을 똑똑히 보게 될 것입니다. 자기 자신을 소멸시키려고 자기의 존재를 구하고 있는 것입니다. 간단히 말해 탁월한 선이요 능력인 수치와 굴욕을 행하면서 겸손의 영광을 맛보고 소유하는 것입니다.

참된 비워짐은 아무것도 하지 않고 아무것도 반대하지 않습니다. 기꺼이 바람직한 곳으로 인도받고 이끌림을 받습니다. 마치 하나님이 지푸라기로 모든 것을 하실 수 있는 것처럼, (자기를 보지 않고) 자신을 통해 모든 것을 이루실 수 있다고 믿습니다. 그러므로 이 일들을 믿는 것이, 그래서 아무것도 붙잡지 않고 그렇게 자아를 넘겨주는 것이, 그렇게 하지 않는 것보다 더 겸손한 것입니다. 용기를 내어 우리 자신을 내어 드립시다. 하나님이 우리에게 아무것도 행하지 않으신다면, 우리가 쓸모없는 자들이기에 공의를 베푸실 것입니다. 그리하여 그것이 그분의 영광이 될 것입니다. 그분이 우리 안에서 큰 일을 행하시면, 우리는 마리아와 함께 "그분은 우리의 비천함을 돌아보셔서 우리에게 위대한 일을 행하셨습니다"라고 말하게 될 것입니다.

13. 이것이 바다 밖에 있는 것이 아니니 네가 이르기를 누가 우리를 위하여 바다를 건너가서 그의 명령을 우리에게로 가지고 와서 우리에게 들려 행하게 하랴 할 것도 아니라

14. 오직 그 말씀이 네게 매우 가까워서 네 입에 있으며 네 마음에 있은즉 네가 이를 행할 수 있느니라

15. 보라 내가 오늘 생명과 복과 사망과 화를 네 앞에 두었나니

16. 곧 내가 오늘 네게 명령하여 네 하나님 여호와를 사랑하고 그 모든 길로 행하며 그의 명령과 규례와 법도를 지키라 하는 것이라…

19. …내가 생명과 사망과 복과 저주를 네 앞에 두었은즉 너와 네 자손이 살기 위하여 생명을 택하고

20. …그는 네 생명이시요 네 장수이시니…

모세는 거듭 이 길을 따라가는 것이 얼마나 쉬운지 보여 주며 말합니다. '(우리에게 그 길을 알려 주는) 이 생명의 말씀이 우리에게 매우 가까워서 우리의 입에 있고 우리의 마음에 있으니, 하나님이 생명과 복과 사망과 화를 우리 앞에 두셔서 하나님을 사랑하게 하셨다'고 말입니다. 그러면서 동시에 그분을 사랑하는 방법은 의롭고 공평하고 유익하고 이로운 것을 (선)택하는 것이라고 가르칩니다.

여기서 선택은 '그분의 명령과 규례와 법도를 지키는 것'이고, 그분의 명령과 규례와 법도를 지키는 것은 자기를 포기하고 내어 드려 우리의 뜻을 온전히 그분의 뜻에 일치시키는 것입니다. 그분의 명령과 규례와 법도를 지키는 것은 스스로 행하거나 움직이는 것이 아닙니다. 우리가 그분의 명령과 규례와 법도를 지키면서 이루어지는 일에 만족하는 것입니다. 이렇게 하여 "주와 합하는 자는 한 영이니라"(고전 6:17)고 기록된 바와 같이, 영혼은 최고의 온전함에 이르게 됩니다. 이렇게 지속적으로 그분의 명령과 규례와 법도를 지키면서 그와 같은 모습으로 변화되기 때문입니다. 4장 4절

에서도 "오직 너희의 하나님 여호와께 붙어 떠나지 않은 너희는 오늘까지 다 생존하였느니라"고 하는데, 이들이 하나님의 생명에 연결되어 있기 때문입니다. 그러므로 이렇게 하나님의 명령과 규례와 법도를 지킴으로 그들에게 이 '생명'이 전해질 뿐 아니라, 그분이 우리 안에서 그토록 어려워 보이는 일들을 이루실 것입니다.

31장

6. 너희는 강하고 담대하라 두려워하지 말라 그들 앞에서 떨지 말라 이는 네 하나님 여호와 그가 너와 함께 가시며 결코 너를 떠나지 아니하시며 버리지 아니하실 것임이라 하고

성경은 계속해서 이 영혼들에게 간곡히 부탁합니다. 자기 힘을 의지하는 피조물들에게는 너무도 어렵지만 하나님께는 너무도 쉬운 이 길을 기꺼이 받아들이라고 말입니다. 본문은 말합니다. "너희는 강하고 담대하라." 이것은 당신이 책임질 일이 아닙니다. 하나님이 친히 당신의 인도자가 되어 주실 것입니다. 자신을 그분께 내어 드리십시오. 그러면 그분은 결코 단 한 순간도 당신을 포기하거나 저버리지 않으실 것입니다.

오, 내어 드림의 유익이여! 영혼은 자기 자신을 돌보거나 하는 일에 전혀 관여하지 않습니다. 자신을 하나님께 내어 드리면, 그분이 친히 그를 인도해 주십니다. 오, 그것은 확실한 인도입니다!

17. …이 재앙이 우리에게 내림은 우리 하나님이 우리 가운데에 계시지 않은 까닭이 아니냐 할 것이라

모든 '재앙'은 오직 '하나님이 사람들과 함께하시지 않기 때문에' 일어나는 것입니다. 그들은 끔찍한 죄를 지어 완전히 그분을 떠났거나, 자기

포기 가운데 머물 용기가 없어서 그분을 떠났습니다. 자기를 포기하고 내어 드린 후, 자기 자신을 되찾은 것입니다. 그러나 우리가 지속적으로 하나님께 자기 자신을 내어 드리는 한, 두려울 것이 없고, 어떤 재앙도 우리에게 엄습할 수 없습니다.

> 23. 여호와께서 또 눈의 아들 여호수아에게 명령하여 이르시되 너는 이스라엘 자손들을 인도하여 내가 그들에게 맹세한 땅으로 들어가게 하리니 강하고 담대하라 내가 너와 함께하리라 하시니라

만일 온통 절벽과 낭떠러지뿐인 길, 즉 사람의 생각으로 이해할 수 없는 길로 두려움 없이 인도받기 위해 힘이 필요하다면, 그곳으로 다른 이들을 인도해야 하는 사람들은 훨씬 더 많은 힘이 필요할 것입니다. 그런 사람들은 특별한 도전과 공격을 견디면서 자기 자신의 파멸에 대한 두려움을 경험해야 합니다. 게다가 하나님이 무시무시한 광야로 이끌어 들이라고 맡겨 주신 다른 모든 이들의 공포와 불평도 감당해야 합니다. 그런데 그 광야는 지성과 이성, 심지어 영적인 깨우침으로 인해 실제로 파멸하게 되는 피할 수 없는 심연입니다. 심지어 지도자들도 자기의 파멸을 확신하기에 다른 사람들을 멸망시킬까 봐 끔찍하게 두려워하며 염려에 사로잡히는 경우가 너무나 많습니다. 그러나 조언이나 충고를 요청 받을 때, 믿음과 맹목적인 자기 포기의 여정, 그 이해할 수 없는 그 길을 계속 가는 것 외에 다른 조언을 해줄 수 있을까요?

그러나 그들은 하늘로부터 피조물 안에 있는 모든 확신을 죽여야 한다는 응답만을 받습니다. 그래서 자기 자신은 물론 이 단계에 있는 다른

사람들을 위해 이 무시무시한 광야를 가족들과 함께 걸어가야 합니다. 하나님의 이해할 수 없는 명령으로 가족들도 함께 걷게 하는데, 알지 못하는 곳으로 인도하여 혼란스럽게 보이는 상황 가운데 그들을 위해 가장 확실한 길이요, 동시에 가장 이해할 수 없는 길을 마련합니다. 이것은 하나님에 대한 신뢰나 그분의 모든 뜻에 헌신하는 것에 제한을 두려 하지 않는 자기를 포기한 영혼들에게 특별한 일입니다. 하나님은 그분의 권리들을 행사하셔서 그들의 신앙에 대해 정해 두신 모든 시험을 통과하게 하셔야 합니다.

그뿐 아니라 이들 영혼의 인도자들은 자기들에게 맡겨진 사람들이 퍼붓는 모든 타격을 견뎌야만 하는데, 지극히 어려운 또 하나의 일입니다. 만일 지도자가 내적인 사람이라면, 모든 귀신들과 인간적인 사람들이 그에 맞서 결탁하는 일이 자주 일어납니다. 그들은 그의 품행 가운데서 비난거리를 찾지 못하자, 지도자의 부담을 가중시켜 그가 이끄는 이들의 온갖 약한 모습과 어리석음을 책임지게 하려 합니다. 이 모든 흠들은 개인적인 것들이기에 실로 불의한 일입니다. 만일 하나님이 자유를 침해하지 않으시려고 영혼들이 타락 가운데 또는 은밀하지만 정당한 다른 심판을 통해 겸손해져서 더 많은 영광을 얻으시는 경우가 많기에, 넘어지지 않게 보호해 주시지 않으신다면, 어떻게 지도자에게 그가 이끄는 이들의 모든 잘못을 떠맡기려 할 수 있습니까?

유다는 예수 그리스도의 직접적이고 분명한 가르침을 받으면서도 잘못된 길로 빠지지 않았습니까? 베드로는 사도들 가운데 으뜸이 아니었습니까? 그렇다면 왜 영혼들이나 그 길을 책임지는 지도자들이 없으면 연약한 모습들이 나타나게 된다는 것이 잘못된 생각인가요? 수많은 사람들이 이 길에서 벗어나 멸망하는 모습을 보는데, 그들에 대해서는 아무 말도 하지 않습니다. 그러나 단 한 사람이 여기서 죄라도 범한 것처럼 보이면, 모두가 그것에 대해 불평하면서 개인의 흠에 불과한 것을 그 길이나 지도력 탓으로 돌립니다.

그래서 지도자에게는 엄청난 '담대함'과 대단한 성실성이 필요합니다. 이런 비방과 악담에도 불구하고 끝까지 이 영혼들을 목적지로 인도해야 하기 때문입니다. 그런 사람은 '하나님이 함께하신다'고 확실하게 말할 수 있습니다. 지도자들도 끔찍하게 핍박당하면서 용기를 잃고 모든 것이 자기들의 손에서 사라지고 있다고 생각하며 전부 중단합니다. 심지어 혼자 있으려 할 정도로 믿음 없는 자가 됩니다. 나는 그들에게 하나님의 이름으로 간청합니다. 절대로 그러지 마십시오. 그것은 마귀가 핍박을 일으키면서 노리는 것입니다. 그로 인해 하나님은 그들과 그들이 이끄는 자들에게서 받으실 큰 영광을 상실하시게 됩니다. 게다가 그들이 스스로 이해할 수 없는 잘못을 저지르면서, 수많은 영혼들이 파멸하게 되는데, 그들은 인도받지 못해서 예비된 장소에 결코 이르지 못하는 것입니다.

마귀가 이것으로 얼마나 많은 것을 얻는지 믿어지지 않을 정도입니다. 그는 이것을 위해 많은 장치들을 세우고 있습니다. 심지어 선한 영혼들을 이용하여 그 일을 성공시키는데, 잘못된 명분이나 경건한 목적을 위해 순전한 길에 반대하게 만듭니다. 그들은 하나님의 사랑하는 친구들을 핍박하면서 그분을 섬기고 있다고 생각합니다. 그러나 하나님은 동일한 방법으로 그분의 사랑 안에 있는 신실한 종들을 십자가로 '강하게' 하십니다.

그 사랑 때문에 하나님은 그들을 핍박하는 자들을 기꺼이 벌하십니다. 그리하여 마침내 그들의 눈을 열어 진리를 보게 하셔서 정신을 차리게 하시는 경우가 많습니다.

32장

1. 하늘이여 귀를 기울이라 내가 말하리라 땅은 내 입의 말을 들을지어다
2a. 내 교훈은 비처럼 내리고 내 말은 이슬처럼 맺히나니

모세는 여호와께 노래를 불러 드립니다. 이 노래를 부르는 것은 지극히 소수의 사람만 알고 있는데, 그것을 표현하려면 하나님 안에서 더 성숙되어야 하기 때문입니다.

이것은 천국의 어린 양 앞에서 부르는 '새 노래로', 모세는 육신에 거하는 말년에 영광 가운데 영원히 부르게 될 이 노래를 맛보기로 받았습니다. 이 노래를 받는 모세가 복됩니다. 어떻게든 하나님이 친히 보내 주시는 이 노래를 마음 깊이 이해하는 자는 복됩니다. 이 노래는 영혼이 부르는 것이 아니라 영혼 안에서 울리는데, 그것은 영혼 안에 있는 음성과 말씀들을 끊임없이 받아 돌려 드리는 것일 뿐입니다.

하나님께 모든 영광과 존귀를 올려 드리기는 하지만, 그는 여전히 '자기 입'에서 나오는 모든 것이 크고 풍성한 열매를 맺는다고 분명하게 말합니다. 그것이 위대한 것은, 하나님으로부터 나오기 때문입니다. 그것은 마치 하늘의 '비처럼', 땅을 비옥하게 만드는 '이슬처럼' 많은 열매를 맺습니다. 따라서 자기가 온전히 소멸된 영혼들의 '말'은 모두 가슴을 치고 그들의 비옥함 때문에 많은 열매를 맺습니다.

2b-3a. 연한 풀 위의 가는 비 같고 채소 위의 단비 같도다 내가 여호와의 이름을 전파하리니

이 영혼은 새로운 방식으로 '여호와를 부르는(전파하는)' 단계에 있습니다. 그는 이제 자신을 위해서가 아니라, 오직 그분의 영광을 위해 그분을 전파합니다. 그게 무엇이든 제것으로 만들 수 없기 때문입니다. 따라서 그의 기도는 하나님의 위엄을 찬미하는 것입니다.

3b. 너희는 우리 하나님께 위엄을 돌릴지어다

4a. 그는 반석이시니 그가 하신 일이 완전하고 그의 모든 길이 정의롭고

모세는 자기 안에 있는 것을 느끼고 자기에게 맡겨진 사람들 안에 있는 것도 보면서 '하나님이 행하신 모든 일이 얼마나 완전한가!'라고 외칩니다. 마치 그는 영에 취해 '그분의 모든 행사가 완전하다. 불완전한 결과들은 피조물들이 손을 댔기 때문인데, 어째서 백성은 즐거이 하나님의 인도를 받지 않는가?' 묻는 것 같습니다. 또 '그의 모든 길이 인간적인 지혜로는 어리석게 보여도 정의롭고 흠이 없다'고 덧붙이는데, 모든 이성과 인간적인 능력을 배제하는 철저한 자기 포기 위에 세워져 있기 때문입니다. 그러나 자신을 하나님께 맡겨 드리고 모든 자기 분별을 상실하면서 우리는 온갖 분별력을 얻게 됩니다.

강력한 보호자에게 우리의 무력함을 맡기는 것만큼, 즉 우리의 보물을 스스로 지킬 힘이 없거나 지키고 싶어도 위험한 상황에서는 잃어버릴게 분명함을 깨달을 때마다, 신실한 친구에게 맡기는 것보다 더 큰 분별

이 있을까요?

4b. 진실하고 거짓이 없으신 하나님이시니 공의로우시고 바르시도다

'하나님이 진실하고 거짓이 없으시다'고 하면서 자신을 하나님께 맡긴 자들의 심판이 견고함을 보여 주려 합니다. 그분은 진실하기에 그분의 약속에 충실하시며 결코 우리를 실망시키지 않으실 것입니다. 또 '거짓이 없으시기에' 우리를 속이실 수 없습니다. 이것은 '여호와는 공의로우시고 바르시다' 덧붙이면서 한층 더 강조됩니다. '공의로우신' 그분은 우리가 내어 드린 것을 배가시켜서 돌려 주십니다. 또 우리는 '바르신' 그분을 따라 올바르게 행해야 합니다. 그분은 거짓이 없는 분이십니다.

5. 그들이 여호와를 향하여 악을 행하니 하나님의 자녀가 아니요 흠이 있고 삐뚤어진 세대로다
6a. 어리석고 지혜없는 백성아 여호와께 이같이 보답하느냐

모세는 영에 사로잡혀 이스라엘 백성에게 하나님을 의지하며 누리던 유익을 알려주고는, 곧바로 예언의 영으로 그분을 떠난 자들을 향해 더 이상 그분의 자녀로 인정받을 자격이 없다고 말합니다. 그러므로 이들은 자기 자신을 내어 드리지 않을 자들이거나, 이미 거룩한 자기 포기를 힘입어 상당히 성숙했지만, 가장 혹독한 마지막 시련의 순간에 자기 자신을 되찾은 자들입니다. 모세가 사용하는 서툰 언어는 하나님 안에서 그의 영의 위치를 보여 줍니다. 그러므로 질서가 부족해 보이는 것은, 이 위대한 예언

자의 입을 통해 말씀하시는 성령님이 거룩하게 다스리십니다.

그는 하나님께 자신을 내어 드리지 않을 이 영혼들의 '패역과 어리석음'을 꾸짖습니다.

모세는 그들에게 말합니다. "어리석고 지혜 없는 백성아, 너희가 여호와께 이같이 보답하느냐?" 그는 마치 그들에게 '어찌하여 너희는 모든 일을 전적으로 그분께 올려 드리는 것을 어려워하느냐?' 혹은 '어찌하여 너희가 온전히 그분께 받은 것의 일부만 맡겨 드리려 하느냐?'라고 묻는 것 같습니다. 여기에서 '보답'이라는 말을 사용하여 우리가 그분께 은사로 받는 모든 것을 돌려 드리는 것을 나타내고 있습니다. 그렇다면 하나님이 모든 것을 주신 것이 확실하니, 마땅히 우리의 전부를 그분께 드려야 합니다. 이것은 부, 명예, 생명, 몸, 혼, 구원, 영원, 의, 거룩함 등 우리의 외적이고 내적인 모든 것을 포기하는 것입니다. 기쁨으로 이렇게 하지 않는 것은 우리의 감각을 버리지 않은 것입니다.

6b. 그는 네 아버지시요 너를 지으신 이가 아니시냐 그가 너를 만드시고 너를 세우셨도다

"하나님이 네 아버지가 아니냐?" 그분께 당신을 향한 온유함과 사랑이 부족합니까? 마땅히 당신을 '소유하실' 분은 그분이 아닙니까? 또 당신은 이미 수많은 의의 직분들로 그분께 속한 자가 아닙니까? 그분이 마땅히 당신을 그분의 소유로 여기셔야 하지 않습니까? 그리고 당신을 빚으실 능력이 있는 분인데, 당신을 지키고 보호하시며, 심지어 원하시는 대로 당신을 완전히 새롭게 낳으실 능력도 없겠습니까? 당신이 사라지게 되어

도, 그분은 여전히 당신을 구해 주실 수 없는 분인가요?

7. 옛날을 기억하라 역대의 연대를 생각하라 네 아버지에게 물으라 그
가 네게 설명할 것이요 네 어른들에게 물으라 그들이 네게 말하리로다

지나간 날들을 '기억하십시오.' 그러면 아낌없이 주시는 하나님에 대한 경험이 당신의 신뢰를 키워 줄 것입니다. 이 길을 걸은 '아버지들과 어른들에게 그들의 성공담들을 물어보십시오.' 무시무시한 광야만 보여 주는 것 같고, 그들이 결국 영원히 멸망해야 할 것처럼 여겨지지만, 길고 고통스럽고 이해하기 힘든 여정의 끝에 잘 도착한 자들은 하나님이 종착지라는 것을, 즉 피조물이 그분 안에서 즐거이 상실되어 결국 그분만 남겨지게 된다는 것을 확인시켜 줄 것입니다.

당신들이 그런 무시무시한 길을 걷는 유일한 사람이라고 생각하지 마십시오. 많은 이들이 앞서 그 길을 지나갔습니다. 그리고 당신은 알지 못하지만, 다른 많은 이들이 동행하고 있습니다. 하나님은 가장 신실하게 자기를 내어 드린 자들이 자기를 포기한 만큼, 믿음과 큰 사랑의 시험을 받게 하십니다. 다른 모든 사람들이 다르게 걷는 것처럼 보여도 놀라지 마십시오. 사랑하는 분을 의지하기는 하지만, 스스로 걸어 어디로 가는지 보게 될 자들과, 그분을 전적으로 신뢰하기에 그분이 데려가실 이들의 길은 다릅니다. 다른 도움 없이 하나님을 힘입어 그분께 나아갈 수 있을 때까지는 잠시 고대인들의 증거를 의지하십시오.

8. 지극히 높으신 자가 민족들에게 기업을 주실 때에, 인종을 나누실 때에

(아담의 아들들을 분리하실 때에) 이스라엘 자손의 수효대로 백성들의 경계를 정하셨도다

9. 여호와의 분깃은 자기 백성이라 야곱은 그가 택하신 기업이로다

태초부터 하나님은 스스로 행하는 '아담의 아들들'과 '그분의 백성이요 분깃'으로 택하신 자녀들을 구별하셨습니다. 자기를 내어 드린 사람들은 '하나님의 분깃'이 되니 복됩니다. 하나님이 우리의 유일한 분깃이 되시면, 그때부터 우리도 그분의 소유가 됩니다. 반면 다른 사람들은 아담이 그들의 기업을 상당 부분 이루어 놓았기에 부분적으로 아담의 상속자로 남게 됩니다. 아담과 '그의 아들들'에게는 모든 것에 수고하고 애써야 하며, 모든 것이 '경계가 정해졌고' 제한됩니다. 그러나 여호와와 그의 자녀들에게는 모든 것이 안식이며, 모든 것이 자유롭고 제한이 없고 무한합니다.

10. 여호와께서 그를 황무지에서, 짐승이 부르짖는 광야에서 만나시고 호위하시며 보호하시며 자기의 눈동자같이 지키셨도다

그런데 하나님은 이 백성들을 어디에서 '만나셨고', 어떻게 그들이 그분의 소유라는 것을 아셨습니까? 오, '황무지에서', 모든 피조물과 철저하게 분리되어 모든 선을 빼앗기고 모든 도움을 상실하는 그곳에서, 본성(nature)과 영(the spirit)이 모두 '황폐하고 삭막한 그곳에서' 영혼은 아무것도 없이 완전히 헐벗은 채 홀로 있는 것을 발견하게 됩니다. 아, 그때에 그분은 영혼을 호위하시며 그분의 가장 순전한 뜻을 가르치십니다. 그를 자기

눈동자같이 보호하십니다. 이 말씀에는 하나님의 돌보심이 잘 표현되어 있습니다. 너무나도 적합하고 적절한 표현이라서 거기에 무엇을 덧붙이게 되면, 그 아름다움을 손상시킬 수 밖에 없습니다.

11. 마치 독수리가 자기의 보금자리를 어지럽게 하며 자기의 새끼 위에 너풀거리며 그의 날개를 펴서 새끼를 받으며 그의 날개 위에 그것을 업는 것같이

이 구절은 너무나도 아름답습니다.'독수리가 날며 자기의 보금자리를 어지럽게 하는 것처럼', 하나님은 그분의 자녀인 자기를 내어 드린 영혼들을 격려하여 그분을 따르고, 자기를 내어 맡기며, 기쁨으로 인도받게 하십니다. 그래서 독수리처럼 그들 위에서 '맴돌며(너풀거리시며)' 어린 자들에게 힘과 용기를 주시고 지켜 주시며 먹여 살리십니다. 그분은 이러한 너풀거림, 날개짓으로 그들에게 그분의 영을 주십니다.

그분은 먼저 그들 위에 '날개를 펴서' 그 시기의 상처와 십자가와 핍박, 마귀와 육신의 화살에서 보호하십니다. 그들을 모든 위험에서 지키시고, '그분의 날개 그늘 아래' 덮어 보호하십니다. 그러나 그것으로 만족하지 않으시고 더 안전하게 하시려고 '그들을 받아 날개 위에 업으십니다.'

오, 행복한 영혼들이여! 당신은 이 고귀한 독수리를 타고 높이 올려져서, 날다가 지친 다른 모든 새들을 내려다보게 됩니다. 그들은 항상 솔개와 콘도르와 맹금류에게 잡힐 위험에 처해 있고, 기껏해야 땅에서 살짝 날아오를 뿐입니다.

"하지만 오, 행복한 어린 독수리들아, 너는 아무런 대가도 치르지 않

고 천국까지 가는구나! 너는 몸을 쉬다가 날고, 이렇게 온전한 안식 가운데 날며 모든 하늘보다 높아진다. 쉼없이 날개 치며 나아가도, 결코 피곤치 않은 것은 너의 전진, 나아감도 온전한 안식이기 때문이다. 그러므로 천국의 독수리의 날개 위에서 평안히 안식할수록 너는 더 나아가게 된다." 오, 말로 표현할 수 없는 행복! 그러나 그것은 자아를 하나님께 내어드리고 포기함으로 온전히 경험할 수 있습니다.

12. 여호와께서 홀로 그들을 인도하셨고 그와 함께한 다른 신이 없었도다

이 영혼의 예기치 못한 행복은 어디에서 오는 걸까요? '하나님만이 그의 인도자이시며, 그분 외에 다른 도움은 없었습니다.'

오, 복잡하고 다양한 길들에 지쳐 버린 가엾은 영혼들이여, 만일 스스로 지치게 하지 않고 자기에 대한 모든 염려를 섭리의 팔에 맡기는 어느 영혼의 행복을 알았다면, 그로 인해 기뻐하면서 힘을 다해 걸었지만 나아가지 못하고 길을 잃었던 때를 한탄하게 될 것입니다.

13. 여호와께서 그가 땅의 높은 곳을 타고 다니게 하시며 밭의 소산을 먹게 하시며 반석에서 꿀을, 굳은 반석에서 기름을 빨게 하시며

이와 같이 하나님의 날개 위에 업힌 영혼은 산들 가운데 '높고 기름짐이 빼어난 훌륭한 땅'에 올라갑니다. 그곳은 세상이든, 천국이든 창조된 모든 것보다 뛰어납니다. 영혼은 순전한 지성, 능력, 선행을 넘어 모든 것을 초월하여 오직 하나님 안에 있는 안식으로 들어갑니다. 하나님은 그곳

에서 그분의 섭리와 사랑의 날개로 영혼을 이끄십니다. 바로 그때 이 영혼은 더 이상 스스로 먹고 자라지 않고 가장 훌륭한 것, 곧 하나님과 그분의 거룩한 뜻인 '밭의 소산'을 먹게 됩니다. 하나님의 뜻은 온 땅의 열매, 소산입니다. 다른 길들에서 견디는 모든 고통은 하나님의 뜻을 깨닫고 성취하게 할 뿐입니다. 그러나 이 영혼은 스스로 변화되어 하나님의 뜻 가운데 영원히 세워졌기에 더는 경작하지 않아도 그 열매들을 먹게 됩니다. 루시퍼처럼 하나님을 버리지 않는 한, 거기서 벗어날 수 없기 때문입니다.

또한 영혼은 그곳에서 '반석에서 나는 꿀을 빨게 됩니다.' 반석에서 나는 이 꿀은 영혼 안에서 반석의 좋은 속성들, 즉 확고함, 견실함, 태연함, 냉정함 등을 나타냅니다. 즉 이 영혼은 하나님의 뜻 가운데 반석처럼 확고하고 견고해집니다. 모든 화살과 타격은 아무런 영향도 미칠 수 없습니다. 그래서 그를 맞추지 못하고 부러진 채 그의 발치에 떨어집니다. 더욱이 육체적이고 인간적인 모든 것에 무감각해져서 영적인 단계, 곧 반석처럼 요동하지 않는 상태가 됩니다. 그래서 지옥의 모든 공격이 그를 흔들거나 그의 단계를 변화시킬 수 없습니다.

반석에서 꿀을 빠는 것이 무엇인지 보십시오. 마침내 영혼은 단단한 반석에서 기름을 얻습니다. 이처럼 영혼이 확고하고 견고하여 요동하지 않기에 모든 것에 무감각해지고, 변치 않는 하나님의 뜻 가운데 굳건해져도, 이 반석에서는 '기름'과 천국의 향이 흘러나옵니다. 그런데 이 반석이 그것을 전혀 깨닫지 못해도 다가오는 모두에게 스며들어 하나님이 보내주시는 마음들 가운데 효과적으로 자신을 흘려 보냅니다.

15. 그런데 여수룬이 기름지매 발로 찼도다 네가 살찌고 비대하고 윤택

하매 자기를 지으신 하나님을 버리고 자기를 구원하신 반석을 업신여겼도다

이 노래는 전체적으로 중간중간에 중단되면서 영에 취한 상태가 끊어집니다. 모세는 광야의 헐벗음으로 들어가서 기꺼이 하나님의 자녀가 된 행복한 영혼들을 묘사한 후, '기름짐'이라고 부르는 빛과 매력에 이끌리는 자들의 상태를 설명합니다. 전자는 모든 것을 박탈당하여 하나님이 그들을 데려가셨을 뿐이지만, 가장 사랑하고 아끼는 자처럼 보이는 후자는 살찌고 비대해져서 하나님을 버렸습니다. 분명한 것은 그들이 기름지게 되었고, 그 후에 자신을 높였다는 사실입니다. 이것은 조명을 받은 삶, 곧 빛을 받아들인 삶의 속성으로, 빛이 주는 어느 정도의 충만으로 영혼을 살찌웁니다. 그런 다음 영혼은 (그렇게 보이기에) 자신이 어느 누구보다도 온전한 단계에 있음을 깨닫고 자신을 높이기 시작합니다. 그리고 만족하여 살찐 상태로 쉬는데, 지방조직처럼 영혼을 세 가지 능력, 곧 총명과 뜻과 기억으로 가득 채웁니다. 그렇게 더 나은 것을 보지 못하는 영혼은 자신이 그 과정의 끝에 서 있다고 착각합니다.

이 단계에 있는 자들은 자기들의 구원에 확신을 갖게 됩니다. 그리하여 구원에 대해 의심하지 않습니다. 여기에서 이들에게 두 가지 일이 일어납니다. 먼저, 많은 은혜들을 자기들의 성실함 때문으로 여기면서 자기들보다 덜 온전해 보이는 사람들을 멸시하게 됩니다. 그러나 실은 그들이 진정으로 헐벗은 자들 중에 있다면, 가장 성숙된 자들입니다. 그렇게 함으로 그들의 공로는 없고 순전히 하나님의 선하심만으로 이 일을 행하신 것을 망각합니다.

둘째로, 그들은 차고 넘치는 하나님의 은사들에 머물며 그분께 달려가야 한다는 것을, 곧 모든 은사들을 넘어 그분 자신을 찾아야 한다는 것을 잊어버립니다. 그리하여 하나님의 은사들을 잘못 사용하고 제것으로 여기며 집착하다가 그 풍성함이 하나님을 버리는 계기가 되어 버립니다. 이와 같이 빛 가운데 있는 사람들은 (다른 사람들과는 매우 다른 방식이지만) 여전히 계속해서 마지막까지도 하나님의 사랑을 받습니다. 하나님은 그들에게 수많은 친절을 베풀어 주시는데, 은사와 은혜는 치명적인 죄가 아니라면 본질적 특성과 양립할 수 있기 때문입니다. 그러나 하나님은 거기서 만날 수 없습니다. 그분은 무시무시한 광야에서 모든 본질적 특성과 도움을 상실한 영혼에게만 자신을 주십니다.

18. 너를 낳은 반석을 네가 상관하지 아니하고 너를 내신 하나님을 네가 잊었도다

이 영혼들을 향한 사랑과 선하심이 충만하신 하나님은 이와 같이 사랑으로 그들을 책망하실 수밖에 없습니다. '어찌하여 너희를 지으신 하나님을 버렸는가! 너희는 수단을 위해 목적을 버렸다. 은사들을 보고 멈춰서서 그것을 주신 분을 저버렸다. 너희의 근원까지 올라가지 않고 여정 가운데 가장 만족스러운 곳에 드러누워 버렸다!'

하나님이 이렇게 연약한 영혼들에게 많은 은혜를 베풀어 주셔도, 슬퍼하며 그렇게 하신다는 것과 그들의 연약함 때문에 큰 영광과 무한한 기쁨을 빼앗기셨다는 것을 알아야 합니다. 이것들은 이 영혼들이 이 모든 부요함을 무시하고 넘어서서 그것들을 창조하신 하나님께 올라갔다

면, 강들이 그 근원인 바다로 돌아가듯이 그분 안으로 들어갔다면 받으셨을 것입니다.

19. 그러므로 여호와께서 보시고 미워하셨으니 그 자녀가 그를 격노하게 한 까닭이로다

20. 그가 말씀하시기를 내가 내 얼굴을 그들에게서 숨겨 그들의 종말이 어떠함을 보리니 그들은 심히 패역한 세대요 진실이 없는 자녀임이로다

여호와께서는 이들 본질적 특성을 지닌 이기적인 영혼들을 잃고 싶지 않으십니다. 그래서 그분의 은사들이 없으면 그들이 멸망하게 될 것을 아시고 그것들을 남겨 두십니다. 그러나 '그분은 그것을 보시고 격노하셔서' 말씀하십니다. 그들이 이와 같이 행하였으니 하나님의 은사가 아니라 그분 자신을 누리게 될 '최종 목적지'(종말)인 생명 안으로 결코 들어가지 못할 거라고 말입니다. 그래서 덧붙이시기를, "내가 내 얼굴을 그들에게서 숨길 것이다. 다시 말해 그들은 가장 선하신 분에 대한 소유권을 빼앗기게 될 것이다. 그들이 그렇게 가치 없는 것들을 나보다 더 좋아했기 때문이다"라고 하십니다. 그러면서 이어지는 말씀에서도 이것을 지적하십니다.

21. 그들이 하나님이 아닌 것으로 내 질투를 일으키며 허무한 것으로 내 진노를 일으켰으니 나도 백성이 아닌 자로 그들에게 시기가 나게 하며 어리석은 민족으로 그들의 분노를 일으키리로다

그들은 하나님보다 못한 것을 소유하려다가 그분을 소유할 권리를 박탈당합니다. 아, 이 얼마나 끔찍한 상실입니까!

39. 이제는 나 곧 내가 그인 줄 알라 나 외에는 신이 없도다 나는 죽이기도 하며 살리기도 하며 상하게도 하며 낫게도 하나니 내 손에서 능히 빼앗을 자가 없도다

이 구절은 하나님이 얼마나 우리 자신을 내어 드려 오직 그분만 의지하기를 바라시는지 조금 더 가르쳐 줍니다. 그분은 마치 이렇게 말씀하시는 것 같습니다. "너희는 '내가 그인 줄, 나와 같은 자가 없음을 안다.' 그러므로 내가 행하는 모든 것으로 나만이 너희에게 그(하나님)이기를 원한다. 내가 하는 일을 누가 행할 수 있느냐? 나 외에 다른 신이 있느냐? 오직 나만이 영혼들이 자기 자신에 대해 죽게 할 수 있다. 피조물의 수고와 노력으로는 그 일을 이룰 수 없다. 그러므로 오직 나만이 그들을 '살릴' 수 있으니, 그들을 죽인 후에 소생시켜 다시 살게 할 수 있다."

오, 사랑이신 하나님! 우리에게 말씀해 주소서. 도대체 어떤 것을 꾸며내어 주의 신실한 연인들을 상처 입히려 하십니까? 주님이 그것에 대해 말씀해 주셔도 평범한 사람들은 거의 이해하지 못합니다! 주님은 그들을 상하게도 하고 낫게도 하신다고 말씀하십니다. 오, 저들의 상처가 너무나 깊습니다! 주님은 치시고 동시에 자신을 숨기시는 분입니다. 그리하여 상처의 고통만을 남기십니다. 이렇게 상처 입은 영혼은 결코 치유받을 수 없을 거라고 생각합니다. 그는 주님이 가하시는 타격을 최대한 막습니다. 주님

이 치시는데도 의구심을 갖습니다. 그래서 자신을 치시는 주님께 마치 다른 존재에게 맞는 것처럼 하소연합니다. 그는 주님이 그를 치신다는 것을 알지 못하기 때문입니다. 오, 자기를 치시는 분이 주님이라는 것을 알았다면, 그는 너무 행복해서 가장 끔찍한 상처들을 기쁨으로 여길 것입니다!

그러나 아, 슬프게도 주님은 자신을 숨기십니다. 그래서 이와 같이 상처 입은 주의 연인들은 울며 심히 통곡합니다. 이렇게 흉한 모습에 상처로 뒤덮여서 주님이 더 이상 자신을 사랑하지 않으신다고 생각합니다. 그리하여 상처에 대한 혐오로 재앙이 닥치기를 바랍니다. 자기 잘못으로 이런 일들이 일어났다고, 자신을 잘 지켰더라면, 이렇게 막강한 손에 이와 같이 흉하게 상하지 않았을 거라고 생각합니다.

스스로 위로하고 위로하라, 사랑하는 가엾은 자여. 당신은 자신을 죽인 죄 없는 살인자가 누구인지 알지 못합니다. 당신이 알았다면, 어떻게든 살아남기보다, 그분의 손에 죽임 당하는 것을 행복으로 여길 것입니다.

그런데 이 부드럽고도 잔인한 분은 어떻게 하십니까? 그분은 자신이 입힌 모든 상처들을 '고쳐 주십니다.' 그분 외에 누구도 그분이 보내시는 질병과 고통을 치유할 수 없다는 것을 보여 주셔야 하기 때문입니다. 그래서 그분은 사랑하는 자를 치유해 주시는데, 다시 치유받고 싶어서 기꺼이 그와 같이 상처받으려 할 것입니다. 하나님은 치실 때 자신을 숨기시지만, 치유하실 때는 자신을 보여 주십니다. 그래서 영혼은 자기를 상처 입히신 분이 주님이라는 사실을 오랫동안 깨닫지 못합니다. 그렇지만 그분이 자신을 치유해 주신다는 것은 모를 수가 없습니다.

그러나 오 여호와여, 어째서 이 영혼을 그토록 조심스럽게 고쳐 주십니까? 주님은 오직 더 깊이 상처 입혀 영혼을 완전히 죽이려고 치유하시니, 너무 잔인한 처사가 아닌가요? 그렇습니다. 사랑하는 영혼이여, 그토록 좋아 보이는 치유를 위해 당신은 생명을 걸어야야만 합니다. 아! 그것은 당신에게 참으로 특별한 고통이 될 것입니다! 죽음의 고통은 상처의 고통과는 완전히 다릅니다. 그러므로 치명상을 입어도 당신을 죽이는 자가 누구인지 알지 못할 것입니다.

불쌍한 영혼은 눈이 멀어서 자기 가슴에 비수를 꽂은 것이 자기 자신이라고 생각합니다. 그러나 그게 아닙니다. 당신을 죽이신 분은 알려지지 않은 분입니다. 그분이 오직 당신을 고쳐 주려고 상처 입히셨듯이, 오직 다시 '살리려고' 죽이십니다. 그러나 그것은 이전의 삶과는 완전히 다릅니다. 당신이 오직 죽기 위해 살았기에 이전의 삶은 오히려 지속적인 죽음이었습니다. 그러나 이제 당신은 새롭고 영원한 생명으로 영원히 살기 위해 죽습니다. 원하는 만큼 당신 자신을 지키십시오. 그분은 '내 손에서 능히 빼앗을 자가 없다'고 말씀하셨습니다. 그러므로 당신이 버티면 징계만 연장될 뿐입니다. 당신의 모든 노력과 수고는 소용없을 것입니다. 원한다면 노력해도 좋습니다. 그러나 확실한 것은 당신은 죽음을 피할 수 없다는 사실입니다.

40. 이는 내가 하늘을 향하여 내 손을 들고 말하기를 내가 영원히 살리라 하였노라

이 말씀은 이미 언급한 내용과 관련하여 단순히 이 영혼이 하나님과는 다른 생명을 가지고 있기 때문에 이렇게 '손을 들고' 맹세하여 죽이신다는 것을 암시합니다. 마치 그분은 이렇게 말씀하시는 것 같습니다. "나

는 이 영혼의 죽음을 선언한다. 여전히 그가 자기 안에서 살고 있기 때문이다. 나는 홀로 살아야 한다. 그러나 그렇게 하려면 영혼 안에 살고 있는 내 생명에 반하는 모든 것을 소멸시켜야 한다. 그렇게 되면, 나는 그 안에서 영원히 살 것이다."

42. 내 화살이 피에 취하게 하고 내 칼이 그 피의 육신(the flesh of the blood 고기)을 삼키게 하리니 곧 피살자와 포로된 자의 피요 대적의 우두머리의 머리로다

하나님은 이 영혼을 죽이는 것에 만족하지 않으십니다. 말씀하신 대로 영혼이 죽은 후에도 쫓아가서 그를 소멸시키십니다. 그리하여 그에게는 아무것도 남지 않게 됩니다. 그래서 그분은 '내 화살이 피에 취하게 할 것이다'라고 하시는 것입니다. 그런데 마치 이렇게 말씀하시는 것 같습니다. "그를 쳐서 내 화살이 온통 피투성이에, 피에 흠뻑 취하게 될 것이다. 이것이 다가 아니다. 나는 이 피조물의 피가 더는 남아 있지 않게 할 것이다. 다시 말해 그 안에 어떤 생명의 근원이나 요소도 남겨 두지 않을 것이다. 레위기 17장 14절에서 '모든 육체의 생명은 그것의 피'라고 했다. 그래서 이스라엘 백성들은 피를 먹는 것이 금지되었다. 자기 생명의 근원이 피에 있기 때문에 영혼의 피가 더는 남아 있으면 안 될 뿐만 아니라, 그 후에 여호와의 칼이 그 고기(육체)를 삼킬 것이니, 이는 육체가 피로 이루어졌고 피를 통해 영양을 공급받기 때문이다."

주님의 칼이 이 육체를 벨 것이라 하지 않고 '삼킬' 것이라고 하여, 소멸을 나타내고 있습니다. 이 육체는 피의 육신입니다. 이 표현이 놀라운 것

은, 보통은 피가 육신에서 흘러나오기에 육신의 피라고 하는데, 피의 육신이라고 말씀하기 때문입니다. 이것으로 자기 생명과 관련된 모든 것을 보여 주려는 것입니다. 이것은 육신의 피입니다. 그러므로 피를 육신에서 빼내어 육신을 약화시켜야 합니다. 그리고 죄의 생명이기에, 사람이 회심하면 끊어집니다. 그러나 여기서 소멸해야 할 다른 생명이 있는데, 영적인 생명, 곧 피로 표현된 영혼의 생명입니다. 이러한 영혼의 생명은 피에서 나옵니다. 그것이 영과 은혜의 생명이라도, 어느 정도 세속화되어 본질적 특성에 의해 육신과 섞였기 때문입니다.

그러나 이 육신은 더 이상 그 피가 끊임없이 흐르며 많은 양이 머물러 있는 저장고가 아닙니다. 피에 부속된 잔해에 불과합니다. 그래서 하나님은 그분의 칼로 이 육신(고기)을 삼키십니다. 그리하여 그것이 더 이상 남아 있지 않게 됩니다. 화살이 피에 취하지만, 그것을 완전히 삼키지는 않습니다. 칼이 '피의 육신(고기)'을 소멸시키며 마무리해야 합니다.

그런데 무슨 피입니까? '피살자'의 피라고 기록되어 있듯이, 이미 죽은 자들의 피입니다. 죽는 것으로는 충분하지 않습니다. 소멸시켜야 합니다. 또한 예수 그리스도에 대해 "위로 올라가실 때에 사로잡혔던 자들을 사로잡으셨다"고 하신 것처럼, 사로잡힘(포로됨)도 파쇄해야 합니다. 이러한 사로잡힘은 영혼을 강하게 위축시켜 확장되지 못하게 방해합니다. 그리고 이것은 이미 기록된 것처럼 소멸시켜야만 제거할 수 있습니다. 여기에서는 '대적의 우두머리'에게 사로잡혔는데, 이것은 본질적 특성입니다. 이미 죽음으로 철저하게 제거되었지만, 여전히 구속력이 있어 확장되지 못하게 방해하였기에 그를 사로잡은(포로로 만든) 것이었습니다. 그러므로 소멸되어 삼켜짐으로 이 일을 완수하게 됩니다.

33장

2. 그가 일렀으되 여호와께서 시내 산에서 오시고 세일 산에서 일어나시고 바란 산에서 비추시고 일만 성도 가운데에 강림하셨고 그의 오른손에는 그들을 위해 번쩍이는 불이 있도다

'여호와께서 산에 강림하셨습니다.' 산은 그분의 보좌이며, 그분의 보좌는 바로 그분 자신입니다. 그분은 두 편에서 오셨습니다. 은혜, 곧 빛과 사랑의 산인 '시내'에서 오셨지만, 황무지인 '세일에서 일어나시고' 그분의 은혜를 새롭게 비추시며 '바란 산에서' 나타나셨습니다. '일만 성도가 그분과 함께 있는데', 복된 하늘의 성도들과 자기가 소멸된 영들입니다. 이들 복된 영들은 매우 거룩합니다. 그들 안에는 하나님께 속한 것 외에는 아무것도 없습니다. 이를테면 그들은 항상 그분과 함께 있는데, 그분으로 인해 거룩하기 때문입니다.

이것은 또한 하나님의 존귀와 위엄을 보여 줍니다. 그분은 결코 영혼 안에 홀로 들어오시지 않고, 무한한 은사와 은혜들 그리고 풍성한 천국의 호의와 선물들을 함께 가져오십니다. 그래서 그들이 부족한 만큼 훨씬 더 탁월하고 고귀해지고, 하나님 안에 있는 만큼 훨씬 더 순결해지는데, 피조물 자신의 능력으로 그렇게 되는 것이 아닙니다. 따라서 시내 산에서 그분을 수행한 수많은 천사들은 그분과 가장 친밀하고 영원히 연합되어 있었습니다.

여호와의 '오른손에는 불 같은(개역한글) 율법'이 있습니다. 이 불 같은 율법은 사랑입니다. 이것은 사람에게 속한 모든 것을 사르고 소멸시켜야 합니다. 그 일부가 남아 있는 한, 그들은 거룩해질 수 없기 때문입니다. 이 불 같은 율법이 성도를 만듭니다. 그러므로 어떤 성도도 이 불을 통과하지 않고는 거룩해질 수 없습니다. 이 불 같은 율법은 마음을 태워 모든 자기애를 재로 만들어 오로지 순전한 사랑만 그곳에 남게 합니다.

3. 여호와께서 백성을 사랑하시나니 모든 성도가 그의 수중에 있으며 주의 발아래에 앉아서 주의 말씀을 받는도다

하나님은 모든 '백성', 곧 모든 신실한 이들을 '사랑하십니다.' 그러나 '그분의 수중에 있는' 자들만이 합당한 '성도'입니다. 이들은 하나님의 뜻대로 행하고 움직이려고 자기를 내어 드린 영혼들입니다. 자기들을 통해 하나님이 기뻐하시는 모든 일을 행하시도록 그분의 수중에 있는 자들입니다. 그들은 그분의 발아래에 앉은 자들로, 가장 가까이에 있고 순종적입니다. 이들의 자아는 소멸되어 그분의 발등상이 되었습니다(하나님은 심연 위로 운행하시기 때문입니다). 이들은 진리와 그분의 말씀을 받을 자들로, 다른 사람들에게는 철저히 숨겨진 그분의 비밀과 신비의 '말씀을 받게 될' 것입니다. 그리하여 그분의 섭리와 경륜을 지켜보며, 모든 것 위에 뛰어나신 그분의 뜻을 통찰하게 되어, 그것이 어린 영혼들에게 어떻게 발견되는지에 감탄하며 바라봅니다.

모세는 놀랍게도 이러한 몇 마디 말에 입문, 과정, 그리고 묵상과 순종적인 길의 무한한 열매들을 담아냅니다. 그는 하나님이 그분의 백성들

을 사랑하신다고 말합니다. 하나님과 피조물의 '사랑'이 커지고 성숙되면, 영혼들은 '거룩'해지고, 거룩해지기 시작한 다음부터는 수동적이고 순종적으로 변화됩니다. 자기 자신을 아낌없이 내어 드리고 '하나님의 손(수중)'에 맡길수록, 둘 다 그만큼 커지고 확대됩니다. 즉 마음이 거룩할수록 영혼은 더욱 자기를 내어 드리게 되고, 자기를 내어 드릴수록 더욱 거룩해지는데, 하나님을 떠나서는 거룩이 없기 때문입니다. 이것은 '모든 성도가 그의 수중에 있다'는 말씀에 잘 나타나 있습니다.

모세는 '모두'라는 표현으로 한 사람도 예외를 두지 않습니다. 그러므로 거룩한 내어 드림, 포기에서 물러날수록, 거룩에서 더 멀어지는 것은 분명합니다. 우리가 하나님의 손(수중)에 온전히 내어 맡기지 않고 자기 자신을 의지하여, 말하자면 제멋대로 행하기 때문입니다. 오히려 거룩함에 속히 이르는 가장 확실한 방법은 최대한 빨리 하나님의 품에 뛰어드는 것입니다. 그것은 전적으로 하나님을 신뢰하여, 모든 거룩함의 기반이자 법칙이신 그분의 뜻에 거리낌없이 복종하는 것입니다.

모세는 '주의 발아래에 앉는 모든 이들이 주의 말씀을 배우게 될 것'이라고 덧붙입니다. 그러나 그는 구세주의 발아래에 앉아 그분의 말씀에 귀 기울이는 마리아나, 그녀의 본을 따르는 다른 모든 수도자들을 묘사하는 것은 아니라고 할 수도 있습니다. 주의 발아래서 안식하는 모든 이들은 그분께 귀기울이는 동안 확실하게 그분의 말씀을 배우기에 가르침을 받으려고 자리를 내어 드립니다. 그러나 이런 안식에 들어가지 않은 자들은 결코 여호와의 말씀을 배우지 못할 것입니다. 늘 그분 앞에서 말하고 싶어서 결코 그분께 귀기울이지 않기 때문입니다. 그들은 그분이 가르치시도록 허용하지 않습니다. 또한 그들의 감각과 능력(기능)이 쉴 새 없이 격렬하게 일어나면서 끊임없이 활동하기에 그분과 연합할 수 있게 내어 드리지 않습니다. 하나님이 온전한 안식이시기에 그분과 연합되려면 안식 가운데 머물러야 합니다. 그러므로 그분의 말씀(Word)은 최고의 선포입니다. 그래서 그분의 말씀을 들으려면 모든 것이 침묵하고 모든 귀가 그분을 받아들여야 합니다. 그래서 모세는 우리에게 침묵하고 안식하며 청종하여 영혼 안에 말씀(Word)이 생성될 공간을 남겨 두라고 가르칩니다. 말씀(Word)은 아버지의 가르침이기에, 그는 '주의 말씀을 받기' 합당한 상태가 되어야 합니다.

> 7. …여호와여 유다의 음성을 들으시고 그의 백성에게로 인도하시오며 그의 손으로 자기를 위하여 싸우게 하시고 주께서 도우사 그가 그 대적을 치게 하시기를 원하나이다

유다는 항상 예수 그리스도로 여겨졌습니다. 그래서 이 지파가 받은 축복은 다른 지파들과는 다릅니다. 이것은 유다의 이름, 다시 말해 예수 그리스도의 이름으로 하나님께 드려진 기도의 형태로 나타납니다. 그분은 아버지께 자신을 백성과 함께 영원한 구원의 땅, 그분을 통해 택하신 자들이 받게 될 땅으로 인도해 주셔서 영혼의 해방자요 보호자로 세워 달라고 기도하십니다.

> 9. 그(레위)는 그의 부모에게 대하여 이르기를 내가 그들을 보지 못하였다 하며 그의 형제들을 인정하지 아니하며 그의 자녀를 알지 아니한 것은 주의 말씀을 준행하고 주의 언약을 지킴으로 말미암음이로다

레위 족속은 항상 다른 사람들을 인도하도록 선택받은 성숙된 영혼들의 지파였습니다. 그래서 그들은 자연적이고 인간적인 모든 것, 곧 모든 성과들과 본질적 특성들을 빼앗기고 육신으로는 아무도, '부모도 형제도 자녀도' 알지 못합니다. 이 신실한 지도자들에게는 더 이상 하나님의 뜻을 행하지 못하게 가로막는 문제들이 없습니다. 그래서 그들이 '주의 말씀을 준행하고 주의 언약을 지킨다'고 하는 것입니다. 이 언약은 바로 자기 포기입니다. 그리하여 이 영혼은 하나님의 뜻을 행하고자 자신을 하나님께 온전히 내어 드립니다. 하나님도 영혼이 계속해서 그분의 인도에 맡겨 드리는 한, 친히 그를 인도하여 그분의 뜻을 행하게 해주실 거라고 확실하게 말씀하십니다. 피조물은 자신을 하나님께 아낌없이 바치고, 하나님은 그를 보호해 주실 것을 약속하셔서 모든 것에 보증이 되어 주시니 바로 이것이 동맹 협약 아닙니까? 그분의 언약을 지키는 것은 부족한 상태로 있는 것입니다.

34장

10. 그 후에는 이스라엘에 모세와 같은 선지자가 일어나지 못하였나니 모세는 여호와께서 대면하여 아시던 자요

모세처럼 성장하고 발전하여 영혼들을 최종 단계까지 인도하는 일을 잘 감당해낼 수 있는 사람은 찾아보기 어렵습니다. 심지어 성경도 그것을 인정합니다. 이렇게 온전한 방식으로, 즉 '그분과 대면하여 만나며'(즉, 중재 없이, 도움, 본질적 특성, 또는 중간에 아무것도 없이) 하나님 안으로 들어간 사람은 '거의 없습니다.' 사람들은, 특히 상당한 지식이나 명망 있는 사람들은 헐벗고 빼앗기는 것을 감당하기 어려워하는데, 신비한 죽음과 자기 소멸을 통과해야만 하나님 안으로 들어갈 수 있기 때문입니다.

순전한 나드 도서목록

번호	도서명	저자	가격
1	존 비비어의 승리〈개정판〉	존 비비어	12,000
2	교회를 뒤흔드는 악령을 대적하라	프랜시스 프랜지팬	5,000
3	교회를 어지럽히는 험담의 악령을 추방하라	프랜시스 프랜지팬	5,000
4	그리스도인의 삶의 비결〈개정판〉	진 에드워드	9,000
5	존 비비어의 친밀감〈개정판〉	존 비비어	14,000
7	내게 신선한 기름을 부으셨나이다	허 철	9,000
8	내어드림〈개정판〉	프랑소와 페늘롱	7,000
9	존 비비어의 축복의 통로〈개정판〉	존 비비어	8,000
10	부서트리고 무너트리는 기름 부으심	바바라 J. 요더	8,000
11	사도적 사역	릭 조이너	12,000
12	사사기	잔느 귀용	7,000
13	상한 마음을 치유하는 기도	마크 & 패티 버클러	15,000
14	상한 영의 치유1	존 & 폴라 샌드포드	17,000
15	상한 영의 치유2	존 & 폴라 샌드포드	13,000
16	성령님을 아는 놀라운 지식	허 철	10,000
17	속사람의 변화 1	존 & 폴라 샌드포드	11,000
18	속사람의 변화 2	존 & 폴라 샌드포드	13,000
19	신부의 중보기도	게리 윈스	11,000
20	아가서	잔느 귀용	11,000
21	악의 속박으로부터의 자유	릭 조이너	9,000
22	어머니의 소명	리사 하텔	12,000
23	여정의 시작	릭 조이너	13,000
24	영광스러운 교회에 보내는 메시지 1	릭 조이너	10,000
27	영분별〈개정판〉	프랜시스 프랜지팬	4,000
26	영적 전투의 세 영역〈개정판〉	프랜시스 프랜지팬	11,000
27	예레미야	잔느 귀용	6,000
28	예수 그리스도와의 친밀함	잔느 귀용	7,000
29	예수님을 닮은 삶의 능력〈개정판〉	프랜시스 프랜지팬	12,000
30	예수님을 향한 열정〈개정판〉	마이크 비클	12,000
31	잔느 귀용의 요한계시록〈개정판〉	잔느 귀용	13,000
32	인간의 7가지 갈망하는 마음	마이크 비클 & 데보라 히버트	11,000
33	저주에서 축복으로	데릭 프린스	6,000
34	주님, 내 마음을 열어주소서	캐티 오츠 & 로버트 폴 램	9,000
35	지구상에서 가장 강력한 기도	피터 호로빈	7,500
36	축사사역과 내적치유의 이해 가이드	존 & 마크 샌드포드	20,000
37	출애굽기	잔느 귀용	10,000
38	하나님과 동행하는 사람들〈개정판〉	샨 볼츠	9,000
39	하나님과 사람에게 더욱 사랑스러운 자	듀안 벤더 클럭	10,000
40	하나님과의 연합	잔느 귀용	7,000
41	하나님을 연인으로 사랑하는 즐거움	마이크 비클	13,000

번호	도서명	저자	가격
42	하나님 마음에 합한 사람	마이크 비클	13,000
43	하나님의 아름다움을 바라보는 축복	허 철	10,000
44	하나님의 요새〈개정판〉	프랜시스 프랜지팬	9,000
45	하나님의 장군의 일기〈개정판〉	잔 G. 레이크	6,000
46	항상 배가하는 믿음〈개정판〉	스미스 위글스워스	13,000
47	항상 부족함이 없으리로다	롤랜드 & 하이디 베이커	8,000
48	혼동으로부터의 자유	릭 조이너	5,000
49	혼의 묶임을 파쇄하라	빌 & 수 뱅크스	10,000
50	존 비비어의 회개〈개정판〉	존 비비어	11,000
51	횃불과 검	릭 조이너	8,000
52	금식이 주는 축복	마이크 비클 & 다나 캔들러	12,000
53	부활	벤 R. 피터스	8,000
54	거절의 상처를 치유하시는 하나님	데릭 프린스	6,000
55	존 비비어의 분별력〈개정판〉	존 비비어	13,000
56	통제 불능의 상황에서도 난 즐겁기만 하다	리사 비비어	12,000
57	어린이와 십대를 위한 축사사역	빌 뱅크스	11,000
58	빛은 어둠 속에 있다	패트리샤 킹	10,000
59	목적으로 나아가는 길	드보라 조이너 존슨	8,000
60	러쉬 아워	슈프레자 싯홀	9,000
61	지도자의 넘어짐과 회복	웨이드 굿데일	12,000
62	하나님의 일곱 영	키이스 밀러	13,000
63	너희 지체를 의의 병기로 하나님께 드리라	허 철	8,000
64	세계를 변화시키는 능력	릭 조이너	12,000
65	하나님의 집	프랜시스 프랜지팬	11,000
66	왕의 자녀의 초자연적인 삶	빌 존슨 & 크리스 밸러턴	13,000
67	믿음으로 산 증인들	허 철	12,000
68	욥기	잔느 귀용	13,000
69	나라를 변화시킨 비전: 윌리엄 테넌트의 영적인 유산	존 한센	8,000
70	세상을 다스리는 권세의 회복	레베카 그린우드	10,000
71	창세기 주석	잔느 귀용	12,000
72	하나님의 강	더치 쉬츠	13,000
73	당신의 운명을 장악하라	알렌 키란	13,000
74	자살	로렌 타운젠드	10,000
75	레위기·민수기·신명기〈개정판〉	잔느 귀용	14,000
76	그리스도인의 영적혁명	패트리샤 킹	11,000
77	초자연적 중보기도	레이첼 힉슨	13,000
78	나는 하나님의 음성을 듣는다	킴 클레멘트	11,000
79	하나님의 초자연적인 능력	바비 코너	11,000
80	거룩과 진리와 하나님의 임재	프랜시스 프랜지팬	9,000
81	사랑하는 하나님	마이크 비클	15,000

번호	도서명	저자	가격
82	일곱 교회 이기는 자에게 주시는 축복	허 철	9,000
83	일터에 영광이 회복되다	리차드 플레밍	12,000
84	초자연적 경험의 신비	짐 골 & 줄리아 로렌	13,000
85	웃겨야 살아난다	피터 와그너	8,000
86	폭풍의 전사	마헤쉬 & 보니 차브다	13,000
87	천국 보좌로부터 온 전략	샌디 프리드	11,000
88	속죄	데릭 프린스	13,000
89	신의 성품에 참예하는 자	허 철	8,000
90	예언, 꿈, 그리고 전도	덕 애디슨	13,000
91	아가페, 사랑의 길	밥 멈포드	13,000
92	불타오르는 사랑	스티브 해리슨	12,000
93	그 이상을 갈망하라!	랜디 클락	13,000
94	능력, 성결, 그리고 전도	랜디 클락	13,000
95	종교의 영	토미 펨라이트	11,000
96	예기치 못한 사랑	스티브 J. 힐	10,000
97	1세기 교회사	릭 조이너	12,000
98	예수님의 얼굴〈개정판〉	데이비드 E. 테일러	13,000
99	토기장이 하나님	마크 핸비	8,000
100	존중의 문화〈개정판〉	대니 실크	13,000
101	제발 좀 성장하라!	데이비드 레이븐힐	11,000
102	정치의 영	파이살 말릭	12,000
103	이기는 자의 기름 부으심	바바라 J. 요더	12,000
104	치유 사역 훈련 지침서	랜디 클락	12,000
105	헤븐	데이비드 E. 테일러	13,000
106	더 크라이	키스 허드슨	11,000
107	천국 여행	리타 베넷	14,000
108	파수 기도의 숨은 능력	마헤쉬 & 보니 차브다	13,000
109	지저스 컬처	배닝 립스처	12,000
110	넘치는 기름 부음	허 철	10,000
111	거룩한 대면	그래함 쿡	23,000
112	믿음을 넘어선 기적	데이브 헤스	10,000
113	영적 전쟁의 일곱 영	제임스 A. 더함	13,000
114	영적 전쟁의 승리	제임스 A. 더함	13,000
115	기적의 방을 만들라	마헤쉬 & 보니 차브다	12,000
116	개인적 예언자	미키 로빈슨	13,000
117	어둠의 영을 축사하라	짐 골	13,000
118	보좌를 향하여	폴 빌하이머	10,000
119	적그리스도의 영을 정복하라	샌디 프리드	13,000
120	성령님 알기	마헤쉬 & 보니 차브다	12,000
121	십자가의 권능	마헤쉬 & 보니 차브다	13,000

번호	도서명	저자	가격
122	성령이 이끄시는 성공	대니 존슨	13,000
123	축복의 능력	케리 커크우드	13,000
124	하나님의 호흡	래리 랜돌프	11,000
125	아름다운 상처	룩 홀터	11,000
126	하나님의 길	덕 애디슨	13,000
127	천국 체험	주디 프랭클린 & 베니 존슨	12,000
128	당신의 사명을 깨우라	M. K. 코미	11,000
129	기독교의 유혹	질 섀넌	25,000
130	우리가 몰랐던 천국의 자녀양육법	대니 실크	12,000
131	임재의 능력	매트 소거	12,000
132	예수의 책	마이클 코울리아노스	13,000
133	신앙의 기초 세우기	래리 크레이더	13,000
134	내 인생을 바꿔 줄 최고의 여행	제이 스튜어트	12,000
135	시간 & 영원	조슈아 밀즈	10,000
136	거룩한 흐름, 분위기	조슈아 밀즈	10,000
137	하이디 베이커의 사랑	하이디 & 롤랜드 베이커	13,000
138	하나님의 임재	빌 존슨	13,000
139	초자연적 기름부음	줄리아 로렌	12,000
140	하나님의 갈망	제임스 A. 더함	14,000
141	형통의 문을 여는 31가지 선포기도	케빈 & 캐티 바스코니	5,000
142	임박한 하나님의 때	R. 로렌 샌드포드	13,000
143	하나님을 향한 울부짖음	바바라 J. 요더	12,000
144	춤추는 하나님의 손	제임스 말로니	37,000
145	참소자를 잠잠케 하라	샌디 프리드	13,000
146	영광이란 무엇인가?	폴 맨워링	14,000
147	내일의 기름부음	R. T. 켄달	13,000
148	영적 전투를 위한 전신갑주	크리스 밸러턴	12,000
149	성령을 소멸치 않는 삶	R. T. 켄달	13,000
150	초자연적인 삶	아담 F. 톰슨	10,000
151	한계를 돌파하라	샌디 프리드	13,000
152	블러드문	마크 빌츠	11,000
153	구약에서 일어난 모든 일들	윌리엄 H. 마티	13,000
154	신약에서 일어난 모든 일들	윌리엄 H. 마티	11,000
155	드보라 군대	제인 해몬	14,000
156	거룩한 불	R. T. 켄달	13,000
157	당신의 자녀를 향한 하나님의 65가지 약속	마이크 슈리브	8,000
158	무슬림 소녀, 예수님을 만나다	사마 하비브 & 보디 타이니	13,000
159	스미스 위글스워스의 병 고침〈개정판〉	스미스 위글스워스	12,000
160	뇌의 스위치를 켜라	캐롤라인 리프	13,000
161	약속된 시간	제임스 A. 더함	13,000

번호	도서명	저자	가격
162	실패를 딛고 일어서는 믿음	샌디 프리드	12,000
163	스미스 위글스워스의 성령의 은사〈개정판〉	스미스 위글스워스	13,000
164	끝날 때까지 끝난 것이 아니다	R. T. 켄달	15,000
165	완전한 기억	마이클 A. 댄포스	10,000
166	금촛대 중보자들 1	제임스 말로니	15,000
167	마지막 때와 이슬람	조엘 리차드슨	15,000
168	질투	R. T. 켄달	14,000
169	사탄의 전략	페리 스톤	14,000
170	죽음에서 생명으로	라인하르트 본케	12,000
171	금촛대 중보자들 2	제임스 말로니	13,000
172	금촛대 중보자들 3	제임스 말로니	13,000
173	올바른 생각의 힘	케리 커크우드	12,000
174	부흥의 거장들	빌 존슨 & 제니퍼 미스코브	25,000
175	악의 삼겹줄을 파쇄하라〈개정판〉	샌디 프리드	12,000
176	지옥의 실체와 하나님의 열쇠	메리 캐서린 백스터	12,000
177	문지기들이여 일어나라	제임스 A. 더함	15,000
178	안식년의 비밀	조나단 칸	15,000
179	교회를 깨우는 한밤의 외침	R. T. 켄달	15,000
180	하나님의 시간표	마크 빌츠	12,000
181	사랑의 통역사	샨 볼츠	12,000
182	예루살렘의 평화를 위해 기도하라	탐 헤스	13,000
183	마이크 비클의 기도	마이크 비클	25,000
184	유대적 관점으로 본 룻기	다이앤 A. 맥닐	13,000
185	폭풍을 향해 노래하라	디모데 D. 존슨	13,000
186	세미한 하나님의 음성을 듣는 방법	스티브 샘슨	12,000
187	영광의 세대	브루스 D. 알렌	15,000
188	영적 분위기를 바꾸라	다우나 드 실바	12,000
189	하나님을 홀로 두지 말라	행크 쿠네만	14,000
190	하나님이 디자인하신 완전한 나	캐롤라인 리프	20,000
191	대적의 문을 취하라〈개정증보판〉	신디 제이콥스	15,000
192	R. T. 켄달의 임재	R. T. 켄달	13,000
193	영성가의 기도	찰리 샴프	10,000
194	과거로부터의 자유〈개정판〉	존 로렌 & 폴라 샌드포드	14,000
195	하나님의 불	제임스 A. 더함	15,000
196	일상에 임한 하나님의 영광	브루스 D. 알렌	14,000
197	일곱 산에 관한 예언〈개정판〉	조니 엔로우	15,000
198	마지막 시대 마지막 주자	타드 스미스	13,000
199	주의 선하신 치유 능력	크리스 고어	13,000
200	건강한 생활 핸드북	로라 해리스 스미스	15,000
201	더 높은 부르심	제임스 말로니	12,000

번호	도서명	저자	가격
202	당신도 예언할 수 있다〈개정판〉	스티브 탐슨	14,000
203	생각하고 배우고 성공하라	캐롤라인 리프	15,000

Leviticus, Numbers, Deuteronomy

by Jeanne Guyon

Published by SeedSowers Publishing House
P.O. Box 3317 Jacksonville, FL 32206

레위기 / 민수기 / 신명기

개정 1판 | 2020년 4월 30일

지 은 이 | 잔느 귀용
옮 긴 이 | 김승호

펴 낸 이 | 허철
편　　집 | 김선경
디 자 인 | 이보다나
총　　괄 | 허현숙
인 쇄 소 | 예원프린팅

펴 낸 곳 | 도서출판 순전한 나드
등록번호 | 제2010-000128
주　　소 | 서울특별시 강남구 언주로69길 16, (역삼동) 2층
도서문의 | 02) 574-6702
편 집 실 | 02) 574-9702
팩　　스 | 02) 574-9704
홈페이지 | www.purenard.co.kr

ISBN 978-89-6237-305-9 03230

(CIP제어번호 : CIP2020011416
이 도서의 국립중앙도서관 출판예정도서목록(CIP)은 서지정보유통지원시스템 홈페이지(http://seoji.nl.go.kr)와 국가자료공동목록시스템(http://www. nl.go.kr/kolisnet)에서 이용하실 수 있습니다.